컨설턴트가
알려주는

보고서
작성의 기술

with 파워포인트

册 한빛미디어
Hanbit Media, Inc.

지은이 홍장표 redslide@naver.com | www.redslide.blog.me

공공 기업의 경영 컨설팅 프로젝트를 주로 진행하는 12년 차 경영 컨설턴트입니다. 성균관대학교와 IBS컨설팅 그룹이 공동으로 진행 중인 경영 컨설턴트 양성 과정에서 10년째 강의 및 자문을 맡고 있습니다. 컨설팅을 하거나 다양한 교육을 진행하면서 모든 업무의 기본이자 핵심인 보고서 작성을 생각보다 많은 사람들이 어려워한다는 것을 알게 되었습니다. 실제로 컨설팅 고객 및 교육 대상자 다수의 요청으로 보고서 작성 기술에 대한 스터디를 여러 번 진행했으며 좋은 반응을 얻었습니다. 보고서 작성 기술을 필요로 하는 사람들에게 다방면의 경험에서 쌓인 컨설턴트만의 노하우를 효과적으로 전달하기 위해 연구 중이며 스스로의 보고서 작성 역량 향상을 위해서도 끊임없이 노력하고 있습니다.

컨설턴트가 알려주는 보고서 작성의 기술 with 파워포인트

초판 1쇄 발행 2015년 07월 20일
초판 6쇄 발행 2020년 11월 01일

지은이 홍장표 / 펴낸이 김태헌
펴낸곳 한빛미디어(주) / **주소** 서울시 서대문구 연희로2길 62 한빛미디어(주) IT출판부
전화 02-325-5544 / **팩스** 02-336-7124
등록 1999년 6월 24일 제25100-2017-000058호 / **ISBN** 978-89-6848-192-5 13000

총괄 전정아 / **책임편집** 배윤미 / **기획** 방현규 / **진행** 박지수
디자인 김미현 / **전산편집** 김희정
영업 김형진, 김진불, 조유미 / **마케팅** 박상용, 송경석, 조수현, 이행은, 고광일 / **제작** 박성우, 김정우

이 책에 대한 의견이나 오탈자 및 잘못된 내용에 대한 수정 정보는 한빛미디어(주)의 홈페이지나 아래 이메일로
알려주십시오. 잘못된 책은 구입하신 서점에서 교환해 드립니다. 책값은 뒤표지에 표시되어 있습니다.
한빛미디어 홈페이지 www.hanbit.co.kr / 이메일 ask@hanbit.co.kr

지금 하지 않으면 할 수 없는 일이 있습니다.
책으로 펴내고 싶은 아이디어나 원고를 메일(writer@hanbit.co.kr)로 보내주세요.
한빛미디어(주)는 여러분의 소중한 경험과 지식을 기다리고 있습니다.

컨설턴트가
알려주는

보고서
작성의 기술

with 파워포인트

홍장표 지음

한빛미디어
Hanbit Media, Inc.

"내가 작성한 보고서는 왜 이렇게 어설프게 보일까요?"

"직원들의 보고서 작성 역량을 높일 수 있는 방법이 없을까요?"

"얼마 전에 회사에서 컨설팅을 받았는데 그 보고서가 기존에 우리 회사가 사용하던 보고서와는 다르게 너무 좋아 보였어요. 어떻게 하면 그렇게 작성할 수 있을까요?"

"컨설턴트처럼 보고서를 작성하려면 도대체 어떻게 해야 하는 거예요?"

이 책의 집필을 결심하게 만든 질문들이었습니다.

필자는 경영 컨설턴트와 강사로 활동하면서 컨설팅 프로젝트 실무 현장과 강의실에서 일반 및 공공 기업의 여러 임원과 담당자들을 만나고 있습니다. 경영 컨설팅 특성상 기업의 핵심 부서 담당자들과 공동으로 프로젝트를 수행하는 일이 많이 있는데 그 과정에서 실무자들의 고충 중 하나가 바로 보고서 작성이라는 것을 알았습니다. 심지어 매일 각종 보고서를 모니터링하고 종합하며 작성하는 기획/전략 부문의 담당자들도 이런 고충을 토로하는 것에 적잖이 충격을 받았습니다.

직장 생활을 하면서 공식적인 커뮤니케이션 수단으로 가장 중요한 것이 보고서 작성입니다. 하지만 이를 체계적으로 배운 사람이 얼마나 될까요? 필자 역시 컨설턴트 입문 시절 보고서 작성에 관해서 체계적으로 배운 적이 없습니다. 선배 컨설턴트들의 보고서를 보면서 하나씩 어깨 너머로 배웠습니다. 아마도 대부분의 직장인이 비슷한 상황일 것입니다.

보고서 작성 기술은 왜 체계적으로 배우기 어려울까요?

작성 목적, 보고 대상 및 시기 등등 보고서 작성에 영향을 미치는 변수는 굉장히 많습니다. 이 다양한 변수를 모두 고려하여 완벽한 실무 맞춤형 보고서 작성 방법을 소개한다는 것은 불가능합니다. 시중에 소개된 보고서 작성 관련 책들 대부분이 일반론적인 내용만 다루고 있는 것도 이 때문입니다. 필자는 이런 점에 착안하여 '3S 원칙'을 정하고 보고서 작성 기술을 정리했습니다.

첫 번째 S는 Specialist입니다. 똑같은 자료를 가지고 보고서를 작성하더라도 어떻게 구성하는가에 따라 천지 차이가 납니다. 보고서는 전문가가 작성한 듯 신뢰감을 줄 수 있어야 합니다.

두 번째 S는 Simple입니다. 복잡하고 어려운 보고서보다 핵심적인 사항을 간결하게 구조화한 보고서가 더욱 설득력 있습니다.

세 번째 S는 Speed입니다. 보고서 작성과 수정에 전문적인 스킬이 필요하여 시간이 과도하게 소요되는 것은 비효율적입니다. 보고서는 쉽게 작성하고 수정할 수 있어야 합니다.

이 책은 이런 3S 원칙을 기반으로 실무에서 다양하게 응용 가능하도록 보고서 작성 기술을 사례 중심으로 설명하였습니다.

'작은 차이가 명품을 만든다'는 광고가 유행했던 적이 있습니다. 이 광고의 카피처럼 정말 작은 차이가 보고서의 비주얼을 결정하고 그 완성도에까지 영향을 미칩니다. 여러분이 이 작은 차이를 보고서 작성 시 적용하는 능력을 가지도록 하는 것이 이 책과 필자의 목표입니다. 미처 소개하지 못한 내용은 개인 블로그(www.redslide.blog.me) 및 다양한 채널을 통해 지속적으로 공유할 것을 약속하겠습니다. 또한 책의 개선을 위한 의견은 언제나 환영합니다.

이 책이 나오기까지 옆에서 많은 도움을 주신 아버지, 어머니, 장인 어른, 장모님, 아내와 아들을 비롯한 사랑하는 가족들, 지적 호기심을 채워주시는 인하대학교 박기찬 교수님 외 경영학과 교수님들, 제 멘토이자 롤 모델인 김영민 박사님, 컨설턴트로서의 가능성을 발견하고 기회를 주신 배홍문 대표님, 이 책에 이낌없는 조언을 해주신 강경숙 박사님, 박금희 선생님, 손은영 위원님, 이 책의 탄생을 직접적으로 도와주신 한빛미디어 전정아 팀장님, 방현규 편집자님 그리고 모든 독자분들께 이 자리를 빌어서 감사하다는 말씀을 드립니다.

감사하고 또 감사합니다.

홍장표

PART 01

왜 컨설턴트의 보고서 작성 기술인가?

회사원들이 가장 궁금해 하고 잘 하고 싶어하는 업무 기술은 무엇일까요? 바로 기획서와 보고서 등 업무 관련 문서의 작성 방법입니다. 보고서를 잘 쓰는 방법에 절대적인 정답은 없지만 좀 더 효율적이고 전문적으로 작성하는 보고서 작성의 기술은 분명히 있습니다. 이 파트에서는 본격적으로 보고서 작성의 기술을 설명하기 전에 이 기술이 회사원들에게 중요한 이유와 컨설턴트가 작성한 보고서가 일반적인 보고서와 다른 점, 수많은 작성 툴 중에서 파워포인트를 사용하는 이유 등을 알아봅니다. 그리고 컨설턴트가 작성한 파워포인트 보고서의 여러 가지 실무 예시를 살펴봅니다.

PART 02

보고서 작성이 빨라지는 파워포인트 SKILL UP

이 책은 파워포인트 기반의 보고서 작성 기술을 설명합니다. 첫 번째로 알아야 할 것은 기본 툴인 파워포인트를 다루는 방법입니다. 이 파트에서는 먼저 파워포인트 고유의 특성을 통해 파워포인트 그 자체에 대한 이해를 돕습니다. 그 다음 파워포인트에서 사용할 수 있는 글꼴, 색상, 도형과 선에 대해서 알아봅니다. 마지막으로 보고서 작성의 효율성을 높일 수 있는 파워포인트 기능을 설명합니다.

PART 03

논리적이고 비주얼을 갖춘 보고서 구성을 위한 VISUAL UP

보고서의 내용을 효과적으로 전달하기 위해서는 일차적으로 비주얼적인 측면이 중요합니다. 이 파트에서는 보고서의 비주얼을 보기 좋게 만드는 방법에 대해서 설명합니다. 먼저 슬라이드 마스터를 활용해서 보고서 레이아웃을 만드는 방법을 알아본 후 보고서의 비주얼 구성 요소인 표, 도형, 그래프에 대한 이해와 보고서에서 이 요소들을 어떻게 활용하는지를 다양한 예시와 함께 살펴봅니다.

PART
04

보고서 자체의 완성도를 높이는 MAKE UP

보고서의 완성도를 높이기 위해서 가장 중요하게 고려할 점은 구성 방법, 즉 '어떠한 논리로 전개하고 그 논리를 어떻게 표현할 것인가'입니다. 이 파트에서는 보고서의 밀도와 구성에 따른 유형을 살펴본 뒤 목차와 초안을 구성하는 방법, 슬라이드 구성을 통한 본문 콘텐츠 배치 방법을 설명합니다. 마지막으로 PART 03에서 설명했던 비주얼 구성 요소인 표, 도형, 그래프를 활용하는 보고서의 다양한 패턴과 그 구성 방법을 예시와 함께 살펴봅니다.

부록

컨설턴트의 보고서 작성 실무 A to Z

이 책의 마지막 부분에서는 컨설턴트가 하나의 프로젝트를 맡고 결과물인 파워포인트 보고서를 작성하는 실무 과정 전체를 살펴봅니다. 이 책에서 설명한 보고서 작성의 기술들이 실무에서 어떻게 유기적으로 연결되어서 활용되는지를 파악할 수 있습니다.

버전

이 책의 여러 가지 예시를 포함한 모든 내용은 파워포인트 2013 버전을 기준으로 작성되었습니다. 다만 파워포인트 2007 버전 이상부터는 몇 가지 기능만 제외한다면 이 책의 설명을 이해하고 복습하는 것에 전혀 문제가 없습니다.

다운로드

이 책에 수록된 컨설턴트의 실무 보고서 샘플 파일과 실무에서 활용할 수 있는 템플릿 파일을 한빛미디어 홈페이지(www.hanbit.co.kr)에서 무료로 제공하고 있습니다. 먼저 한빛미디어 홈페이지에서 회원 가입 후 메인 화면의 [부록/학습자료] 버튼을 클릭합니다. 도서명을 검색하고 [다운로드] 버튼을 클릭하여 파일을 다운로드합니다.

저자
블로그

보고서 작성에 관한 더 많은 내용을 알고 싶다면 저자 블로그(www.redslide.blog.me)를 방문하세요! 이 책에서 설명한 내용 외에도 다양한 실무 예시, 바로 활용할 수 있는 템플릿 등등 보고서 작성 노하우 및 관련 자료를 저자 블로그를 통해서 지속적으로 공유하고 있습니다.

CONTENTS **목차**

PART 02

보고서 작성이 빨라지는 파워포인트 SKILL UP

CONTENTS **목차**

PART 03

논리적이고 비주얼을 갖춘 보고서 구성을 위한 VISUAL UP

CONTENTS 목차

PART 04

보고서 자체의 완성도를 높이는 MAKE UP

CONTENTS 목차

왜
컨설턴트의
보고서 작성
기술인가?

컨설턴트란 직업에 대해서 들어본 적이 있나요? 컨설턴트, 특히 경영 컨설턴트는 사람의 질병을 치료하고 예방하는 의사처럼 기업을 대상으로 경영 진단과 분석을 통해 문제점을 파악하고 대안을 찾아 문제 해결을 돕는 직업입니다. 그러기 위해서 진단 및 분석 결과를 기업에게 설명하고 문제점의 개선을 위해 행할 대안을 이해시키며 때로는 설득하기도 합니다. 이러한 일을 하는 컨설턴트에게 보고서는 가장 중요한 업무 도구입니다. 따라서 보고서를 작성하는 기술은 마치 의사로 치면 메스를 다루는 기술, 군인으로 치면 총을 다루는 기술처럼 컨설턴트가 기본적으로 갖춰야 하는 가장 중요한 능력입니다. 그렇다면 컨설턴트가 작성한 보고서는 어떤 특징이 있을까요? 도대체 무엇이 다를까요?

왜 컨설턴트의
보고서는 좋아 보일까?

경영 컨설팅 회사에 컨설턴트로 입사해서 처음으로 국내 모 건설회사의 중장기 전략 수립 프로젝트에 투입되었을 적의 일입니다. 맡은 업무는 국내 건설산업 동향에 대한 자료를 수집하는 일이었습니다. 하루라도 빨리 컨설턴트로서 맡은 역할을 수행하고 싶은 마음에 시키지도 않은 건설 산업 동향 분석에 대한 보고서를 20페이지 분량으로 작성하여 선배에게 보여 주었습니다. 선배는 필자의 보고서를 조용히 옆으로 치우며 100페이지 남짓의 다른 보고서를 보여 주었습니다.

"지금 보여 준 보고서를 금액으로 환산하면 얼마쯤 될 것 같아요?"

"네? 네…. 100페이지 정도니까…. 글쎄요. 잘 모르겠습니다."

"이 프로젝트는 1억 원에 수주해서 100페이지 분량의 보고서를 납품했어요. 즉, 고객은 보고서 한 페이지에 100만 원씩 지불한 셈이에요."

그러한 보고서의 한 페이지를 위해서 어떤 고객은 수십에서 수백만 원씩 지불할 수도 있다는 사실에 놀라지 않을 수 없었습니다. 지금도 전문가가 작성하는 보고서의 가치와 그에 따른 전문가로서의 책임감을 느낀 그 순간을 또렷하게 기억하고 있습니다.

한 페이지에 수십에서 수백만 원씩 하는 가치를 지닌 컨설턴트의 보고서는 어떤 특징이 있고 도대체 무엇이 다를까요? 이제부터 차근차근 살펴보면서 컨설턴트만의 보고서 작성 기술을 배워 보도록 하겠습니다.

SECTION 01 보고서 작성 기술이 왜 중요한가?

단언컨대 직장 생활에서 가장 중요한 공식적인 커뮤니케이션 수단은 바로 '보고서'입니다. 심지어 보고서는 승진과 연봉을 결정하는 중요한 지표가 되기도 합니다. 보통 직장 생활을 20대 중후반에 시작하여 50대 후반까지 다닌다면 약 30여 년간을 직장에서 보내는 것입니다. 이렇듯 일명 '인생의 황금기'를 직장에서 보내는데 정작 가장 중요한 보고서 작성 기술이 미흡해서는 안될 것입니다. 그러나 아이러니컬하게도 많은 직장인이 직장 생활에서 가장 어려워하는 것으로 '보고서 작성'을 꼽습니다.

> 글을 쓰는 일과 무관한 직장 생활은 없다. 영업하는 경우에도 계획을 세워야 하고 기간 단위로 결과를 보고해야 하며 고객과 시장의 트렌드를 분석해야 한다. (중략) 조사에 의하면, 대부분 직장인들이 하루 2회 정도의 보고서를 쓰고 있고 이를 위해 5시간 이상의 시간을 보낸다고 한다. 그러니 많은 사람에게 직장 생활이란 곧 무언가를 쓰는 것이 된다. 직급에 관계없이 쓰는 일에 스트레스를 받고 있으며 80% 정도가 이러한 능력이 직장에서의 성공과 밀접한 관련이 있다고 답했다.
>
> – '글쓰는 능력과 직장인의 운명', 세계일보, 2011.12.15 보도 기사 일부 인용 –

심지어 10년 전이나 지금이나 큰 차이가 없어 보입니다.

> 직장인 10명 중 7명은 보고서나 제안서 같은 문서를 작성하는 데 어려움을 느끼고 있는 것으로 조사됐다. 21일 비즈니스 지식포털 비즈몬(www.bizmon.com)이 직장인 872명을 대상으로 설문 조사를 시행한 결과, 전체 응답자의 72.1%가 '업무상 문서 작성에 어려움을 느끼고 있다'고 답했다.

또 59.2%는 자신이 상급자나 외부 업체에 제출한 문서가 재작성 요청을 받고 되돌아온 경험이 있다고 밝혔다.

직급별로는 회사에서 실무를 맡는 대리급(77.0%)이 문서 작성에 가장 어려움을 느끼는 것으로 조사됐고, 직종별로는 기획/홍보(78.4%)와 생산/기술(78.3%)에 종사하는 직장인들이 문서 작성을 어려워하는 것으로 나타났다.

– '직장인들, 사무 문서 작성은 어려워', 연합뉴스, 2005.9.21 보도 기사 일부 인용 –

선임급 직장인들도 어려워하는 것이 보고서 작성이므로 신입사원은 말할 것도 없습니다.

입사 후 신입사원이 가장 궁금해하는 것은 무엇일까? 지난 23일 취업 포털 커리어는 직장인 911명을 대상으로 '갓 입사한 신입사원이 가장 궁금해하는 것'에 대한 설문 조사를 시행했는데, 이에 대한 조사 결과에 네티즌들의 관심이 집중됐다.

설문 조사 결과 '기획서/보고서 작성법(14.4%)'이 1위에 올랐다.

– '신입사원이 궁금해하는 것 1위는 보고서 작성법', 동아일보, 2013.9.24 보도 기사 일부 인용 –

필자는 컨설턴트로 일하면서 대학생부터 기업의 CEO까지, 다양한 직군과 직급에 있는 사람들을 만나서 인터뷰할 기회가 있었습니다. 물론 컨설팅 업무를 수행하는 과정 안의 인터뷰였지만 업무 외의 이야기를 나누는 경우도 종종 있곤 했습니다. 그중에서 컨설턴트들이 작성한 보고서를 보고 '어떻게 하면 보고서를 이렇게 작성할 수 있을까요?'란 질문을 유독 많이 받았습니다. 본인뿐만 아니라 후배 직원들의 보고서 작성 기술이 미흡하다는 이야기도 많이 들었습니다. 심지어 유명 대기업의 기획부서에 다니는 분에게서도 이런 이야기를 들었을 때는 적잖이 충격적이었습니다. 필자가 만났던 고객들의 보고서 작성 기술에 대한 고민을 한번 모아 보았습니다.

OO대학교 경영학과 1학년 김OO

"마케팅원론 수업에서 학기 말에 발표할 리포트를 과제로 받았습니다. OO제품의 소비자 선호도를 조사하고 이에 대한 보고서를 작성해야 합니다. 특히 설문 조사 결과는 그래프로 정리해서 발표해야 되는데 어떤 그래프를 사용하는 게 좋을까요?"

OO대학교 창업 동아리 회장, 전자공학과 3학년 김OO

"OO기업에서 주최하는 이번 창업 경진 대회 최종 라운드에 진출했습니다. 최종 라운드에서는 개발하고 있는 제품에 대한 설명뿐만 아니라 향후 사업화 추진을 위한 비즈니스 모델까지 정리해서 프레젠테이션해야 합니다. 멤버들 모두 제품 개발에 대한 열정과 역량은 뛰어나지만 제품 소개서 혹은 사업 계획서 같은 보고서를 작성해 본 경험이 전혀 없어서 어떻게 해야 할지 걱정입니다."

OO물류 입사 지원자 정OO

"2차 면접까지 합격한 가운데 경영진 앞에서 최종 프레젠테이션 면접만 남겨두고 있습니다. 최종 프레젠테이션은 지난 3개월 동안 인턴 과정에서 보고 느낀 OO물류의 문제점을 찾아서 개선 방안을 제시하는 것입니다. 우선 OO물류의 사업 및 조직 문화 등에 대해 그동안 파악한 이슈를 정리하고 개선 방안을 찾아서 객관적이고 논리적으로 제시해야 하는데 어떻게 보고서로 만들어야 할지 고민입니다."

OO건설 건설사업부 심OO 차장

"이번 연말에 전사 미래 전략 워크숍에서 사업 계획 발표를 준비하게 되었습니다. 올해 전사 실적이 좋지 못한 상황에서 사장님을 비롯한 경영진 모두가 참석하는 워크숍이라 긴장감마저 흐를 수도 있는 중요한 발표입니다. 건설사업부에서 현재 추진 중인 사업 현황과 향후 일정을 정리해야 하고, 수주 가능성이 높은 사업에 대해서도 정리해야 합니다. 진행 중인 사업만 해도 10건이 넘는데 사업별 진도율과 향후 일정을 보고서로 어떻게 만들어야 할지 고민입니다."

○○에듀컴퍼니 이○○ 차장

❶ OJT(On the Job Training)는 직무 수행과 병행하는 교육 훈련를 말합니다.

"나름대로 교육 분야 전문 컨설팅 회사인데 대리급 이하 직원들의 보고서 작성 기술이 너무 부족합니다. OJT❶를 하고 싶어도 보고서 작성 방법을 체계적으로 가르친다는 것이 쉽지 않고 짧은 시간에 터득할 수 있는 것도 아니기에 고민입니다."

○○소프트 이○○ 대표

"이번에 신규 투자 유치를 위한 사업 설명회가 있는데 기획팀에서 작성해 온 보고서가 설득력이 너무 약해서 걱정입니다. 사업 설명회인 만큼 회사 연혁과 기존 제품 및 신규 제품에 대한 소개가 기본인데 나열식으로 정리되어 있어 임팩트가 약합니다. 또한 중장기 비즈니스 포트폴리오의 변화에 대한 내용도 빠져 있어서 투자 유치를 위한 보고서로는 매우 부족합니다."

○○기업 한국 지부 임○○ 지부장

"한국 지부에 발령 받은 뒤 처음 사업 분석 및 사업 계획에 대한 보고를 받고 깜짝 놀랐습니다. 매출 및 영업이익의 수치가 맞지 않는 등 객관적인 재무 데이터 분석이 엉망이었고, 현재 추진하고 있는 사업 현황에 대해서도 정확히 파악하기 어려운 보고서였습니다. 또한 향후 사업 추진 우선순위도 없어서 역량을 어디에 집중해야 하는지도 판단할 수 없었습니다. 그 외에 다른 보고서들도 검토했는데 전반적으로 직원들의 보고서 작성 역량 수준이 너무 낮아서 놀랐습니다."

지금까지의 내용은 집필의 직접적인 동기가 되었던 인터뷰들입니다. 이와 같이 보고서 작성에 대한 고민을 나누면서 컨설턴트의 보고서 작성 기술이 다양한 분야에서 폭넓게 활용될 수 있다는 점을 발견했습니다. 공공기관, 서비스업 및 제조업 등 다양한 부문의 컨설팅을 수행하면서 보고서 작성 역량 향상에 대한 진지한 고민을 거듭했습니다. 이런 과정을 거쳐 컨설턴트가 실제로 사용하는 다양한 보고서 작성의 기술을 정리하였고, 독자와 이 내용을 공유하려 합니다.

직장 상사를 크게 두 부류로 나눈다면 '시각형 상사'와 '청각형 상사'가 있습니다.

시각형 상사는 시각적인 부분, 즉 보고서의 형태와 틀, 구성 요소, 객관적인 근거 등을 중시하는 상사를 말합니다. 반면 청각형 상사는 보고자의 신뢰도를 중시하는 상사를 말합니다. 이러한 신뢰도는 하루아침에 만들어지는 것이 아닙니다. 단지 언변이 뛰어나 말을 잘하는 것이 아니라 업무 기술Skill, 업무 지식Knowledge, 업무 태도Attitude가 종합적으로 결합하여 신뢰도가 형성됩니다. 청각형 상사의 경우 신뢰도가 높은 직원이 보고한다면 굳이 보고서를 자세히 보지 않고도 몇 가지 궁금한 점에 대한 질문과 답변만으로 결재할 것입니다.

그런데 시각형 상사와 청각형 상사를 동시에 만족하게 하는 보고서가 있습니다. 바로 객관성과 논리성을 갖춘 보고서입니다.

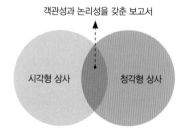

보고서라는 말의 한자를 풀어 보면 그 이유를 알 수 있습니다. 報(알릴 보), 告(고할 고), 書(글 서)로 '어떤 사실을 알리기 위해서 쓴 문서'라는 뜻입니다. 마치 전장에서 정확한 정보를 장수에게 보고하지 않으면 제대로 된 의사결정을 할 수 없듯이 보고서에서 알리기 위한 정보의 객관성은 무엇보다 중요합니다. 또한 보고서는 수많은 정보를 논리 정연하게 전달해야 합니다. 같은 정보를 갖고 어떻게 구성하느냐에 따라 보고서의 객관성과 논리성은 얼마든지 차이가 날 수 있습니다. 즉, 보고서의 객관성과 논리성은 순수하게 작성자의 보고서 작성 스킬과 비례합니다.

이 책에서는 파워포인트 기반의 보고서를 작성할 때 사용하는 컨설턴트만의 기술을 설명합니다. 주어진 정보를 최대한 가공하여 객관성과 논리성이 높은 보고서를 작성하는 방법을 공유하는 것입니다. 이를 통해 시각형 상사와 청각형 상사를 모두 만족하게 하는 보고서를 작성할 수 있습니다.

그렇다면 컨설턴트의 보고서는 일반적인 보고서와 무엇이 다를까요?

이 질문에 대한 대답이 이 책을 통해서 여러분이 얻을 수 있는 보고서 작성 기술 향상의 출발점이 될 것입니다. 컨설턴트가 작성한 파워포인트 기반의 보고서에는 어떤 특징이 있는지 먼저 알아보겠습니다.

컨설팅consulting의 사전적 의미는 '어떤 분야에 전문적인 지식을 가진 사람이 고객을 상대로 상세하게 상담하고 도와주는 것'입니다.❶

❶ 출처 : 네이버 국어사전

상세하게 상담하고 도와주기 위해서 우선 해당 고객(주로 기업)의 상황을 잘 알아야 합니다. 그래서 우선적으로 진단과 분석을 합니다. 그후에 그 결과와 전문적인 지식을 바탕으로 어떻게 고쳐나갈 것인지 가설을 설정하고 대안을 탐색합니다. 대안별 장점과 단점, 중요성 및 시급성 등을 고려하여 최적의 대안을 선택합니다. 선택된 대안을 가지고 기업이 해야 할 일들을 정의합니다. 이것이 과제입니다. 과제를 도출한 뒤 이를 어떻게 실행할 것인지 과제별 실행 계획을 수립합니다.

이것이 바로 컨설턴트가 작성하는 보고서, 즉 컨설팅 보고서의 기본적인 스토리라인입니다. 이런 과정을 거쳐 작성된 보고서는 다음과 같은 특징을 가지고 있습니다.

객관성과 신뢰성이 중요한 보고서

앞에서 언급한대로 컨설팅 보고서는 진단과 분석의 결과를 바탕으로 대안을 탐색하고 선택하는 논리적 전개가 이루어집니다. 결국 진단과 분석은 컨설팅 보고서의 시작이며 근간이 되는 부분입니다. 현재 상황에 대한 진단과 분석을 실시할 때는 객관성과 신뢰성의 확보가 가장 중요합니다. 그래서 컨설팅 보고서에서는 정량화된 데이터를 가공하여 많이 사용합니다.

논리성이 중요한 보고서

논리성은 모든 보고서에서 가장 기본입니다. 특히 문제점 분석, 타당성 높은 대안 제시 등을 통해 고객을 설득해야 하는 특성을 가진 컨설팅 보고서에서 논리성은 더욱 중요한 요소입니다.

가독성이 높은 보고서

아무리 훌륭한 보고서라 하더라도 보는 사람이 이해하지 못하면 무슨 소용이 있을까요? 다양한 분석 내용과 시사점, 특히 '전문적이고 다소 어려운 지식'의 전달을 위해서는 보고서의 가독성, 즉 비주얼이 중요합니다. 이 책에서 말하는 컨설팅 보고서는 효과적인 메시지 전달을 위해 가독성 측면에서 많은 고민을 한 결과물입니다.

이해하기 쉬운 보고서

컨설팅 보고서는 별도의 설명 없이 보고 읽는 것만으로도 작성자의 의도를 전달할 수 있도록 작성합니다. 보고의 대상자에게 보고서 내용을 프레젠테이션하거나 일일이 설명할 충분한 시간과 기회를 얻지 못할 수도 있기 때문입니다. 그러므로 구조화된 도식 및 명확한 설명을 통해 보고서만 보더라도 내용이 모두 이해되도록 작성합니다.

작성과 수정이 쉬운 보고서

❶ 다양한 분야별 전문가들의 협업, 혹은 고객과 협업을 통해서 보고서가 작성되기도 합니다.

컨설턴트들은 짧게는 1~2개월 이내에 수십에서 수백 페이지의 보고서를 협업을 통해서 작성합니다.❶ 그런데 이러한 보고서를 컨설턴트들마다 각자의 스타일로 작성하면 나중에 통합하기도 어렵고 시각적으로 일관되게 보이지도 않습니다. 주어진 시간적 제약을 고려할 때 파워포인트의 기능을 뛰어넘는 그래픽 효과는 구현할 수도 없으며, 파워포인트 내에서 쉽게 해결되는 수준의 그래픽 작업만으로도 충분히 내용을 전달할 수 있습니다. 또한 다양한 변수를 고려하여 분석하다 보면 추가 분석을 해야 하거나 작성된 보고서를 수정해야 하는 경우가 비일비재합니다. 그래서 컨설팅 보고서는 내용의 추가나 수정이 용이하도록 작성합니다.

앞에서 제시한 다섯 가지 특징은 일반적인 보고서보다 컨설턴트가 작성한 컨설팅 보고서에 더 두드러지게 나타납니다. 바꿔 말하면 이 다섯 가지 특징이 드러나는 보고서를 작성하려는 사람에게 이 책은 많은 도움이 될 것입니다.

필자는 컨설턴트 입장에서 고객을 설득해야 하는 수많은 보고서를 작성해왔고 회사의 직원 입장에서도 상사에게 결재를 받기 위해 수많은 보고서를 작성해 왔습니다. 이렇게 쌓인 컨설턴트만의 보고서 작성 기술은 꼭 관련 분야가 아니라 일반적인 실무에서도 활용도가 높을 것이라고 자신합니다.

보고서 작성 기술에 대해서 체계적으로 배우기 어려운 이유는 무엇일까요? 이 질문에 대한 답을 찾기 전에 보고서 작성 방법에 영향을 미치는 변수들에 대해서 몇 가지 살펴보겠습니다.

첫째, 보고서 목적에 따라서 작성 방법이 달라집니다

계획 보고서, 분석 보고서, 검토 보고서, 비교 보고서 등의 작성 방법은 당연히 그 목적에 맞게 차이가 있습니다.

둘째, 보고 시기에 따라서도 작성 방법이 달라집니다

시기에 따라 나눠지는 착수(최초) 보고서, 중간 보고서, 최종 보고서 등도 그 목적과 작성 방법이 다릅니다.

셋째, 보고서를 보는 대상에 따라서도 작성 방법이 달라집니다

일반 국민에게 알리는 보고서는 누가 읽어도 알 만한 용어를 사용하여 작성되어야 합니다. 경영진에게 제출하는 보고서는 핵심적인 사항, 의사 결정 사안 등과 같은 요약된 내용으로만 작성되어야 하며 세세한 내용은 별첨으로 첨부합니다. 보고를 받는 사람의 성향까지 고려해야 하는 경우도 있습니다. 예를 들어 매우 꼼꼼한 성격의 CEO에게는 좀 더 세부적인 사항까지 담아야 할 것입니다.

넷째, 보고서 작성 프로그램에 따라서도 작성 방법이 달라집니다

아래아한글, MS워드와 같은 소프트웨어는 텍스트 형태의 보고서 작성에 유리합니다. 파워포인트, 프레지❶ 등은 시각적 형태의 보고서 즉, 프레젠테이션용 보고서 작성에 특화되어 있습니다.

❶ 프레지(Prezi)는 별도의 프로그램 없이 인터넷을 통해 프레젠테이션 문서를 쉽고 간편하게 작성, 저장, 슬라이드쇼를 할 수 있는 온라인 서비스입니다.

위와 같은 모든 변수를 고려한 실무 맞춤형 보고서 작성 방법을 책 한 권에 소개한다는 것은 불가능합니다. 그래서 시중의 보고서 작성 관련 책은 대부분 보고서 작성의 일반적인 원칙을 소개하고 있습니다. 이것이 바로 보고서 작성 기술을 체계적으로 배우기 어려운 이유입니다.

앞서 언급한 것처럼 모든 변수를 고려한 보고서 작성 기술에 대해 설명하는 것은 불가능하므로 이 책에서는,

첫째, 비주얼적으로 간결하고 논리적이며 세련된 보고서를 작성하는 방법
둘째, 미묘한 차이로 보고서 품질을 개선하는 방법
셋째, 효율성을 생각해서 최대한 보고서 작성 시간을 단축시키는 방법

을 설명한다는 원칙하에,

첫째, 여러 가지 문서 작성 프로그램 중 파워포인트를 활용해서
둘째, 객관적이고 논리성이 돋보이는 컨설턴트의 보고서를 예시로
셋째, 부분적으로 다양한 자료를 가공하고 편집하는 기술과
넷째, 전체적으로 논리적인 비주얼을 갖춘 보고서를 작성하는 노하우

를 소개합니다.

여기서 한 가지 의문이 생길 수 있습니다. 왜 수많은 문서 작성 프로그램 중에서 파워포인트일까요? 먼저 신문 기사의 일부를 살펴보겠습니다.

정태영 현대카드 사장이 최근 사내에서 파워포인트 사용을 한달 간 금지한다는 글을 페이스북에 올렸다. 이유는 파워포인트가 업무 효율을 해치는 공공의 적이라는 것. 정 사장은 "각종 보고서는 물론 동호회 모임 고지까지 파워포인트로 정성스럽게 만드는 습관을 업무 효율을 해치는 공공의 적으로 기업문화팀이 발표. 전화나 이메일로 간단히 알리면 될 일도 PPT를 써야 멋있거나, 정중한 것처럼 생각하는 잘못된 문화를 필히 바로 잡겠다고. 나도 대찬성."이라고 페이스북에 썼다.
파워포인트는 단순히 업무 효율만 떨어뜨리는 부작용만 있는 게 아니다. 파워포인트는 깊이 있는 생각을 가로막는다. 그래서 우리를 바보로 만든다. 제프 베조스 아마존 최고경영자(CEO)는 이 같은 사실을 잘 알고 있는 것 같다.

> 지난해 베조스 CEO는 사내에서 파워포인트 사용을 금지했다. 대신 6쪽 분량의 메모로 사안을 '묘사'할 것을 요구했다. 직원들이 글을 쓰고 천천히 생각하는 환경을 창조하기 위해서라는 게 이유였다…(후략)
>
> – '파워포인트는 우리를 바보로 만든다', 매일경제, 2014.7.23 보도 기사 일부 인용 –

파워포인트의 사용 목적은 본래 보고서를 멋있고 화려하게 꾸미기 위함이 아닙니다. 논리적이고 구조화된 설명을 위해서는 텍스트 중심의 아래아한글이나 MS워드보다 도형 중심의 파워포인트가 훨씬 유리하기 때문에 사용하는 것입니다. 또한 컨설턴트는 물론이고 여러 분야의 실무에서 보고서는 그 자체로도 중요하지만 보고서의 내용을 전달하거나 설득하는 프레젠테이션 목적도 동시에 고려되어야 하기에 파워포인트를 주된 문서 작성 도구로 사용하는 것입니다.

비주얼 보고서라고 해서 포토샵으로 그래픽 디자이너처럼 화려하게 만드는 것도 아닙니다. 파워포인트의 가장 기본적인 기능만으로도 얼마든지 실무에서 사용 가능한 보기 좋고 논리적인 보고서를 작성할 수 있습니다.

이어지는 WARM UP 02에서는 일종의 몸풀기로 파워포인트로 작성한 여러 가지 보고서를 살펴보겠습니다. 그 후 본격적으로 파워포인트 보고서 작성 기술에 대해서 설명하겠습니다. 이 책의 내용을 숙지하고 차근차근 따라하다 보면 파워포인트로 작성하는 보고서만의 장점을 느낄 수 있는 것은 물론 전문가의 보고서 작성 노하우도 배울 수 있을 것입니다.

WARM UP 02

컨설턴트가 작성한
여러 가지 보고서

파워포인트를 활용한 보고서는 비주얼적으로 크게 다음과 같은 세 가지 유형이 있습니다.

① 표 중심의 보고서

② 도형 중심의 보고서

③ 그래프 중심의 보고서

필자가 수행했던 여러 가지 프로젝트의 보고서들을 재편집하여 이 세 가지 유형에 맞게 소개하겠습니다. ❶ 보고서 작성 당시의 상황을 재구성하고 이에 따라 완성된 보고서를 예시로 넣었습니다.

이를 앞부분인 PART 01에 넣은 이유는 독자 여러분들이 이 책을 통해서 무엇을 배울 수 있는지에 대한 가장 명확한 소개라고 생각했기 때문입니다. 일종의 준비운동이라고 생각하고 잘 만든 보고서는 어떤 논리적, 비주얼적 특징을 가지고 있는지 한번 살펴보세요. 실무에서 예시와 비슷한 유형의 보고서 작성이 필요할 때 이 책은 큰 도움이 될 것입니다.

❶ 필자가 수행한 프로젝트의 결과로 나온 보고서는 기업의 중요하고 민감한 정보를 담고 있는 경우가 많습니다. 그래서 자료의 일부를 가공하여 재편집하였습니다. 또한 적합한 설명을 위하여 신문, 잡지 등의 내용을 인용해서 보고서용으로 편집한 사례도 있습니다. 물론 이런 자료에 대해서는 출처를 명시했습니다.

표 중심의 보고서 ① :
프로젝트 추진 일정

OO기업은 비즈니스 환경 변화에 대응하고, 지속 가능한 성장을 위한 중장기 경영 전략을 수립하려고 합니다. 이를 위해 태스크 포스^{Task Force} 팀을 구성하였습니다. 팀원은 각 사업부서에서 선발된 핵심 인재들로 구성하였으며 3개월 동안 '비전 2025 글로벌 Top 10 진입(가칭)'을 위한 전략을 수립할 예정입니다. 방대한 자료에 대한 검토, 분석, 워크숍, 인터뷰 등이 진행되므로 일정 관리가 상당히 중요합니다. 우선적으로 프로젝트 추진 일정을 표로 작성하였습니다.

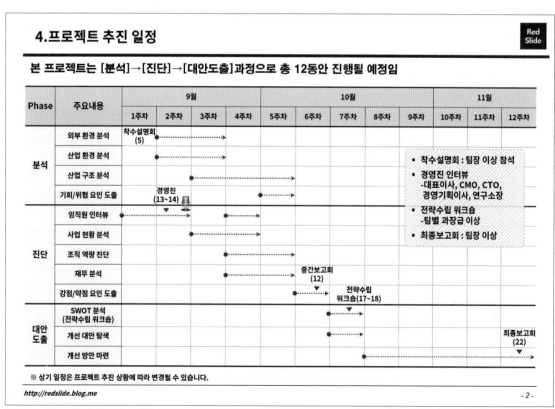

주차별 프로젝트 추진 일정을 표로 작성한 보고서

표 중심의 보고서 ② :
현황 분석

글로벌 금융 위기, 치열한 경쟁 등으로 각종 대외 환경 변화에 대한 사전 대응의 중요성이 증대되고 있습니다. 이런 상황에서 OO기업은 리스크에 대한 사전 예측과 관리를 위해 통합 리스크 관리 체계를 구축하고자 합니다. 워크숍과 인터뷰를 통해서 기업 경영에 영향을 미치는 요인을 도출하고 리스크 유형을 정의하고자 다양한 분석을 실시한 후 표로 정리하였습니다.

3.사업 진단 - 4)사후 관리

Red Slide

기업에 영향을 미치는 4대(신용/금리/시장/유동성) 리스크가 존재함. 4대 리스크에 대한 모니터링 및 대응 방안 마련이 필요한 시점임. 특히 유동성 리스크가 기관에 가장 큰 영향을 미치는 것으로 대응 방안 마련의 중요성과 시급성이 가장 높음

분석 관점	영향요인	❶신용	❷금리	❸시장	❹유동성	관련내용
정부 정책	정책 일관성				★	• 정부 정책 변화에 따른 유동성, 운영 리스크
외부 환경	연체율	★			★	• 연체율 상승으로 인한 신용 리스크
	취업율	★			★	• 원리금 상환 유예에 따른 신용, 유동성 리스크
	금리 인상율	★			★	• 금리 인상 시 연체율 상승 및 그에 따른 신용, 유동성 리스크
	가계 부채	★			★	• 가계 부채 증가로 인한 부도율 상승으로 신용, 유동성 리스크
	금리 인상		★	★	★	• 금리 인상에 따른 운용 유가증권 가치 하락에 따른 시장 리스크
내부 환경	대위변제 이행율	★			★	• 대위변제로 인한 신용 리스크 및 현금 유출에 따른 유동성 리스크
	구상 채권 회수율				★	• 구상 채권 회수 감소에 따른 현금 유입 감소로 인한 유동성 리스크
	조달 비용 증가		★		★	• 고정 금리 대출로부터 발생하는 유동성, 금리 리스크
	대출금리 감소		★			• 대출 금리가 조달 금리보다 낮아질 경우 금리 리스크 발생
	재단채 발행 규모 증가				★	• 대출 재원 확보의 어려움으로부터 발생하는 유동성 리스크
	금리 만기 불일치		★			• 금리민감부 자산 계정과 부채 계정의 금리 개정일 차이로 인한 금리 리스크
	자금 만기 불일치				★	• 현금 유입과 현금 유출

기업에 영향을 미치는 리스크 유형을 표로 정리하고 분석한 보고서

표 중심의 보고서 ③ :
시계열 분석

OO기업은 새로운 소프트웨어 개발을 위한 프로젝트를 진행 중에 있습니다. 프로젝트의 성공을 위하여 소프트웨어 개발에 영향을 미치는 기술 동향에 대한 분석이 필요합니다. 관련 자료를 찾던 중 발견한 이 자료[1]에는 2011년부터 2013년까지 주목받았던 기술과 2014년에 주목할 만한 전략 기술에 대한 예측까지 포함되어 있습니다. 따라서 소프트웨어 개발 시장의 트렌드를 파악할 수 있는 중요한 자료이므로 표로 정리하여 보고서에 넣었습니다.

 자료 출처 : '가트너 선정 2014년 10대 전략 기술', 블로터닷넷 2013.10.11 기사를 일부 인용하여 컨설팅 보고서처럼 구성하였습니다.

2014년 10대 전략 기술

Red Slide

시장조사전문업체 가트너가 2014년 주목할 만한 10대 전략 기술을 발표함. 가트너는 매년 10월, 향후 기업들이 비즈니스를 하는 데 있어 중요한 영향을 끼칠지 모르는 잠재력을 가진 <u>전략 기술 10가지를 소개함</u>

| 2011년부터 2014년까지 가트너가 선정한 10대 전략 기술 |

구분	2011	2012	2013	2014
1	클라우드 컴퓨팅	미디어 태블릿 그 이후	모바일 대전	다양한 모바일 기기 관리
2	모바일 앱과 미디어 태블릿	모바일 중심 애플리케이션과 인터페이스	모바일 앱&HTML5	모바일 앱과 애플리케이션
3	소셜 커뮤니케이션 및 협업	상황인식과 소셜이 결합된 사용자 경험	퍼스널 클라우드	만물인터넷
4	비디오	사물인터넷	사물인터넷	하이브리드 클라우드와 서비스 브로커로서의 IT
5	차세대 분석	앱스토어와 마켓 플레이스	하이브리드IT & 클라우드 컴퓨팅	클라우드/클라이언트 아키텍쳐
6	소셜 분석	차세대 분석	전략적 빅데이터	퍼스널 클라우드의 시대
7	상황인식 컴퓨팅	빅데이터	실용분석	소프트웨어 정의
8	스토리지급 메모리	인메모리 컴퓨팅	인메모리 컴퓨팅	웹스케일 IT
9	유비쿼터스 컴퓨팅	저전력 서버	통합 생태계	스마트 머신
10	패브릭 기반 컴퓨팅 및 인프라스트럭처	클라우드 컴퓨팅	엔터프라이즈 앱스토어	3D 프린팅

Source : '가트너 선정 2014년 10대 전략기술', 2013.10.11, 블로터닷넷, http://www.bloter.net/archives/166671

http://redslide.blog.me

- 5 -

연도별 주요 기술적 변화를 표를 활용하여 분석한 보고서

표 중심의 보고서 ④ :
과제별 추진 계획

OO기업은 기업의 이미지 개선과 연계하여 뉴미디어 채널을 통한 기업 홍보를 강화하려고 합니다. 기업 이미지를 개선한다는 것은 단기적으로 이루어지는 것이 아니기에 중장기적 관점에서 체계적으로 추진하는 것이 중요합니다. 이에 따라서 기업 이미지에 대한 고객 의견 수렴, 기존 홍보 전략의 효과 분석, 전문가 인터뷰 등을 통하여 중장기 추진 과제를 도출하였고 체계적으로 추진하기 위한 계획을 수립하여 표로 정리하였습니다.

실행과제 >> ④기업 이미지 제고 – 3.2) 전략적 홍보 강화

Red Slide

구분	연도별 추진과제			
	1년차	2년차	3년차	4년차
홍보 전략	**[홍보목표]** Unfreezing 단계	Forming단계	Reinforcing / Rebuilding단계	Stabilizing단계
	[홍보방향] 기업 아이덴티티 구축 및 이미지 구축 (기업홍보 중심)		기업 홍보 및 (본격적인)사업홍보 추진	
	• 홍보전략 수립 -기업 아이덴티티 정립 -홍보 타깃 선정(고객 Segmentation) -종합 홍보계획 수립 / 고객별 홍보채널 선정 / 통합 홍보브랜드 개발	• 홍보전략 Rolling -기업 홍보 및 본격적인 사업홍보 계획 수립	• 통합마케팅(IMC) 추진 전략 수립 -홍보전략을 넘어 마케팅 전략과 전략적 홍보추진 을 위한 계획 수립 -기업홍보 및 사업홍보 적극 추진	(~계속)
홍보 프로 그램	• 기업 홍보 프로그램 기획 • 3대 홍보방향 설정 및 홍보추진 -고객소통 (설명회, 워크숍, 온라인 소통마당) -기획홍보 (기획방송, 뉴스레터, 연수프로그램 언론/잡지 및 전문지 기고) -행사기획 (이벤트 및 00대회, 00체험 등)	• 홍보프로그램 다양화 -고객 Segmentation분석에 따른 홍보프로그램 다양화 (※공감유도 프로그램 개발) • 오피니언 리더 초청 기업 및 사업홍보 -신문기자, 기업 주요 이해관계자 초청 • 사업홍보 준비 및 추진 -통합 홍보브랜드 활용 홍보 추진 / 00 홍보 추진 등 • 000 체험교육 프로그램 기획	• 홍보범위 및 경로확장 -(본격적인)사업홍보 추진 -광고 확대, PR프로그램 개발 -IMC전략에 입각한 홍보프로그램 개발 • 홍보 프로그램 확대 ※참여유도 (체험형)프로그램 개발 • 홍보채널 확대 • 00체험 프로그램 확대	(~계속)
홍보 추진 체계 및 인프라	사업홍보 추진체계 구축 • 홍보조직 구성 및 운영방안 수립 -홍보조직 구성 및 실행 staff확보 -홍보재원 마련/배분 • 유관부처 및 이해관계자 홍보협력체계 • 홍보인력 역량강화 -홍보 및 마케팅 관련 교육	000 전문교육센터 설립추진 • 홍보채널 구축 -온라인, TV, 주요일간지, 신문, 잡지 등 -디지털 홍보 채널 확보(모바일서비스 등) • 000 전문교육센터 설립계획수립 • 외부제휴를 통한 홍보전문인력 pool구축 • 내부 교육원 교육 -홍보 담당자 전문교육 확대 -홍보 마인드 함양 및 참여유도를 위한 직원 대상 교육훈련 확대 • 홍보활동 및 홍보효과 평가체계 마련 -참가자 반응조사/실행단계별 평가 (보도현황분석, 인식조사, 설문조사 등)	One-stop 통합정보제공시스템 구축 • 이해관계자홍보협력체계확대 -산업계(기업체), 학계 등 협력 네트워크 확대 • 홍보채널 확대(모바일서비스 추진확대 등) • 00 관리 및 활용을 위한 홍보협의체 구성 -협력기업과 연계한 홍보협의체 구성 추진 • 000 전문교육센터 설립추진 • One-stop 통합정보제공시스템 구축 • 홍보활동 및 홍보효과 측정 및 평가 -참가자 반응조사 -실행단계별 홍보효과 측정 등	(~계속)

실행 과제별 세부 추진 계획을 연차별로 나눠 표로 정리한 보고서

도형 중심의 보고서 ① :
프로젝트 추진 계획

OO기업은 갈수록 치열한 경쟁 환경을 극복하고 새로운 성장 동력을 발굴하기 위해 중장기 성장 전략 프로젝트를 추진하고 있습니다. 약 4개월 동안 분야별 진단과 많은 분석이 이루어질 예정이며 팀별 핵심 팀원까지 포함된 전략 수립 워크숍을 계획하고 있습니다. 특히 이 프로젝트 보고서에서는 전략 실행에 중점을 두고 과제별 세부 추진 계획을 단계별로 구분하여 도형과 선으로 표현하였습니다.

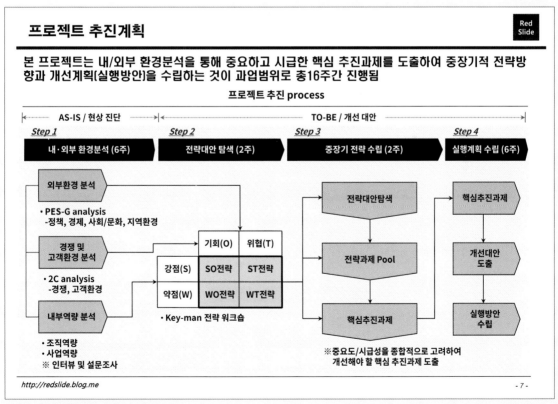

프로젝트 추진 계획을 도형과 선으로 표현한 보고서

CASE STUDY 06

도형 중심의 보고서 ② : 분석 체계(산업 구조+내부 역량)

OO발전사는 해외 신규 사업의 부진, 국내 발전 사업의 생산성 저하 등 경영 실적이 지속적으로 악화되고 있는 상황입니다. 최근 비상 경영을 선언하고 비전 2020 달성을 위한 재도약을 준비하고 있으며 새로운 목표를 설정하려고 합니다. 이런 과정에서 중장기 목표 및 전략 수립 태스크 포스 팀이 조직되어 여러 진단과 분석을 실시하고 있습니다. 먼저 전력 산업에 대한 체계적인 분석을 하기 위해 산업 구조 분석 모델5 Force Model을 활용하여 도형으로 구조화하였습니다.

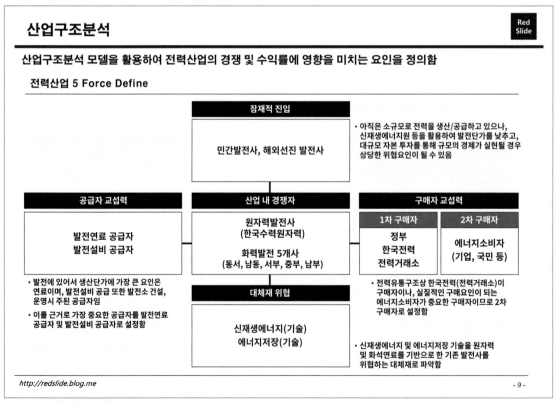

대표적인 산업 환경 분석 프레임인 산업 구조 분석 모델을 활용한 보고서

또한 내부 역량 분석을 진행하기 위해서 가치 사슬 모델Value chain Model을 활용하여 도형으로 구조화하였습니다. 이를 통해 내부 역량 분석의 구체적인 기준과 항목을 만들 수 있습니다.

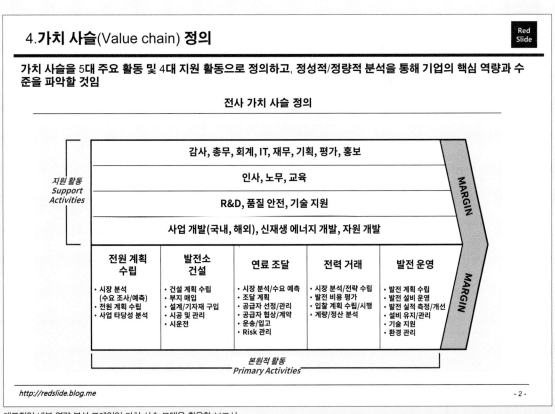

대표적인 내부 역량 분석 프레임인 가치 사슬 모델을 활용한 보고서

도형 중심의 보고서 ③ :
분석 체계(외부 환경)

OO기업은 중장기 경영 전략 수립을 위해 기업 경영에 영향을 미치는 외부 환경 분석을 실시하려고 합니다. 본격적인 분석에 앞서 프레임을 먼저 도형으로 구조화하였습니다. 널리 알려진 외부 환경 분석 프레임인 PEST 분석 툴을 이용하려 했으나 OO기업의 사업 특성상 기술 환경보다는 지역 환경적 요소가 더 큰 외부 환경으로 판단되어 이를 고려하여 외부 환경 분석 프레임을 수정하였습니다.

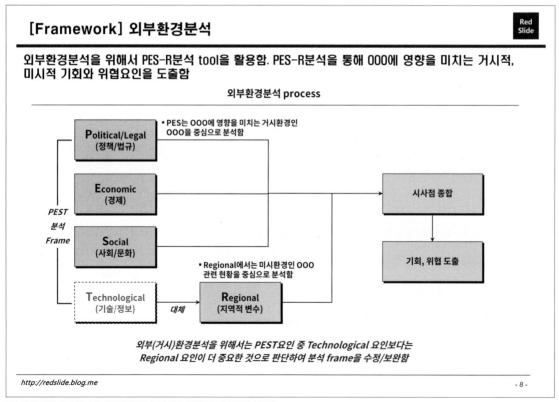

대표적인 외부 환경 분석 프레임인 PEST 분석 툴을 도형으로 구조화한 보고서

도형 중심의 보고서 ④ :
2×2 매트릭스 분석

OO기업에서는 안정적으로 사업을 추진하고 있었으나 최근 2년간 경영 환경의 급격한 변화로 매출액과 영업 이익이 급격히 감소하였습니다. 이에 따라서 기존 사업에 대한 전면적인 재검토와 신성장 동력 사업의 발굴 및 추진이 필요한 시점 입니다. 비즈니스 포트폴리오 재조정을 위해 기존 사업과 신규 사업의 우선순위 를 선정하여 이를 2×2 매트릭스로 분석하였습니다.

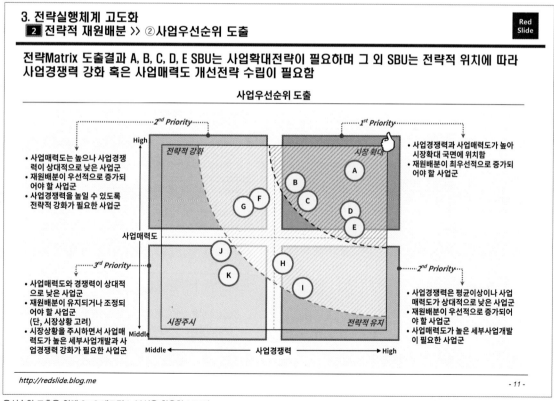

우선순위 도출을 위해 2×2 매트릭스 분석을 활용한 보고서

도형 중심의 보고서 ⑤ :
2×2 매트릭스 분석

OO기업은 재도약을 꿈꾸며 새로운 비전과 전략을 수립하려고 합니다. 글로벌 선진 기업들의 경우 해외 매출 비중과 투하 자본 순수익률^{ROIC}이 높은 기업들이 해당 산업을 선도하고 있는 것으로 분석되었습니다. 이를 산업에서의 핵심 성공 요인으로 정의하고 해당 변수를 두 축으로 하는 2×2 매트릭스 분석을 통해 OO기업의 현재 위치와 글로벌 선도 기업과의 격차를 분석했습니다. 또한 기업의 향후 전략적 포지셔닝에 대한 다양한 대안에 대해서도 탐색하였습니다.

2.전략집단도 분석 및 전략방향 탐색

Red Slide

글로벌 Top 10에 드는 기업들의 경우 신 성장동력 사업 발굴 및 적극적인 해외사업 진출을 통해 높은 수익률을 올리고 있음. OO기업은 OOO역량 및 안정적인 재무구조를 바탕으로 사업 포트폴리오 확대 및 신규시장 개발이 필요한 시점임

전략집단도 분석

전략집단별 전략분석 및 전략방향 탐색

[전략집단 I] 국내사업 확대형	• 사업 포트폴리오 다각화 및 신 성장동력 사업발굴을 통해 국내 신규시장 확보 • 적극적인 시장침투전략으로 높은 수익창출
[전략집단 II] 사업 다각화형	• 신 성장동력 사업 발굴을 통해 적극적인 글로벌 다각화 전략을 추진 • 사업 포트폴리오 다변화를 통해 지속적인 수익창출
[전략집단 III] 국내사업 유지형	• 국내의 안정적인 수요기반의 안정적 수익구조 확보

• *OOO역량을 바탕으로 해외 신규시장 탐색*

• *OOO 사업중심에서 OOO을 활용한 사업다각화 모색 필요*
  -사업다각화 : 신규사업 개발, 신규시장 개척

＊ source : 각사 IR자료

http://redslide.blog.me

- 12 -

분석과 대안 탐색을 위해 2×2 매트릭스 분석을 활용한 보고서

도형 중심의 보고서 ⑥ : 3×2 매트릭스 분석

OO기업은 경쟁사들의 경영 전략, 강/약점 분석을 통해 대응 전략을 수립하고자 3×2 매트릭스를 활용한 전략 집단도 분석을 실시하였습니다. 이를 통해 선도 기업들의 경영 전략 방향을 탐색하고 자사와의 전략적 차이점에 대해서 파악한 뒤, 격차를 줄이기 위한 세 가지 전략 방향에 대한 장/단점 분석을 하였습니다. 최종적으로 전략 수립 워크숍을 통해 최적의 전략 방향을 선택하였습니다.

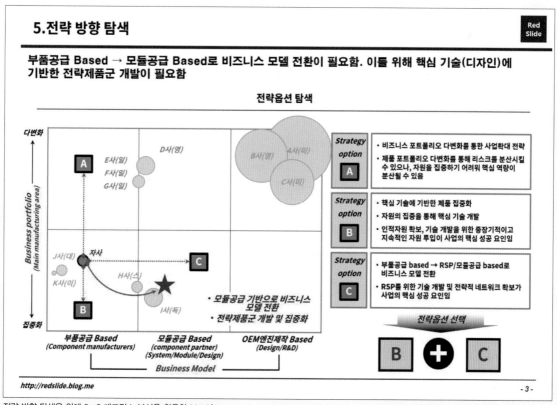

전략 방향 탐색을 위해 3×2 매트릭스 분석을 활용한 보고서

그래프 중심의 보고서 ① :
이중축 그래프

OO은행은 국내 경기 위축 등으로 인하여 기업 및 개인 대출이 갈수록 줄어들고 있어서 대안 마련을 고심하고 있습니다. 새로운 금융 상품 기획과 개발을 위해서 우선 기존 사업에 대한 실적을 분석하였습니다. 대출 금액 및 대출 인원 등의 추세 분석 등 은행의 사업 실적에 대한 내부 현황 분석을 실시했습니다. 각 분석 결과는 그래프를 통해서 한눈에 파악할 수 있게 작성했습니다.

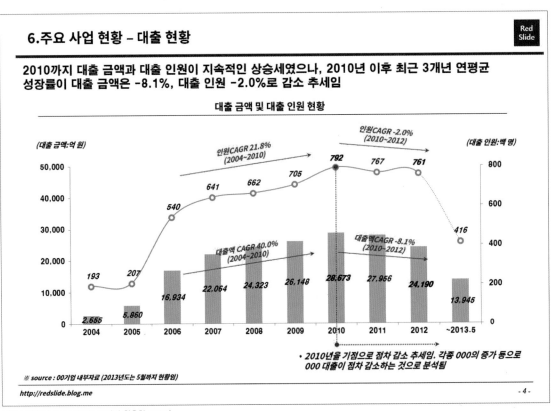

막대 그래프와 선 그래프를 동시에 활용한 보고서

그래프 중심의 보고서 ② :
누적 막대 그래프

소비재를 생산하고 있는 OO기업은 신제품 개발을 추진하고 있습니다. 시장 트렌드 및 소비자들의 니즈를 예측하고 마케팅 및 홍보에 활용하기 위해 각종 분석을 실시하였습니다. 우선 신제품 개발 아이템 선정에 활용하고자 외부 기관에서 발표한 데이터 및 내부에서 수집하고 보관하고 있는 데이터를 종합 분석하여 그래프로 표현하였습니다.

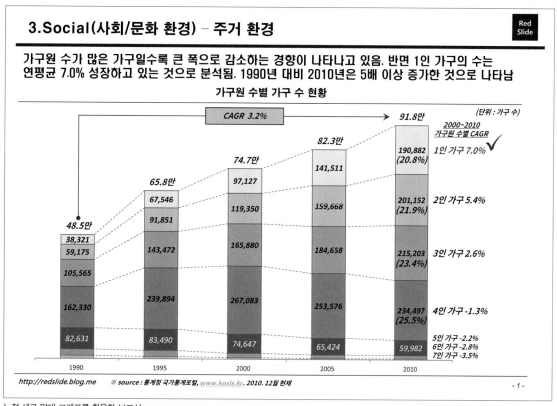

누적 세로 막대 그래프를 활용한 보고서

그래프 중심의 보고서 ③ :
방사형 그래프

OO기업은 최근 5년 간 급격하게 외형적인 성장을 이룩하였습니다. 이런 상황에서 인사팀은 '조직 진단 실시 계획'을 수립하여 추진하고 있습니다. 조직 진단에서 중요한 부분이 바로 직원들의 의견 수렴이므로 다양한 채널과 방법으로 의견을 수렴하였습니다. 특히 전 직원을 대상으로 설문 조사를 통해 직원들의 인식도를 파악하였고 그 결과를 방사형 그래프로 표현하였습니다.

1.조직 역량 – 설문 조사 결과(요약)

Red Slide

7S 모델의 21개 세부 문항별로 보면 조직구조 적절성과 탄력성, 필요인재 확보 및 합리적 인사관리 항목에서 가장 낮은 수준을 보임

7s 모델 분석 – 세부 문항별

(5점 만점)

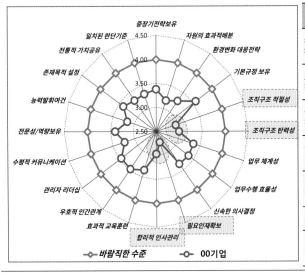

7S	세부 문항	000	바람직한 수준	Gap
전략 Strategy	중장기전략 보유	3.38	4.00	0.62
	자원의 효과적 배분	3.18	4.00	0.82
	환경변화 대응전략	3.28	4.00	0.72
조직구조 Structure	기본규정 보유	3.56	4.00	0.44
	조직구조 적절성	2.94	4.00	1.06
	조직구조 탄력성	2.99	4.00	1.01
업무체계 System	업무체계성	3.35	4.00	0.65
	업무수행 효율성	3.36	4.00	0.64
	신속한 의사결정	3.34	4.00	0.66
인적자원 Staffs	필요인재 확보	2.74	4.00	1.26
	합리적 인사관리	2.97	4.00	1.03
	효과적 교육훈련	3.34	4.00	0.66
조직문화 Style	우호적 인간관계	3.47	4.00	0.53
	관리자 리더십	3.45	4.00	0.55
	수평적 커뮤니케이션	3.23	4.00	0.77
조직역량 Skill	전문성/역량보유	3.40	4.00	0.60
	능력발휘여건	3.16	4.00	0.84
공유가치 Shared value	존재목적 설정	3.39	4.00	0.61
	전통적 가치공유	3.30	4.00	0.70
	일치된 판단기준	3.32	4.00	0.68

http://redslide.blog.me

- 1 -

설문 조사 결과를 방사형 그래프를 활용해 분석한 보고서

그래프 중심의 보고서 ④ :
BCG 매트릭스 그래프

OO기업은 2025년 비전 달성을 위해 각 사업별 성장 목표를 도출하였습니다. 기존 사업 및 신규 사업에 추진 방향을 검토 수립하는 과정에서 BCG 매트릭스 그래프를 이용해서 사업별 자원 배분 방향을 설정했습니다. 이를 근거로 기업의 기존 사업인 화력 발전, 신재생 에너지와 신규 사업의 비즈니스 포트폴리오도 명확하게 정의하였습니다.

3.비즈니스 포트폴리오

Red Slide

비즈니스 포지션의 변화에 따라 단기~중기~장기 사업포트폴리오 변화모습을 구체적으로 제시함. 또한, 전사 목표 달성을 위해 사업별 목표를 Cascading함

Business Portfolio (BCG Matrix)

(단위 : XX)

Business		단기 (~2017)	중기 (~2020)	장기 (~2025)
매출액		00	00	00
국내 매출		00	00	00
해외 매출		00	00	00
화력발전		00	00	00
신재생에너지		00	00	00
사업별 목표 Cascading				
화력발전	소계	00	00	00
	국내	0	0	0
	해외	0	0	0
신재생에너지 (국내)	소계	00	00	00
	태양광	0	0	0
	풍력/해양	0	0	0
	바이오	0	0	0
신재생에너지 (해외)	소계	00	00	00
	태양광	0	0	0
	풍력/해양	0	0	0
	바이오	0	0	0

현재(2012) → 미래(2025)

high — Star / Question
태양광/연료전지
풍력/해양
바이오매스
신재생에너지
해외화력 (아시아 중심→ 기타 개도국으로 확대)
화력발전
국내화력 (노후설비 교체시장 포함)
low — Cash cow / Dog
시장성장률 (세로축)
(상대적)시장점유율 — high → low

http://redslide.blog.me

- 18 -

현재와 미래의 사업 구조 변화를 BCG 매트릭스 그래프를 활용해 표현한 보고서

보고서 작성이
빨라지는
파워포인트
SKILL UP

목수에게 망치와 톱은 가장 중요한 도구입니다. 그렇다면 컨설턴트에게 가장 중요한 도구는 무엇일까요? 바로 노트북과 파워포인트입니다. 이동이 잦은 직업적 특성상 노트북은 필수이고 프레젠테이션을 겸하는 보고서 작성을 위해서 파워포인트 스킬도 물론 필수입니다. 학창 시절에 발표 자료와 리포트를 화려하게 꾸미기 위해 사용했던 파워포인트 스킬과 회사에서 사용하는 보고서용 파워포인트 스킬은 전혀 다릅니다. 그러나 다르다고 해서 어렵지는 않습니다. 어쩌면 이미 알고 있는 기능들일 수도 있습니다. 간단한 기능들을 어떻게 조합해서 합리적인 보고서를 빠르게 만드는지가 이 스킬의 핵심이기 때문입니다. 이번 파트가 끝날 무렵 여러분은 회사에서 보고서 작성을 위해 사용하는 방식으로 파워포인트를 능숙하게 다룰 수 있게 될 것입니다.

파워포인트에 대한 이해

회사에서 보고서를 작성할 때 주로 어떤 응용 소프트웨어를 사용하나요? 아래아한글? MS워드? 파워포인트? 심지어 엑셀을 사용해서 보고서를 작성하는 경우도 있습니다. 보고서의 완성도와 작성 효율을 높이려면 이런 여러 가지 도구 중에서 보고서의 특성과 상황에 따라서 최적의 응용 소프트웨어를 선택해야 합니다.

그렇다면 언제, 어떤 상황에서 파워포인트로 보고서를 작성해야 할까요? 이에 대한 답을 얻기 위해서는 먼저 아래아한글 및 MS워드와 파워포인트의 차이점, 그리고 파워포인트의 특징이 무엇인지부터 알아야 합니다.

파워포인트의 특성

직장에서 문서를 작성할 때 가장 많이 사용하는 응용 프로그램은 아래아한글과 MS워드입니다. 대부분의 사람에게 익숙한 두 프로그램은 문서 작성과 편집에 아주 편리합니다. 그렇다면 파워포인트는 어떨까요? 일반적으로 사람들은 파워포인트가 앞의 두 프로그램에 비해 문서 작성이 불편하고 어렵다고 생각합니다. 그 이유는 파워포인트와 두 프로그램이 태생부터 다르기 때문입니다. 하지만 고유의 특성을 이해하고 접근한다면 얼마든지 두 프로그램을 뛰어넘는 문서 작성과 편집을 할 수 있습니다. 그렇다면 파워포인트가 아래아한글이나 MS워드 같은 워드 프로그램과 태생부터 다른 점은 과연 무엇일까요? 파워포인트의 특성을 알기 위해 그 차이점을 이해하는 것부터 시작해 보겠습니다.

아래아한글, MS워드 vs 파워포인트

워드 프로그램은 기본적으로 텍스트 중심의 보고서 작성에 적합한 프로그램입니다. 워드 프로그램을 실행하면 직사각형의 세로로 길쭉한 흰색 작업 영역이 보입니다. 흰색 작업 영역에 마우스를 클릭하면 커서가 깜박이면서 텍스트가 입력되기를 기다립니다.

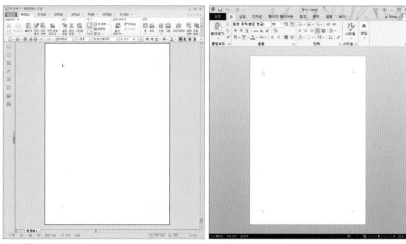

아래아한글의 기본 화면   MS워드의 기본 화면

반면 파워포인트는 어떤가요? 프로그램을 실행하면 역시 워드 프로그램과 비슷한 흰색 작업 영역이 나타납니다. 그러나 워드 프로그램과 다르게 '텍스트 상자'가 삽입되어 있고 이를 클릭해야 비로소 그 안에 텍스트를 입력할 수 있는 상태가 됩니다.

이것이 바로 파워포인트와 워드 프로그램의 태생적 차이점입니다. 즉시 텍스트를 입력할 수 있는 워드 프로그램에 익숙한 많은 사람들은 텍스트 상자로 인해 파워포인트가 '불편하고 어렵다'고 말하기도 합니다. 그러나 반대로 생각하면 이 텍스트 상자가 파워포인트의 장점이라고 할 수 있습니다. 정확히 표현하자면 '불편하고 어려운 것'이 아니고 '익숙하지 않은 것'입니다.

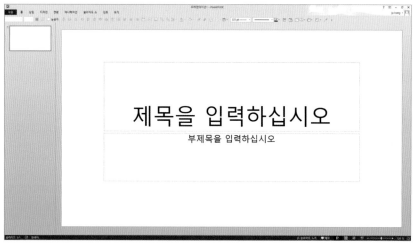

파워포인트의 기본 화면

자! 이제부터 파워포인트에 익숙해질 수 있도록 차근차근 설명하겠습니다. 절대 어렵지 않습니다.

파워포인트는 텍스트 하나를 입력하더라도 텍스트 상자가 있어야 하는 도형 중심의 프로그램입니다. 즉, 텍스트, 표, 그림, 도형 등을 입력하기 위해서는 해당 기능을 활용해서 본문에 그려 넣어야 합니다. 작업 영역 안에서 필요한 곳에 그려 넣는 방식이므로 워드 프로그램과 비교할 수 없을 정도로 수월하게 개체의 위치를

마음대로 정할 수 있고, 그 위치도 쉽게 옮길 수 있습니다.❶

만약 아래와 같은 보고서를 아래아한글이나 MS워드로 작성한다고 생각해 봅시다. 비슷하게 구현할 수 있을지는 모르겠으나 파워포인트로 작성하는 것보다 5~10배 이상의 시간이 소요될 것입니다. 이런 형태의 보고서를 작성할 때는 효과성 및 효율성 측면에서 모두 파워포인트가 월등히 뛰어납니다.

❶ 반대로 텍스트 중심의 보고서를 작성하려면 파워포인트보다 아래아한글이나 MS워드 등의 프로그램을 이용하는 것이 편리할 것입니다.

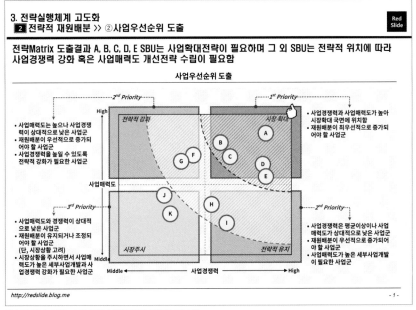

텍스트 상자, 도형, 그림 등을 복합적으로 활용한 보고서

SECTION 02 텍스트 상자 및 간격 조절

앞에서 언급했듯이 파워포인트에서 글을 입력하려면 '텍스트 상자'가 필요합니다. 텍스트 상자는 이름 그대로 텍스트를 입력하는 사각형입니다. ❶

[홈] 탭 → [그리기] 그룹을 보면 텍스트를 가로로 입력할 수 있는 [텍스트 상자]와 세로로 입력할 수 있는 [세로 텍스트 상자]가 있습니다. [텍스트 상자]는 평소에 우리가 글씨를 쓰는 방식 그대로 왼쪽에서 오른쪽으로 글씨가 입력됩니다. [세로 텍스트 상자]는 마치 조선 시대 서책처럼 위에서 아래로 글씨가 입력됩니다.

❶ 텍스트 상자 대신 직사각형 도형을 그려 넣고 그 안에 텍스트를 입력한 후 직사각형의 채우기 색과 테두리 색을 없애도 결과는 동일합니다. 그러나 텍스트 상자가 있는데 굳이 도형을 삽입하여 텍스트를 입력하는 일은 너무 번거롭습니다.

[그리기] 그룹의 텍스트 상자와 세로 텍스트 상자

글자 간격 조절하기

텍스트 상자를 이용해 보고서 본문을 작성할 때는 '글자 간격'을 고려해야 합니다. 글자 간격은 말 그대로 글자와 글자 사이의 좌우 간격을 말합니다. 글자 간격의 넓이에 따라서 텍스트의 느낌이 달라지며 일반적으로 글자 간격이 약간 좁을수록 좀 더 세련되고 분석적으로 보입니다.

글자 간격과 줄 간격

각 글꼴●에는 고유의 글자 간격까지 포함되어 있습니다. 즉, 글자가 커질수록 그 간격도 커지며 글자 크기가 같더라도 글꼴마다 글자 간격은 모두 다릅니다. 따라서 여러 가지 글꼴을 사용해서 문서를 작성할 때는 서로 다른 글자 간격을 고려해서 상황에 맞게 조절해야 합니다. 다만 파워포인트에서는 하나의 텍스트 상자에 여러 가지 글꼴을 사용하는 경우가 드물기 때문에 글자 간격 보다는 뒤에서 설명할 '줄 간격'을 조절해야 할 때가 많습니다. 결국 파워포인트로 보고서를 작성할 때는 글자 간격을 조절하는 것보다 그 목적과 분위기에 어울리는 적정한 글자 간격의 글꼴을 찾아서 사용하는 것이 더 중요합니다. 다만 텍스트를 넣을 수 있는 공간이 한정되어 있다거나 마지막 한 글자만 줄바꿈 된다거나 같이 필요한 경우에는 글자 간격을 조절합니다.

● 글꼴에 관한 좀 더 자세한 내용은 같은 파트의 [SKILL UP 02 글꼴에 대한 이해]에서 설명하겠습니다.

글꼴	예시
나눔고딕 ExtraBold	• 이 문장은 글자 크기 14pt로 작성되었습니다. • 같은 크기라 하더라도 글꼴의 두께, 글자 간격이 다르기 때문에 같은 공간에 적을 수 있는 단어의 수가 달라집니다.
맑은 고딕	• 이 문장은 글자 크기 14pt로 작성되었습니다. • 같은 크기라 하더라도 글꼴의 두께, 글자 간격이 다르기 때문에 같은 공간에 적을 수 있는 단어의 수가 달라집니다.
나눔명조	• 이 문장은 글자 크기 14pt로 작성되었습니다. • 같은 크기라 하더라도 글꼴의 두께, 글자 간격이 다르기 때문에 같은 공간에 적을 수 있는 단어의 수가 달라집니다.

주요 글꼴 간의 글자 간격 비교

파워포인트에서 글자 간격을 조절하는 방법은 다음과 같습니다.

01 [홈] 탭 → [글꼴] 그룹의 오른쪽 아래에 있는 대화상자 표시 아이콘을 클릭합니다.

02 [글꼴] 대화상자가 나타나면 [문자 간격] 탭을 클릭합니다. [간격]과 [값]을 설정해서 글자 간격을 조절할 수 있습니다.

글자 간격(넓게)	예시
보통	• 글자 간격을 조절하는 방법에 대해 알아보자
넓게 1pt	• 글자 간격을 조절하는 방법에 대해 알아보자
넓게 1.5pt	• 글 자 간 격 을 조 절 하 는 방 법 에 대 해 알 아 보 자

글자 간격(좁게)	예시
보통	• 글자 간격을 조절하는 방법에 대해 알아보자
좁게 1pt	• 글자 간격을 조절하는 방법에 대해 알아보자
좁게 1.5pt	• 글자 간격을 조절하는 방법에 대해 알아보자

줄 간격 조절하기

파워포인트로 보고서를 작성하다 보면 앞에서 언급한대로 줄 간격을 조절해야 하는 경우가 많습니다. 줄 간격은 가독성에 있어서 중요한 요소이기 때문입니다.

파워포인트에서 줄 간격은 '줄 간격'과 '단락 간격' 두 가지로 구분할 수 있습니다. 둘 다 글줄 사이의 상하 간격을 말하지만 약간 차이가 있습니다. 줄 간격은 문장이 길어져서 자동으로 다음 줄로 내려갈 때 만들어지는 간격을 말하고, 단락 간격은 하나의 문장이 끝나고 Enter를 눌러 줄을 바꿀 때 만들어지는 간격을 말합니다.

줄 간격 ┆···
┆ •**줄 간격을 조절하는 방법에**
┆ **대해서 알아보자** Enter
단락 간격 ┆···
•**단락 간격을 조절하는 방법에**
대해서 알아보자

줄 간격과 단락 간격

파워포인트에서 줄 간격을 조절하는 방법은 다음과 같습니다.

01 [홈] 탭 → [단락] 그룹의 오른쪽 아래에 있
는 대화상자 표시 아이콘을 클릭합니다.

02 [단락] 대화상자가 나타납니다.
[들여쓰기 및 간격] 탭의 [간격]을
보면 단락 간격을 조절할 수 있는
[단락 앞], [단락 뒤]와 줄 간격을 조
절할 수 있는 [줄 간격] 옵션이 있습
니다.

03 먼저 줄 간격을 조절해 보겠습니다. 기본적으로 줄 간격은 [1줄]로 설정되어
있습니다. 여기에서 [줄 간격] 옵션을 [1.5줄], [2줄]로 조절하면 어떤 변화가 있는
지 비교해 봅시다.

줄 간격	예시
1줄	• 줄 간격을 조절하는 방법에 대해 알아보자 • 줄 간격을 조절하는 방법에 대해 알아보자 • 줄 간격을 조절하는 방법에 대해 알아보자
1.5줄	• 줄 간격을 조절하는 방법에 대해 알아보자 • 줄 간격을 조절하는 방법에 대해 알아보자 • 줄 간격을 조절하는 방법에 대해 알아보자
2줄	• 줄 간격을 조절하는 방법에 대해 알아보자 • 줄 간격을 조절하는 방법에 대해 알아보자 • 줄 간격을 조절하는 방법에 대해 알아보자

04 단락 간격은 기본 [0pt]로 설정되어 있습니다. 줄 간격은 [1줄]로 고정하고 [단락 앞]을 6pt, 12pt로 조절하면 어떤 변화가 있는지 비교해 봅시다. ❾ 참고로 필자는 본문의 경우 줄 간격은 [1줄], 단락 간격은 6pt를 기본으로 사용하고 있습니다.

❶ 현재 단락을 기준으로 위쪽 단락 간격을 조절하는 것이 [단락 앞] 이고, 아래쪽 단락 간격을 조절하는 것이 [단락 뒤]입니다.

단락 간격	예시
줄 간격 1줄 단락 앞 0pt	• 줄 간격은 [1줄]로 고정해 놓은 상태에서 단락 간격을 조절하면 어떤 변화가 있는지 살펴보겠습니다. • 줄 간격은 [1줄]로 고정해 놓은 상태에서 단락 간격을 조절하면 어떤 변화가 있는지 살펴보겠습니다. • 줄 간격은 [1줄]로 고정해 놓은 상태에서 단락 간격을 조절하면 어떤 변화가 있는지 살펴보겠습니다.
줄 간격 1줄 단락 앞 6pt	• 줄 간격은 [1줄]로 고정해 놓은 상태에서 단락 간격을 조절하면 어떤 변화가 있는지 살펴보겠습니다. • 줄 간격은 [1줄]로 고정해 놓은 상태에서 단락 간격을 조절하면 어떤 변화가 있는지 살펴보겠습니다. • 줄 간격은 [1줄]로 고정해 놓은 상태에서 단락 간격을 조절하면 어떤 변화가 있는지 살펴보겠습니다.
줄 간격 1줄 단락 앞 12pt	• 줄 간격은 [1줄]로 고정해 놓은 상태에서 단락 간격을 조절하면 어떤 변화가 있는지 살펴보겠습니다. • 줄 간격은 [1줄]로 고정해 놓은 상태에서 단락 간격을 조절하면 어떤 변화가 있는지 살펴보겠습니다. • 줄 간격은 [1줄]로 고정해 놓은 상태에서 단락 간격을 조절하면 어떤 변화가 있는지 살펴보겠습니다.

미세하게 줄 간격 조절하기

보고서를 작성하다 보면 여백 제한 등으로 인해 줄 간격을 미세하게 늘리거나 줄여야 하는 상황이 있습니다. 이럴 경우에는 [줄 간격] 옵션에서 [고정]을 선택하고 [값]을 설정하여 줄 간격을 조절합니다.

본문의 글자 크기가 16pt일 때를 기준으로 [값]을 24pt로 조절하면 다음 예시처럼 줄 간격 [1줄]과 [1.5줄]의 중간 정도 결과를 얻을 수 있습니다.

줄 간격	예시

1줄
(기본값)
	• **B2B 사업 환경의 변화를 주목할 필요가 있음**
	   – **수요 불확실성 증대** : 고객사가 속한 산업이 성숙기에 접어들면서 고객사의 전략이 매우 유동적으로 바뀌고 있음
	   – **B2B 기업의 경쟁 대상 확대** : 보수적으로 공급망을 유지하면 협력업체와 상생을 도모하던 고객사가 조금이라도 저렴하고 빠르게 대응하는 부품기업을 적극적으로 찾고 있음

고정
값 : 24pt
	• **B2B 사업 환경의 변화를 주목할 필요가 있음**
	   – **수요 불확실성 증대** : 고객사가 속한 산업이 성숙기에 접어들면서 고객사의 전략이 매우 유동적으로 바뀌고 있음
	   – **B2B 기업의 경쟁 대상 확대** : 보수적으로 공급망을 유지하면 협력업체와 상생을 도모하던 고객사가 조금이라도 저렴하고 빠르게 대응하는 부품기업을 적극적으로 찾고 있음

1.5줄	• **B2B 사업 환경의 변화를 주목할 필요가 있음**
	   – **수요 불확실성 증대** : 고객사가 속한 산업이 성숙기에 접어들면서 고객사의 전략이 매우 유동적으로 바뀌고 있음
	   – **B2B 기업의 경쟁 대상 확대** : 보수적으로 공급망을 유지하면 협력업체와 상생을 도모하던 고객사가 조금이라도 저렴하고 빠르게 대응하는 부품기업을 적극적으로 찾고 있음

보고서를 작성하다 보면 설명, 분석, 시사점 등과 같은 세부 내용을 입력해야 하는 경우가 많습니다. 이렇듯 텍스트를 많이 넣어야 할 때 글머리 기호만 잘 활용해도 보고서가 논리적으로 보이는 신기한 현상이 발생합니다.

다음 보고서[!]를 읽어봅시다.

❶ 보고서 출처 : '조직 내 협력, 과정보다 결과가 중요하다', LG경제연구원, 2014.11.19.

> 내부 협력을 제대로 실행하는 것은 말처럼 쉬운 것이 아니다. 조직 간에 협력을 방해하는 여러 가지 내부 장벽들이 존재하기 때문이다.
>
> 첫째는 타 부문으로부터 정보, 조언이나 도움을 구하려 하지 않는 NIH(Not Invented Here) 장벽 때문에 협력이 잘 이루어지지 않는다.
>
> 둘째는 보유하고 있는 정보나 지식을 타 부문에 제공하는 것을 꺼리는 독점(Hoarding) 장벽 때문에 협력이 잘 이루어지지 않는다.
>
> 셋째는 필요한 정보나 적합한 사람을 찾지 못하는 검색(Searching) 장벽 때문에 협력이 잘 이루어지지 않는다.
>
> 넷째는 자기 부문에서 타 부문으로 지식이나 기술을 제대로 넘겨주지 못하는 이전(Transfer) 장벽 때문에 협력이 잘 이루어지지 않는다.

연구 보고서같이 텍스트 중심의 보고서에서 볼 수 있는 전형적인 패턴입니다. 이 보고서를 파워포인트로 그대로 옮겨와 한번 정리해 보겠습니다. 글머리 기호를 사용하고 줄 간격을 조절해서 내용 파악이 용이하도록 편집했습니다.

어떤가요? 이처럼 글머리 기호와 줄 간격만 잘 설정해도 보고서의 가독성이 눈에 띄게 향상되어 논리적으로 보이지 않나요?

- **NIH(Not Invented Here) 장벽**
  - 타 부문으로부터 정보, 조언이나 도움을 구하려 하지 않는 장벽

- **독점(Hoarding) 장벽**
  - 보유하고 있는 정보나 지식을 타 부문에 제공하는 것을 꺼리는 장벽

- **검색(Searching) 장벽**
  - 필요한 정보나 적합한 사람을 찾지 못하는 장벽

- **이전(Transfer) 장벽**
  - 자기 부문에서 타 부문으로 지식이나 기술을 제대로 넘겨주지 못하는 장벽

글머리 기호와 줄 간격을 적절하게 활용해 가독성을 높인 결과물

글머리 기호를 사용하는 기본적인 방법을 알아보겠습니다. 텍스트 상자를 하나 만들고 [홈] 탭 → [단락] 그룹 → [글머리 기호▼]를 클릭합니다. [글머리 기호 및 번호 매기기]를 선택하면 다양한 글머리 기호를 넣을 수 있는 [글머리 기호 및 번호 매기기] 대화상자가 열립니다. 여기에서 원하는 글머리 기호를 선택하고 [확인]을 클릭합니다. 일반적으로 보고서에서 가장 자주 사용하는 글머리 기호는 ❶[속이 찬 둥근 글머리 기호]와 ❷[속이 찬 정사각형 글머리 기호]입니다. 그 후 텍스트를 입력하면 선택한 글머리 기호가 들어가 있는 것을 볼 수 있습니다.

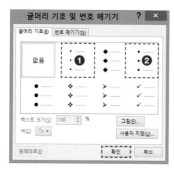

눈금자

파워포인트의 기본 화면에서 본문 슬라이드의 위쪽과 왼쪽을 보면 각 개체의 위치와 크기를 가늠하게 도와주는 눈금자가 있습니다. 이 눈금자를 정확하게 알아야 글머리 기호를 제대로 사용할 수 있습니다.

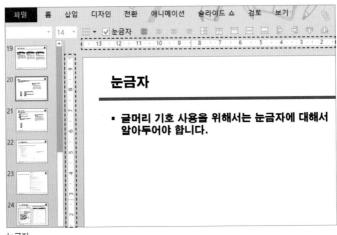

눈금자

❶ 필자는 눈금자를 필요한 경우에만 활성화시킵니다. 이동이 많은 컨설턴트의 직업적 특성 때문에 노트북을 자주 이용하는데, 이때 본문 슬라이드 창을 최대한 크게 하여 작업 효율성을 높이기 위해서입니다.

❶ 이 표식이 모래시계처럼 보이므로 이후부터는 '모래시계'로 지칭하겠습니다.

만약 눈금자가 보이지 않는다면 활성화되지 않은 것입니다.❶ [보기] 탭 → [표시] 그룹에서 [눈금자]에 체크 표시를 하면 눈금자가 활성화됩니다.

눈금자를 통해서 글머리 기호를 제대로 사용하는 방법을 알아보겠습니다. 먼저 텍스트 상자를 하나 만들고 눈금자를 보면 모래시계 모양의 표식을 확인할 수 있습니다.❶

이 모래시계는 세 개의 도형으로 이루어져 있습니다. 편의상 ❶, ❷, ❸의 숫자를 부여하겠습니다. 오각형인 ❶, ❷가 마주보고 있고, 그 아래에 사각형인 ❸이 자리잡고 있습니다. 이 세 개의 도형을 눈금자 위에서 좌우로 움직이면 글머리 기호와 텍스트 위치를 조절할 수 있습니다.

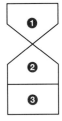

예를 들어서 설명하겠습니다. 텍스트 상자를 하나 만들고 [홈] 탭 → [단락] 그룹 → [글머리 기호▼]를 클릭해 [속이 찬 정사각형 글머리 기호]를 선택합니다. 그런 다음 내용을 입력하고 모래시계를 보면 ❷와 ❸이 다음과 같이 이동되어 있습니다.

이때 ❷를 클릭하여 눈금자의 왼쪽 혹은 오른쪽 방향으로 움직여 보세요. ❸도 같이 이동되면서 글머리 기호와 텍스트 사이의 간격이 조절됩니다.

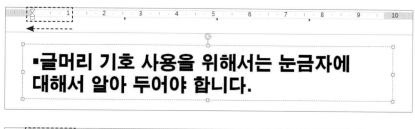

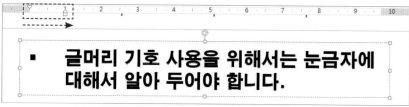

그렇다면 모래시계 가장 아래쪽에 있는 사각형 모양의 ❸은 어떤 역할을 할까요? ❸을 클릭하여 눈금자의 왼쪽 혹은 오른쪽 방향으로 움직여 보세요. 글머리 기호와 텍스트를 한번에 이동시키는 것을 알 수 있습니다.

▪ **글머리 기호 사용을 위해서는 눈금자에 대해서 알아 두어야 합니다.**

파워포인트로 작성하는 보고서에서는 글머리 기호의 활용이 필수입니다. 글머리 기호를 활용하면 긴 문장도 가독성을 높여서 작성할 수 있기 때문입니다. 눈금자와 글머리 기호를 활용하여 다음 예시처럼 편집하는 방법을 한번 알아보겠습니다.

▪ **B2B 사업 환경 변화 주목**

　-**수요 불확실성 증대** : 고객사가 속한 산업이 성숙기에 접어들면서 고객사의 전략이 매우 유동적으로 바뀌고 있음

　-**B2B 기업의 경쟁 대상 확대** : 보수적으로 공급망을 유지하면 협력업체와 상생을 도모하던 고객사가 조금이라도 저렴하고 빠르게 대응하는 부품기업을 적극적으로 찾고 있음

눈금자와 글머리 기호 활용 예시

❗ 글꼴은 [맑은 고딕], 글자 크기는 18pt, 단락 간격은 6pt, 줄 간격은 25pt로 설정했습니다.

`01` 텍스트 상자에 글머리 기호를 넣고 내용을 입력합니다. ❷

▪ B2B 사업 환경 변화 주목

▪ 수요 불확실성 증대 : 고객사가 속한 산업이 성숙기에 접어들면서 고객사의 전략이 매우 유동적으로 바뀌고 있음

▪ B2B 기업의 경쟁 대상 확대 : 보수적으로 공급망을 유지하면 협력업체와 상생을 도모하던 고객사가 조금이라도 저렴하고 빠르게 대응하는 부품기업을 적극적으로 찾고 있음

02 두 번째, 세 번째 글머리 기호의 내용을 마우스로 드래그하여 블록 설정합니다. 그런 다음 모래시계의 사각형인 ❸을 클릭하여 오른쪽으로 이동시키면 그림처럼 블록 설정된 모든 내용과 글머리 기호가 오른쪽으로 이동합니다.

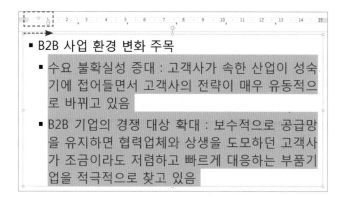

03 두 번째, 세 번째 글머리 기호와 내용은 본문이므로 글씨 크기를 15pt로 좀 더 작게 하여 제목인 첫 번째 글머리 기호의 내용과 구별하는 것이 좋습니다. 여기까지만 해도 가독성이 상당히 높아졌습니다.

- B2B 사업 환경 변화 주목
  - 수요 불확실성 증대 : 고객사가 속한 산업이 성숙기에 접어들면서 고객사의 전략이 매우 유동적으로 바뀌고 있음
  - B2B 기업의 경쟁 대상 확대 : 보수적으로 공급망을 유지하면 협력업체와 상생을 도모하던 고객사가 조금이라도 저렴하고 빠르게 대응하는 부품기업을 적극적으로 찾고 있음

04 첫 번째부터 세 번째까지 글머리 기호가 모두 같은 모양이므로 두 번째, 세 번째 글머리 기호를 다른 모양으로 바꿔 보겠습니다. 두 번째, 세 번째 글머리 기호의 내용을 블록 설정하고 [홈] 탭 → [단락] 그룹에서 [글머리 기호▼]를 클릭한 후 원하는 기호를 선택합니다. 또는 Backspace 를 눌러 글머리 기호를 지우고 원하

는 기호를 키보드에서 직접 입력할 수도 있습니다. 여기서는 키보드에 있는 기호 하이픈 -을 직접 넣었습니다. 그러나 글머리 기호가 내어쓰기 되어 있지 않아 가독성이 떨어집니다.

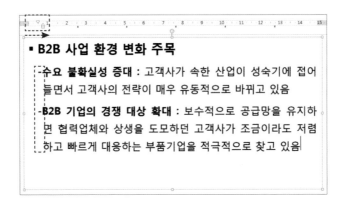

05 두 번째, 세 번째 글머리 기호의 내용을 블록 설정하고 눈금자에서 모래시계의 아래쪽 오각형인 **2**를 오른쪽으로 이동시켜 텍스트의 시작 위치를 맞춰 줍니다. 마지막으로 강조할 부분에 [굵게(Ctrl+B)]를 적용해서 가독성을 높입니다.

06 이런 방법으로 각종 기호 및 번호 등을 부여하여 목차 수준을 나누면 가독성이 훨씬 높아집니다.

- **B2B 사업 환경 변화 주목**
  - ✓ **수요 불확실성 증대** : 고객사가 속한 산업이 성숙기에 접어들면서 고객사의 전략이 매우 유동적으로 바뀌고 있음
  - ✓ **B2B 기업의 경쟁 대상 확대** : 보수적으로 공급망을 유지하면 협력업체와 상생을 도모하던 고객사가 조금이라도 저렴하고 빠르게 대응하는 부품기업을 적극적으로 찾고 있음

1. **B2B 사업 환경 변화 주목**
   - ① **수요 불확실성 증대** : 고객사가 속한 산업이 성숙기에 접어들면서 고객사의 전략이 매우 유동적으로 바뀌고 있음
   - ② **B2B 기업의 경쟁 대상 확대** : 보수적으로 공급망을 유지하면 협력업체와 상생을 도모하던 고객사가 조금이라도 저렴하고 빠르게 대응하는 부품기업을 적극적으로 찾고 있음

글머리 기호와 눈금자 활용에 대해서 의외로 잘 모르는 사람들이 많아서 의도적으로 자세히 설명했습니다. 이 기능은 텍스트를 입력할 때 굉장히 많이 사용합니다. 설명은 다소 길었지만 실제로는 몇 초 이내에 할 수 있는 내용입니다. 예시대로 따라하거나 자기 나름대로 목차를 작성하면서 조금만 연습하면 쉽게 익숙해질 수 있습니다.

예시처럼 'B2B 사업 환경 변화 주목' 다음에서 Enter 를 누르면
자동적으로 동그란 글머리 기호가 생성됩니다.
그러면 글머리 기호가 필요 없는 경우에는 어떻게 해야 할까요?

- **B2B 사업 환경 변화 주목** Enter
- **수요 불확실성 증대** Enter
- **B2B 기업의 경쟁 대상 확대**

'B2B 사업 환경 변화 주목'과 '수요 불확실성 증대'에서 Shift 를
누른 상태로 Enter 를 눌러보세요. 글머리 기호가 생성되지 않습
니다.

- **B2B 사업 환경 변화 주목** Shift + Enter
  수요 불확실성 증대 Shift + Enter
  B2B 기업의 경쟁 대상 확대

자주 사용하는 글머리 기호와 글꼴, 글자 크기, 간격 등이 있다면 텍스트
상자에 만들어 놓고 이를 기본 텍스트 상자로 설정해 사용할 수 있습니
다. 먼저 원하는 서식의 텍스트 상자를 만듭니다. 그런 다음 텍스트 상자
테두리에서 마우스 오른쪽 버튼을 클릭합니다.❶
나타나는 바로가기 메뉴에서 [기본 텍스트 상자로 설정]을 선택하면 파
워포인트가 현재 텍스트 상자의 속성을 그대로 기억합니다. 그 후 문서
의 어디서든 텍스트 상자를 삽입하면 방금 기억해 둔 속성 그대로 텍스
트 상자가 나타납니다.❷

❶ 텍스트 상자 안에서 마우스 오른쪽 버튼을 클릭하면 오른쪽 그림과는 다른 바로가기 메뉴가 나타납니다. 반드시 텍스트 상자 테두리에서 마우스 오른
쪽 버튼을 클릭해야 [기본 텍스트 상자로 설정]을 선택할 수 있습니다.

❷ 복사하여 붙여넣기 하는 것과는 다릅니다. 복사하여 붙여넣기를 하면 텍스트 상자의 속성뿐만 아니라 그 내용까지 복사되는 것이고 '기본 텍스트 상자
로 설정' 기능을 사용하면 텍스트 상자의 속성 값만 기억하는 것입니다.

글꼴에 대한 이해

사람의 첫인상은 3초 안에 결정된다고 합니다. 그런데 이렇게 한번 결정된 첫인상을 변화시키는 데는 무려 3년이 걸린다고 합니다. 그만큼 첫인상이 중요하다는 말입니다. 그렇다면 보고서의 첫인상은 무엇으로 결정될까요?

바로 '글자'입니다. 어떤 보고서든 가장 많은 비중을 차지하는 핵심 요소는 글자이기 때문입니다. 그리고 이 글자들이 일관성 있는 모양으로 설계된 양식이 있습니다. 그것을 '글꼴'이라고 합니다. 결국 어떤 글꼴을 어떻게 사용하느냐에 따라서 보고서의 첫인상이 달라지는 것입니다. 여기에서는 보고서의 첫인상을 결정하는 글꼴에 대해서 알아보겠습니다.

숫자를 포함한 모든 텍스트에 어떤 글꼴을 사용하느냐는 보고서의 비주얼과 가독성을 높이기 위한 중요한 요소입니다. 글꼴은 정보의 전달을 넘어 수많은 형태를 가진 그래픽 요소로써 보고서 전체의 분위기를 좌우하는 데 매우 중요한 역할을 합니다. ❶

❶ 글꼴=서체=글씨체 등이 비슷한 의미로 사용됩니다.

글꼴 이름과 특징 이해하기

글꼴 이름에 대해서 먼저 알아보겠습니다. 고딕, 돋움, 명조, 바탕. 비슷해 보이는데 왜 용어가 다를까요?

❶ 정의 출처 : 네이버 지식백과, 인테리어 용어사전
❶ 명조와 같은 글씨체에 있는 삐침. 또는 그 글씨체를 말합니다.

고딕체Gothic type는 고딕 시대에 유럽에서 사용되었던 글씨체라는 의미였습니다. ❶ 고딕 계열 글꼴은 선의 굵기가 일정하며 장식적 요소 없이 묵직한 것이 특징입니다. 세리프Serif❶가 없는 서체라는 점에서 산세리프체San Serif로 불리기도 합니다.

❶ 정의 출처 : 네이버 지식백과, 매스컴 대사전

명조체는 중국 명나라 서체를 어원으로 하고 있습니다. 종이와 먹이 발명되기 이전, 쪼개진 대나무의 끝을 가늘게 깎아 옻을 묻혀 죽편 등에 글자를 쓴 데서 기원한 것으로 알려져 있습니다. ❶ 한글의 명조체는 가로획이 약간 가늘고 그 끝에 강조점이 있으며 붓의 느낌을 살리고 있는 것이 특징입니다. 또한 서양의 세리프체는 삐침이 있는 유려함이 특징인 서체로 신문, 잡지, 서적 등의 본문에서 가장 많이 사용되고 있습니다.

하지만 고딕과 명조 둘 다 외국어인 관계로 국립국어원에서 '돋움', '바탕'과 같이 한글 명칭을 붙였습니다. 아직까지는 모두 혼용되고 있으므로 '고딕=돋움', '명조=바탕'을 의미한다는 것을 기억하면 됩니다.

HY견고딕	바탕체
고딕 계열 글꼴	명조 계열 글꼴

그렇다면 어떤 글꼴이 보고서에 적합한 세련된 글꼴일까요? 컨설팅을 수행하는 동안 수많은 클라이언트를 만나며 느꼈던 것은 '사람마다 취향이 다르다'라는 것입니다. 또한 필자 스스로도 선호하는 글꼴이 조금씩 바뀌고 있는 것을 보면 글꼴도 분명히 유행이 있습니다. 보고서에 적합하고 누구에게나 세련된 느낌의 글꼴을 고를 때 정답은 없습니다. 즉 글꼴이 '좋다', '나쁘다'를 평가할 수 있는 기준은 없다는 것입니다. 다만 비주얼적인 측면과 가독성을 고려할 때 좀 더 세련된 글꼴은 분명히 있습니다.

그러므로 여기에서는 비주얼적인 완성도와 가독성이 높은 보고서의 대표격인 컨설팅 보고서를 통해 주로 사용하는 글꼴과 관련된 몇 가지 기본 원칙을 설명하겠습니다. 이 기본 원칙만 염두에 두고 글꼴을 선택해도 보고서가 훨씬 세련되고 논리적으로 보일 것입니다.

첫째, 글꼴의 종류입니다
보고서에는 명조 계열보다는 고딕 계열 글꼴이 어울립니다. 그 이유에 대해 '프로그램'이란 단어를 [HY견고딕]으로 작성한 경우와 [HY견명조]로 작성한 경우로 비교해서 설명하겠습니다.

다음 페이지의 그림에서 알 수 있듯이 고딕 계열 글꼴에서는 '프로그램'의 모음들이 전부 시작과 끝의 높이가 같습니다. 반면에 명조 계열 글꼴에서는 시작과 끝의 높이가 다릅니다. 또한 자음, 모음의 두께도 다릅니다. 이런 특징 때문에 글꼴 자체에서 잔잔한 흐름을 느낄 수 있습니다.

예를 들어 많은 글씨를 읽어야 하는 소설책의 경우 시각적으로 지루하지 않도록 미세한 흐름이 느껴지는 명조 계열 글꼴을 사용하는 것이 유리합니다. 반면에 명확한 메시지를 논리적으로 전달해야 하는 보고서에는 글꼴도 구조화된 느낌을 줄 수 있는 고딕 계열 글꼴이 더 어울립니다.

고딕 계열 글꼴과 명조 계열 글꼴의 느낌 차이

둘째, 글꼴별 특징과 각각의 미세한 차이를 파악해야 합니다

같은 계열의 고딕체라 하더라도 글자의 두께, 장평 및 자간 등의 차이로 다르게 보일 수 있습니다. 예를 들어 같은 크기라도 [HY견고딕]이 [맑은 고딕]에 비해 훨씬 크고 눈에 잘 띕니다. 따라서 좀 더 강조하고 싶은 키워드나 헤드라인 메시지는 [HY견고딕]을 사용하고 일반적인 설명은 [맑은 고딕]을 사용하는 것입니다. 다만 하나의 보고서에서 지나치게 많은 글꼴을 사용하면 오히려 보고서가 더욱 복잡하고 통일성이 없어 보입니다. 보통 2~3개의 글꼴이면 충분합니다.

HY견고딕		맑은 고딕	
기본 서체	[굵게(Ctrl + B)] 적용	기본 서체	[굵게(Ctrl + B)] 적용
고딕 계열 글꼴	**고딕 계열 글꼴**	고딕 계열 글꼴	**고딕 계열 글꼴**

셋째, 글꼴 크기입니다

보통 보고서 본문의 기본 글꼴이 14pt 정도라면 20여 명이 참석하는 회의에서 빔 프로젝트를 이용해도 내용을 읽을 수 있습니다. 글꼴이 커지면 자연히 본문의 밀도도 낮아지는데 단순하게 생각하면 글자 수가 적어 작성이 쉬워 보일 수 있습니다. 그러나 밀도가 낮으면 낮을수록 작성은 더욱 어렵습니다. 내용 중 무엇을 버려야 할지 정해야 하고 핵심을 추려서 요약해야 하기 때문입니다.^❶

넷째, 글꼴의 강조입니다

굵게, 글꼴 색, 밑줄, 기울임꼴 등 글꼴 속성의 변경을 통해서 평범한 글자를 강조할 수 있습니다.

❶ 보고서 밀도에 관한 좀 더 자세한 내용은 PART 04의 [MAKE UP 01 보고서 목적에 맞는 유형과 패턴 고르기]에서 설명하겠습니다.

기본	강조하는 방법	설명
글씨 크기 (14pt)	<u>글씨 크기</u> (18pt)	• 평범한 글꼴을 강조하는 가장 원초적인 방법 중 하나는 글씨 크기를 변경하거나 밑줄을 넣는 것입니다.
색상 (검정)	색상 (빨강)	• 빨간색이 눈에 더 잘띄어 강조되어 보입니다. 이처럼 눈에 잘띄는 원색, 배색을 잘 활용해서 강조할 수 있습니다.
글꼴 (맑은 고딕, 14pt)	**글꼴 (HY견고딕, 14pt)**	• 어떤 글꼴을 사용하느냐에 따라 강조 포인트가 달라질 수 있습니다. • 글씨 크기는 같지만 [맑은 고딕]에 비해 [HY견고딕]이 더 강조되어 보입니다.
기울임꼴 (맑은 고딕)	***기울임꼴 (맑은 고딕, 굵게, 기울임꼴)***	• 같은 글꼴이라도 [굵게(Ctrl+B)]와 [기울임꼴(Ctrl+I)]을 적용하면 더 강조되어 보입니다.
도형 활용	도형 활용	• 표나 도형의 모양과 색, 그 테두리의 형태 등을 변경하여 강조하는 방법이 있습니다.
텍스트 상자 색	텍스트 상자 색	• 텍스트 상자에 배경색을 지정하여 강조하는 방법도 있습니다.

앞에서도 언급했듯이 무엇보다도 보고서는 논리적인 비주얼이 중요하기 때문에 명조 계열보다는 고딕 계열 글꼴을 많이 사용합니다. 필자는 한글의 경우 제목, 헤드라인 메시지 등 강조하고 싶은 내용은 [HY견고딕], 본문 내용은 [맑은 고딕]이나 [본고딕]을 주로 사용하고 있습니다. 영어와 숫자는 각각 [Tahoma]와 [Arial]을 주로 사용합니다.

추천 한글 글꼴	추천 영어 글꼴	추천 숫자 글꼴
HY견고딕 맑은 고딕 본고딕 **나눔고딕ExtraBold**	Tahoma	1234567890 (Arial)

하나의 보고서에는
2~3개의 글꼴이 적당하다

예시로 제시한 보고서는 두 가지 글꼴만 사용했습니다.❶ 제목과 헤드라인 메시지는 [HY견고딕]을 사용했고, 본문 내용은 [본고딕]을 사용했습니다.

❶ 실제로도 필자는 하나의 보고서에 2~3개의 글꼴만 사용합니다.

제목	1.전략집단 핵심변수 도출	HY견고딕, 20pt
헤드라인	산업구조 및 내부역량 분석……	HY견고딕, 15pt
본문 제목	전략집단 분석을 위한 핵심변수 도출	HY견고딕, 14pt
본문 내용	–	본고딕, 12pt
핵심 키워드	매출비중, ROIC	본고딕, 18pt

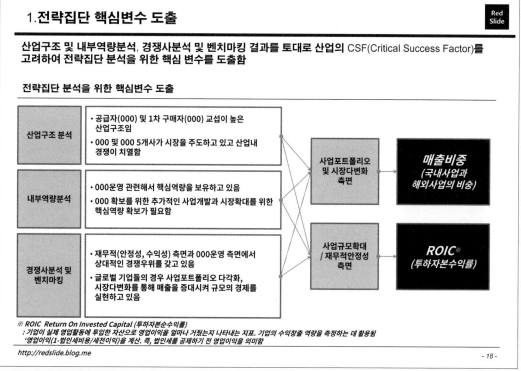

[HY견고딕]과 [본고딕]을 사용한 보고서

무료로 사용할 수 있는 글꼴 찾아보기

글꼴에도 저작권이 있습니다. 글꼴은 무료인 경우도 있고, 유료인 경우도 있습니다. 그러나 보기 좋은 글꼴은 대부분 유료입니다. 비용 때문에 유료 글꼴이 부담스럽다면 그 대안으로 무료 글꼴을 찾아봅시다. 물론 무료라고 해서 무한정 자유롭게 사용할 수는 없습니다. 글꼴마다 사용 범위가 정해져 있으니 이 부분만 숙지한다면 매우 유용하게 사용할 수 있습니다.

🔔 참고 사이트 : http://goo.gl/jRksLv

무료 글꼴을 다운로드할 수 있는 대표적인 사이트는 바로 '네이버'입니다.🔴

네이버에서 무료로 배포 중인 '나눔글꼴', 특히 [나눔고딕]은 보고서용 글꼴로도 손색이 없습니다. 개인 및 기업 사용자를 포함한 모든 사용자에게 무료로 제공하는 등 무료 라이선스의 영역이 꽤 넓습니다. 네이버는 나눔글꼴 외에도 여러 무료 글꼴을 모아 배포하고 있습니다. 또한 구글과 어도비 시스템즈가 손잡고 만든 한중일 공통 오픈소스 글꼴 '본고딕Noto Sans CJK/ Source Han Sans'도 보고서에 사용하기 좋은 무료 글꼴입니다.🔴

🔔 참고 사이트 : http://goo.gl/wxujWt

보고서 파일에 글꼴 포함시키기

다른 컴퓨터에 설치되어 있는 글꼴을 고려하지 않고 보기에 예쁘다고 해서 파워포인트 보고서에 다양한 글꼴을 사용하는 것은 추천하지 않습니다. 해당 글꼴이 설치되어 있지 않은 컴퓨터에서 열었을 때 글꼴이 변형되는 현상이 발생하기 때문입니다. 그것뿐이면 그나마 다행입니다. 심지어 글꼴의 변형으로 인해 원래 한 줄이었던 문장이 두 줄로 변하면서 글씨가 종이 밖으로 나가기도 합니다.🔴

🔔 이런 경우가 실제로 많이 있습니다. 앞에서 설명한 것처럼 글꼴마다 자간과 장평 등이 다르기 때문입니다.
🔔 '파일의 글꼴 포함' 기능을 사용하면 파일 용량이 상당히 커집니다.

이런 경우를 대비해서 파워포인트에는 프레젠테이션에 사용하는 글꼴을 파일에 저장하는 '파일의 글꼴 포함' 기능🔴이 있습니다. 이 기능을 이용하면 다른 사용자의 컴퓨터에 해당 글꼴이 설치되어 있지 않은 경우에도 이 문서를 열어 해당 글꼴로 보거나 사용할 수 있습니다. 사용 방법은 [파일] 탭 → [옵션] → [저장] → [파일의 글꼴 포함]에 체크 표시합니다.

프레젠테이션에 사용되는 문자만 포함(파일 크기를 줄여줌)	편집을 할 수 없지만 파일의 용량이 작고 글꼴이 깨지지 않은 상태로 볼 수 있습니다.
모든 문자 포함 (다른 사람이 편집할 경우 선택)	용량이 커지지만 어느 컴퓨터에서나 편집할 수 있습니다.

글꼴 한번에 변경하기

실무에서 작성되는 많은 보고서는 프로젝트 형태로 구성되어 다수의 팀원이 작성하기도 합니다. 만약 이들이 각자 좋아하는 스타일의 글꼴을 사용해 작업한다면 이를 통합했을 때 글꼴이 서로 달라 보고서의 통일성이 저해됩니다. 그러므로 파워포인트에서 다수의 팀원이 하나의 보고서를 작성할 때는 글꼴 통일안을 미리 정해야 합니다. 만약 서로 다른 글꼴로 작성된 보고서의 통합이 필요할 때는 파워포인트의 '글꼴 바꾸기' 기능을 이용해 글꼴을 한번에 변경할 수 있습니다.

사용 방법은 [홈] 탭 → [편집] 그룹에서 [바꾸기▼] → [글꼴 바꾸기]를 선택합니다. [글꼴 바꾸기] 대화 상자가 나타나면 바꾸고 싶은 글꼴을 [새 글꼴]에서

선택하고 [바꾸기]를 클릭합니다. 문서 내의 [현재 글꼴]에서 선택한 글꼴이 [새 글꼴]에서 선택한 글꼴로 한번에 변환됩니다.

한글과 영어 글꼴 다르게 입력하기

필자는 보고서에서 많은 양의 텍스트를 입력해야 할 때 한글 글꼴은 [맑은 고딕]을 주로 사용합니다. 글꼴이 가늘고 세련미가 있어서 많은 양의 텍스트를 입력하더라도 깔끔해 보이기 때문입니다. [맑은 고딕]은 영어 글꼴도 준수한 편입니다.

그러나 특별히 선호하는 영어 글꼴이 있다면 상황이 달라집니다. 한글은 [맑은 고딕]을 사용하고 영어는 다른 글꼴을 사용하고 싶다면 어떻게 해야 할까요? 필자는 한글은 [맑은 고딕]을, 영어 글꼴은 [Arial]을 주로 사용합니다. 파워포인트에서는 이런 경우 일일이 바꿀 필요 없이 좀 더 편리한 글꼴 설정 방법이 있습니다.

01 변경하고 싶은 텍스트 상자를 클릭하고 [홈] 탭 → [글꼴] 그룹의 오른쪽 아래에 있는 대화상자 표시 아이콘을 클릭하면 [글꼴] 대화상자가 열립니다.

02 [글꼴] 대화상자를 보면 [영어 글꼴]과 [한글 글꼴]이 보입니다. 원하는 글꼴을 따로, 또는 하나로 설정할 수 있습니다. [영어 글꼴]은 [Arial]로, [한글 글꼴]은 [맑은 고딕]으로 설정하겠습니다.

03 이제 한글을 입력하면 [맑은 고딕]으로 입력되고, 영어를 입력하면 자동으로 [Arial]로 입력됩니다.

> - **한글은 자동으로 [맑은 고딕]으로 지정됩니다.**
> - **English를 입력하면 자동으로 [Arial]로 변합니다.**

04 해당 텍스트 상자에서 마우스 오른쪽 버튼을 클릭합니다. 나타나는 바로가기 메뉴에서 [기본 텍스트 상자로 설정]을 선택합니다. 이렇게 하면 파워포인트는 기본 텍스트 상자로 설정한 텍스트 상자의 설정 값을 그대로 기억하므로, 이제부터 텍스트 상자를 만들면 앞에서 설정한 대로 한글 글꼴은 [맑은 고딕], 영어 글꼴은 [Arial]로 입력됩니다.

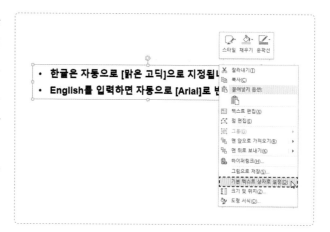

전문가의 노하우 ▶ **글꼴 패밀리**

글꼴 가운데 한 개의 글꼴에서 Bold, Medium, Light 등 굵기나 장평이 다른 것을 모은 묶음이 있습니다. 이를 '글꼴 패밀리' 또는 '폰트 패밀리Font Family'라고 합니다. 하나의 보고서에서 글꼴 패밀리를 사용하는 것도 전체적인 통일감을 줄 수 있는 좋은 방법입니다.

네이버 무료 글꼴	구글 + 어도비 무료 글꼴
나눔바른고딕	본고딕 Thin
나눔고딕 Light	본고딕 Light
나눔고딕 ExtraBold	본고딕 DemiLight
	본고딕 Regular
	본고딕 Medium
	본고딕 Bold
	본고딕 Black

각종 사이트를 통해서 수집한 파워포인트 파일을 열어 보면 간혹 다음과 같은 메시지가 나타날 때가 있습니다.

이 파일에는 글꼴 [Rix정고딕 B]와 [Rix정고딕 M]이 사용되었는데 내 컴퓨터에는 해당 글꼴이 없다는 메시지입니다. 그렇다고 해서 문서를 열 수 없는 것은 아닙니다. 문서를 열 수 있는 두 개의 옵션이 보입니다. 첫째, [읽기 전용으로 열기]를 클릭하면 문서를 볼 수는 있지만 문서 편집은 불가능합니다. 둘째, [제한된 글꼴 제거]를 클릭하면 문서를 볼 수 있고 편집도 가능합니다. [제한된 글꼴 제거]는 '원본 문서에 있는 글꼴이 없으니 내 컴퓨터의 기본 글꼴을 사용해서 문서를 열겠다'는 의미입니다. 내 컴퓨터에는 없는 글꼴이 포함된 문서를 열었을 때 어떤 현상이 발생하는지는 다음 예시를 통해서 확인해 보겠습니다. ❶

🔍 보고서 출처 : '정부 3.0 발전계획', 정부 3.0 추진위원회, 2014. 9.17. http://www.gov30.go.kr/gov30/index.do

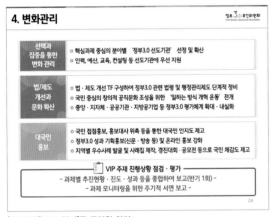

[읽기 전용으로 열기]를 클릭한 화면

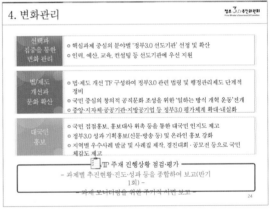

[제한된 글꼴 제거]를 클릭한 화면

글꼴이 보고서에 미치는 느낌

어떤 글꼴이 더 '좋다', '나쁘다'라고 평가하기는 어렵습니다. 글꼴의 특성, 시대적인 트렌드, 개개인의 선호도 등에 차이가 있기 때문입니다. 앞에서 설명한 보고서에서 선호되는 글꼴을 다시 한번 정리해 보겠습니다.

고딕 계열 글꼴은 반듯반듯한 글씨체가 주는 느낌 때문에 논리성이 중요한 보고서의 비주얼적 이미지와 잘 어울립니다. 또한 장평 및 자간이 좁은 글꼴이 좋습니다. 비슷한 글꼴이라도 슬림한, 즉 장평 및 자간이 좁은 글꼴이 더 깔끔해 보이기 때문입니다. 게다가 많은 양의 텍스트를 입력해야 하는 보고서에 장평 및 자간이 넓은 글꼴을 사용하면 문장이 다음 줄로 넘어가서 가독성이 좋지 못한 경우가 많습니다.

글꼴이 보고서의 비주얼과 가독성에 어떤 영향을 미치는지 알아보기 위해서 [CASE STUDY]를 통해 동일한 내용의 보고서에서 글꼴만 변경한 다양한 사례를 살펴보겠습니다. 고딕 계열 글꼴은 필자가 자주 사용하는 [HY견고딕], [본고딕(Noto Sans CJK)], [나눔고딕], [나눔바른고딕], [맑은 고딕]을 사용하였고 비교를 위해서 명조 계열 글꼴은 [HY견명조], [HY신명조], [바탕]을 사용했습니다.

제목이나 헤드라인으로 좋은 글꼴 :
HY견고딕

[HY견고딕]은 글꼴이 두껍고 강한 느낌이 들기 때문에 강조하고 싶은 곳에 사용하면 좋습니다. 필자는 제목, 헤드라인 메시지 등에 주로 사용합니다. 그러나 글꼴이 두껍고 장평이 넓으므로 텍스트가 많이 들어가는 본문에는 사용하지 않는 것이 좋습니다.

2.정부정책환경 (Political)

정부에서는 관계부처 합동으로 창조경제 구현을 위한 중소기업 생산성 향상대책을 마련하여 안정적이고 지속적인 지원방안을 내놓고 있음

중소기업 지원책 확대

기술개발 및 생산현장 역량강화	• 출연(연)의 중소기업 R&D 지원 확대 및 업종별 중소기업 기술개발 지원센터 지정/운영 • 중소기업형 스톡옵션제 도입으로 우수 기술인력의 중소기업 유치 및 장기재직 유도 등 -일정기간(5년 이상) 장기재직한 기술인력에 대해 주식 대신 중소기업과 근로자가 공동으로 적립한 납입금을 인센티브로 지급
사업화 및 시장개척 지원	• 우수 제품의 초기시장 정착을 위한 공공구매 제도 개선 • 대기업 등의 수요를 전제로 하는 기술개발 지원 확대 • 기업별 역량에 따른 맞춤형 해외진출 지원 / 적정기술 보급 통한 현지진출로 틈새시장 개척 등
융합과 협력을 통한 시너지 창출	• 기술유출 방지 및 보호를 위한 법/제도적 기반 마련 -기술자료 임치금고 확충 및 임치대상 확대 / 기술유출 고위험 기업군에 보안솔루션 구축 지원 • 원부자재 공동구매 센터 설치로 생산비용 절감 지원 등

※ source : 창조경제 구현을 위한 중소기업 생산성 향상 대책. 2013. 6. 관계부처 합동

http://redslide.blog.me

- 21 -

HY견고딕

간혹 좀 더 강조하기 위해서 [HY견고딕]에 [굵게([Ctrl]+[B])]를 적용하여 더 두껍게 하는 경우도 있습니다. 그러나 인쇄해서 보면 너무 투박하고 답답한 느낌이라서 추천하지 않습니다.

2.정부정책환경 (Political)

정부에서는 관계부처 합동으로 창조경제 구현을 위한 중소기업 생산성 향상대책을 마련하여 안정적이고 지속적인 지원방안을 내놓고 있음

중소기업 지원책 확대

기술개발 및 생산현장 역량강화	·출연(연)의 중소기업 R&D 지원 확대 및 업종별 중소기업 기술개발 지원센터 지정/운영 ·중소기업형 스톡옵션제 도입으로 우수 기술인력의 중소기업 유치 및 장기재직 유도 등 　-일정기간(5년 이상) 장기재직한 기술인력에 대해 주식 대신 중소기업과 근로자가 공동으로 적립한 납입금을 인센티브로 지급
사업화 및 시장개척 지원	·우수 제품의 초기시장 정착을 위한 공공구매 제도 개선 ·대기업 등의 수요를 전제로 하는 기술개발 지원 확대 ·기업별 역량에 따른 맞춤형 해외진출 지원 / 적정기술 보급 통한 현지진출로 틈새시장 개척 등
융합과 협력을 통한 시너지 창출	·기술유출 방지 및 보호를 위한 법/제도적 기반 마련 　-기술자료 임치금고 확충 및 임치대상 확대 / 기술유출 고위험 기업군에 보안솔루션 구축 지원 ·원부자재 공동구매 센터 설치로 생산비용 절감 지원 등

※ source : 창조경제 구현을 위한 중소기업 생산성 향상 대책. 2013. 6. 관계부처 합동

http://redslide.blog.me

- 22 -

HY견고딕(굵게)

완성도가 높아 선호하는 글꼴 :
본고딕(Noto Sans CJK)

본고딕은 구글과 어도비 시스템즈가 2014년 7월 출시한 무료 글꼴입니다. 이 책에 사용된 예시 보고서의 기본 글꼴이며 완성도가 높아서 필자의 경우 최근에 자주 사용하고 있습니다. 제목, 헤드라인 메시지 및 본문에 사용해도 어울리는 만능 글꼴입니다.

2.정부정책환경 (Political)

정부에서는 관계부처 합동으로 창조경제 구현을 위한 중소기업 생산성 향상대책을 마련하여 안정적이고 지속적인 지원 방안을 내놓고 있음

중소기업 지원책 확대

기술개발 및 생산현장 역량강화
- 출연(연)의 중소기업 R&D 지원 확대 및 업종별 중소기업 기술개발 지원센터 지정/운영
- 중소기업형 스톡옵션제 도입으로 우수 기술인력의 중소기업 유치 및 장기재직 유도 등
  -일정기간(5년 이상) 장기재직한 기술인력에 대해 주식 대신 중소기업과 근로자가 공동으로 적립한 납입금을 인센티브로 지급

사업화 및 시장개척 지원
- 우수 제품의 초기시장 정착을 위한 공공구매 제도 개선
- 대기업 등의 수요를 전제로 하는 기술개발 지원 확대
- 기업별 역량에 따른 맞춤형 해외진출 지원 / 적정기술 보급 통한 현지진출로 틈새시장 개척 등

융합과 협력을 통한 시너지 창출
- 기술유출 방지 및 보호를 위한 법/제도적 기반 마련
  -기술자료 임치금고 확충 및 임치대상 확대 / 기술유출 고위험 기업군에 보안솔루션 구축 지원
- 원부자재 공동구매 센터 설치로 생산비용 절감 지원 등

※ *source : 창조경제 구현을 위한 중소기업 생산성 향상 대책. 2013. 6. 관계부처 합동*

http://redslide.blog.me

- 23 -

본고딕 Bold(Noto Sans CJK KR Bold)

본고딕은 다양한 글꼴 패밀리를 제공합니다. 그중 [본고딕 Light(Noto Sans CJK KR Light)]를 적용한 예시입니다. 글꼴이 가늘어서 제목이나 헤드라인 메시지 등을 강조하기 위한 목적보다는 세부적인 내용을 적을 때 사용하는 것이 좋습니다.

2.정부정책환경 (Political)

정부에서는 관계부처 합동으로 창조경제 구현을 위한 중소기업 생산성 향상대책을 마련하여 안정적이고 지속적인 지원 방안을 내놓고 있음

중소기업 지원책 확대

기술개발 및 생산현장 역량강화	• 출연(연)의 중소기업 R&D 지원 확대 및 업종별 중소기업 기술개발 지원센터 지정/운영 • 중소기업형 스톡옵션제 도입으로 우수 기술인력의 중소기업 유치 및 장기재직 유도 등 -일정기간(5년 이상) 장기재직한 기술인력에 대해 주식 대신 중소기업과 근로자가 공동으로 적립한 납입금을 인센티브로 지급
사업화 및 시장개척 지원	• 우수 제품의 초기시장 정착을 위한 공공구매 제도 개선 • 대기업 등의 수요를 전제로 하는 기술개발 지원 확대 • 기업별 역량에 따른 맞춤형 해외진출 지원 / 적정기술 보급 통한 현지진출로 틈새시장 개척 등
융합과 협력을 통한 시너지 창출	• 기술유출 방지 및 보호를 위한 법/제도적 기반 마련 -기술자료 임치금고 확충 및 임치대상 확대 / 기술유출 고위험 기업군에 보안솔루션 구축 지원 • 원부자재 공동구매 센터 설치로 생산비용 절감 지원 등

※ source : 창조경제 구현을 위한 중소기업 생산성 향상 대책. 2013. 6. 관계부처 합동

http://redslide.blog.me

- 24 -

본고딕 Light(Noto Sans CJK KR Light)

CASE STUDY 18

네이버에서 무료로 배포하는 글꼴 :
나눔고딕, 나눔바른고딕

네이버에서 무료로 배포하고 있는 나눔글꼴 중 고딕 계열 글꼴인 [나눔고딕]과 [나눔바른고딕]입니다.

[나눔고딕]은 [HY견고딕]과 비슷하지만 좀 더 부드러운 느낌입니다. 제목과 헤드라인 메시지 등 강조하고 싶은 곳에 사용하기 좋은 글꼴입니다.

2.정부정책환경 (Political)

Red Slide

정부에서는 관계부처 합동으로 창조경제 구현을 위한 중소기업 생산성 향상대책을 마련하여 안정적이고 지속적인 지원방안을 내놓고 있음

중소기업 지원책 확대

기술개발 및 생산현장 역량강화	• 출연(연)의 중소기업 R&D 지원 확대 및 업종별 중소기업 기술개발 지원센터 지정/운영 • 중소기업형 스톡옵션제 도입으로 우수 기술인력의 중소기업 유치 및 장기재직 유도 등 -일정기간(5년 이상) 장기재직한 기술인력에 대해 주식 대신 중소기업과 근로자가 공동으로 적립한 납입금을 인센티브로 지급
사업화 및 시장개척 지원	• 우수 제품의 초기시장 정착을 위한 공공구매 제도 개선 • 대기업 등의 수요를 전제로 하는 기술개발 지원 확대 • 기업별 역량에 따른 맞춤형 해외진출 지원 / 적정기술 보급 통한 현지진출로 틈새시장 개척 등
융합과 협력을 통한 시너지 창출	• 기술유출 방지 및 보호를 위한 법/제도적 기반 마련 -기술자료 임치금고 확충 및 임치대상 확대 / 기술유출 고위험 기업군에 보안솔루션 구축 지원 • 원부자재 공동구매 센터 설치로 생산비용 절감 지원 등

※ source : 창조경제 구현을 위한 중소기업 생산성 향상 대책. 2013. 6. 관계부처 합동

http://redslide.blog.me

- 25 -

나눔고딕 ExtraBold

[나눔바른고딕]은 다소 세련된 느낌이 있지만 비교적 가늘어서 제목이나 헤드라인 메시지 등 강조하는 글꼴보다는 본문 내용에 적합합니다. 비슷한 느낌의 [맑은 고딕]에 비해 장평이 넓으므로 텍스트가 많은 보고서 본문에는 추천하지 않습니다.

2.정부정책환경 (Political)

정부에서는 관계부처 합동으로 창조경제 구현을 위한 중소기업 생산성 향상대책을 마련하여 안정적이고 지속적인 지원방안을 내놓고 있음

중소기업 지원책 확대

기술개발 및 생산현장 역량강화	• 출연(연)의 중소기업 R&D 지원 확대 및 업종별 중소기업 기술개발 지원센터 지정/운영 • 중소기업형 스톡옵션제 도입으로 우수 기술인력의 중소기업 유치 및 장기재직 유도 등 -일정기간(5년 이상) 장기재직한 기술인력에 대해 주식 대신 중소기업과 근로자가 공동으로 적립한 납입금을 인센티브로 지급
사업화 및 시장개척 지원	• 우수 제품의 초기시장 정착을 위한 공공구매 제도 개선 • 대기업 등의 수요를 전제로 하는 기술개발 지원 확대 • 기업별 역량에 따른 맞춤형 해외진출 지원 / 적정기술 보급 통한 현지진출로 틈새시장 개척 등
융합과 협력을 통한 시너지 창출	• 기술유출 방지 및 보호를 위한 법/제도적 기반 마련 -기술자료 임치금고 확충 및 임치대상 확대 / 기술유출 고위험 기업군에 보안솔루션 구축 지원 • 원부자재 공동구매 센터 설치로 생산비용 절감 지원 등

※ *source : 창조경제 구현을 위한 중소기업 생산성 향상 대책. 2013. 6. 관계부처 합동*

http://redslide.blog.me   - 26 -

나눔바른고딕

한글과 영문 모두 균형 있는 글꼴 :
맑은 고딕

[맑은 고딕]은 깔끔해 보이면서 한글과 영문 모두 균형이 잘 잡혀 있습니다. [굵게 (Ctrl+B)]를 적용하면 제목, 헤드라인 및 본문 글꼴로도 적합합니다. 필자의 경우 본문 글꼴로 자주 사용합니다.

2.정부정책환경 (Political)

정부에서는 관계부처 합동으로 창조경제 구현을 위한 중소기업 생산성 향상대책을 마련하여 안정적이고 지속적인 지원방안을 내놓고 있음

중소기업 지원책 확대

기술개발 및 생산현장 역량강화	• 출연(연)의 중소기업 R&D 지원 확대 및 업종별 중소기업 기술개발 지원센터 지정/운영 • 중소기업형 스톡옵션제 도입으로 우수 기술인력의 중소기업 유치 및 장기재직 유도 등 -일정기간(5년 이상) 장기재직한 기술인력에 대해 주식 대신 중소기업과 근로자가 공동으로 적립한 납입금을 인센티브로 지급
사업화 및 시장개척 지원	• 우수 제품의 초기시장 정착을 위한 공공구매 제도 개선 • 대기업 등의 수요를 전제로 하는 기술개발 지원 확대 • 기업별 역량에 따른 맞춤형 해외진출 지원 / 적정기술 보급 통한 현지진출로 틈새시장 개척 등
융합과 협력을 통한 시너지 창출	• 기술유출 방지 및 보호를 위한 법/제도적 기반 마련 -기술자료 임치금고 확충 및 임치대상 확대 / 기술유출 고위험 기업군에 보안솔루션 구축 지원 • 원부자재 공동구매 센터 설치로 생산비용 절감 지원 등

※ source : 창조경제 구현을 위한 중소기업 생산성 향상 대책. 2013. 6. 관계부처 합동

http://redslide.blog.me

- 27 -

맑은 고딕(굵게)

다만 [맑은 고딕]은 글꼴이 가늘고 장평이 넓어서 [굵게([Ctrl]+[B])]를 적용하지
않으면 보고서가 허전한 느낌마저 듭니다.

2.정부정책환경 (Political)

정부에서는 관계부처 합동으로 창조경제 구현을 위한 중소기업 생산성 향상대책을 마련하여 안정적이고 지
속적인 지원방안을 내놓고 있음

중소기업 지원책 확대

기술개발 및 생산현장 역량강화	• 출연(연)의 중소기업 R&D 지원 확대 및 업종별 중소기업 기술개발 지원센터 지정/운영 • 중소기업형 스톡옵션제 도입으로 우수 기술인력의 중소기업 유치 및 장기재직 유도 등 -일정기간(5년 이상) 장기재직한 기술인력에 대해 주식 대신 중소기업과 근로자가 공동으로 적 립한 납입금을 인센티브로 지급
사업화 및 시장개척 지원	• 우수 제품의 초기시장 정착을 위한 공공구매 제도 개선 • 대기업 등의 수요를 전제로 하는 기술개발 지원 확대 • 기업별 역량에 따른 맞춤형 해외진출 지원 / 적정기술 보급 통한 현지진출로 틈새시장 개척 등
융합과 협력을 통한 시너지 창출	• 기술유출 방지 및 보호를 위한 법/제도적 기반 마련 -기술자료 임치금고 확충 및 임치대상 확대 / 기술유출 고위험 기업군에 보안솔루션 구축 지원 • 원부자재 공동구매 센터 설치로 생산비용 절감 지원 등

※ source : 창조경제 구현을 위한 중소기업 생산성 향상 대책. 2013. 6. 관계부처 합동

http://redslide.blog.me

- 28 -

맑은 고딕

전문성이 부족해 보이는 글꼴 ① :
HY견명조, HY신명조

일반적으로 보고서에서 명조 계열 글꼴은 사용하지 않는 게 좋습니다. 똑같은 내용인데도 고딕 계열에 비해서 전문성과 논리성이 부족해 보입니다. 다음 예시는 [HY견명조]로 작성한 보고서입니다. 고딕 계열 글꼴을 사용한 보고서와 비교해 보기 바랍니다.

2.정부정책환경 (Political)

Red
Slide

정부에서는 관계부처 합동으로 창조경제 구현을 위한 중소기업 생산성 향상대책을 마련하여 안정적이고 지속적인 지원방안을 내놓고 있음

중소기업 지원책 확대

기술개발 및 생산현장 역량강화	·출연(연)의 중소기업 R&D 지원 확대 및 업종별 중소기업 기술개발 지원센터 지정/운영 ·중소기업형 스톡옵션제 도입으로 우수 기술인력의 중소기업 유치 및 장기재직 유도 등 　-일정기간(5년 이상) 장기재직한 기술인력에 대해 주식 대신 중소기업과 근로자가 공동으로 적립한 납입금을 인센티브로 지급
사업화 및 시장개척 지원	·우수 제품의 초기시장 정착을 위한 공공구매 제도 개선 ·대기업 등의 수요를 전제로 하는 기술개발 지원 확대 ·기업별 역량에 따른 맞춤형 해외진출 지원 / 적정기술 보급 통한 현지진출로 틈새시장 개척 등
융합과 협력을 통한 시너지 창출	·기술유출 방지 및 보호를 위한 법/제도적 기반 마련 　-기술자료 임치금고 확충 및 임치대상 확대 / 기술유출 고위험 기업군에 보안솔루션 구축 지원 ·원부자재 공동구매 센터 설치로 생산비용 절감 지원 등

※ source : 창조경제 구현을 위한 중소기업 생산성 향상 대책. 2013. 6. 관계부처 합동

http://redslide.blog.me

- 29 -

HY견명조

[HY신명조]는 [HY견명조]보다 더 갸름한 글꼴입니다. 그래서 보고서가 더욱
허전해 보입니다.

2.정부정책환경 (Political)

정부에서는 관계부처 합동으로 창조경제 구현을 위한 중소기업 생산성 향상대책을 마련하여 안정적이고 지속
적인 지원방안을 내놓고 있음

중소기업 지원책 확대

기술개발 및 생산현장 역량강화	• 출연(연)의 중소기업 R&D 지원 확대 및 업종별 중소기업 기술개발 지원센터 지정/운영 • 중소기업형 스톡옵션제 도입으로 우수 기술인력의 중소기업 유치 및 장기재직 유도 등 –일정기간(5년 이상) 장기재직한 기술인력에 대해 주식 대신 중소기업과 근로자가 공동으로 적립한 납입금을 인센티브로 지급
사업화 및 시장개척 지원	• 우수 제품의 초기시장 정착을 위한 공공구매 제도 개선 • 대기업 등의 수요를 전제로 하는 기술개발 지원 확대 • 기업별 역량에 따른 맞춤형 해외진출 지원 / 적정기술 보급 통한 현지진출로 틈새시장 개척 등
융합과 협력을 통한 시너지 창출	• 기술유출 방지 및 보호를 위한 법/제도적 기반 마련 –기술자료 임치금고 확충 및 임치대상 확대 / 기술유출 고위험 기업군에 보안솔루션 구축 지원 • 원부자재 공동구매 센터 설치로 생산비용 절감 지원 등

※ *source : 창조경제 구현을 위한 중소기업 생산성 향상 대책. 2013. 6. 관계부처 합동*

http://redslide.blog.me   - 30 -

HY신명조

전문성이 부족해 보이는 글꼴 ② :
바탕

역시 명조 계열 글꼴은 보고서에서 지양하는 것이 좋습니다. 다음 예시처럼 [바탕]을 사용하면 고딕 계열과 같은 크기인 12pt임에도 글꼴 간의 장평 및 자간의 차이로 인해 줄 간격이 달라집니다.

2.정부정책환경 (Political)

정부에서는 관계부처 합동으로 창조경제 구현을 위한 중소기업 생산성 향상대책을 마련하여 안정적이고 지속적인 지원방안을 내놓고 있음

중소기업 지원책 확대

기술개발 및 생산현장 역량강화	• 출연(연)의 중소기업 R&D 지원 확대 및 업종별 중소기업 기술개발 지원센터 지정/운영 • 중소기업형 스톡옵션제 도입으로 우수 기술인력의 중소기업 유치 및 장기재직 유도 등 ﹣일정기간(5년 이상) 장기재직한 기술인력에 대해 주식 대신 중소기업과 근로자가 공동으로 적립한 납입금을 인센티브로 지급
사업화 및 시장개척 지원	• 우수 제품의 초기시장 정착을 위한 공공구매 제도 개선 • 대기업 등의 수요를 전제로 하는 기술개발 지원 확대 • 기업별 역량에 따른 맞춤형 해외진출 지원 / 적정기술 보급 통한 현지진출로 틈새시장 개척 등
융합과 협력을 통한 시너지 창출	• 기술유출 방지 및 보호를 위한 법/제도적 기반 마련 ﹣기술자료 임치금고 확충 및 임치대상 확대 / 기술유출 고위험 기업군에 보안솔루션 구축 지원 • 원부자재 공동구매 센터 설치로 생산비용 절감 지원 등

※ *source : 창조경제 구현을 위한 중소기업 생산성 향상 대책. 2013. 6. 관계부처 합동*

http://redslide.blog.me

- 31 -

바탕(굵게)

[바탕] 자체가 가늘고 장평이 넓은 특징이 있어서 [굵게([Ctrl]+[B])]를 적용하지 않은 보고서는 더욱 허전하게 느껴집니다.

2.정부정책환경 (Political)

정부에서는 관계부처 합동으로 창조경제 구현을 위한 중소기업 생산성 향상대책을 마련하여 안정적이고 지속적인 지원방안을 내놓고 있음

중소기업 지원책 확대

기술개발 및 생산현장 역량강화	• 출연(연)의 중소기업 R&D 지원 확대 및 업종별 중소기업 기술개발 지원센터 지정/운영 • 중소기업형 스톡옵션제 도입으로 우수 기술인력의 중소기업 유치 및 장기재직 유도 등 -일정기간(5년 이상) 장기재직한 기술인력에 대해 주식 대신 중소기업과 근로자가 공동으로 적립한 납입금을 인센티브로 지급
사업화 및 시장개척 지원	• 우수 제품의 초기시장 정착을 위한 공공구매 제도 개선 • 대기업 등의 수요를 전제로 하는 기술개발 지원 확대 • 기업별 역량에 따른 맞춤형 해외진출 지원 / 적정기술 보급 통한 현지진출로 틈새시장 개척 등
융합과 협력을 통한 시너지 창출	• 기술유출 방지 및 보호를 위한 법/제도적 기반 마련 -기술자료 임치금고 확충 및 임치대상 확대 / 기술유출 고위험 기업군에 보안솔루션 구축 지원 • 원부자재 공동구매 센터 설치로 생산비용 절감 지원 등

※ source : 창조경제 구현을 위한 중소기업 생산성 향상 대책. 2013. 6. 관계부처 합동

http://redslide.blog.me

- 32 -

바탕

색상에 대한 이해

컨설턴트 실무 초기에 선배들에게 가장 많이 들었던 말 중 하나가 "보고서에서 물 빼라!"는 말이었습니다. 처음에는 무슨 뜻인지 몰랐는데 후에 보고서를 여러 번 직접 작성하고 인쇄하면서 알게 되었습니다. 그 말은 "화려하고 다양한 색의 사용을 자제하라"는 말의 또 다른 표현이었습니다. 프레젠테이션을 진행할 때 빔 프로젝트 화면상에 화려하게 보이도록 사용했던 색들이 흑백으로 인쇄하니 완전히 다르게 표현되는 경우가 많았습니다. 게다가 일반적인 컨설팅 프로젝트에서는 보통 300~400페이지에 달하는 보고서를 적게는 수십 부에서 많게는 100부 이상을 인쇄하여 고객사에 전달합니다. 이 모든 보고서를 컬러로 인쇄한다면 그에 소모되는 비용은 흑백 인쇄와는 비교할 수 없을 정도로 클 것입니다. 결국 프레젠테이션과 인쇄를 함께 고려해야 하는 보고서는 흑백에서도 모든 내용을 파악할 수 있도록 작성해야 합니다. 여기서는 화면상과 인쇄물 모두 깔끔하게 보이는 보고서 작성을 위해 효율적으로 색상을 사용하는 방법에 대해 알아보겠습니다.

SECTION 01 깔끔한 보고서를 위한 색의 종류

필자가 보고서를 작성하면서 가장 빈번하게 범했던 색의 사용 오류는 바로 도형과 그래프에서였습니다. 특히 막대 그래프나 선 그래프의 항목을 명확하게 구분하기 위해 다양한 색을 사용했던 적이 많았습니다. 화면상에는 전혀 문제가 없었지만 흑백 인쇄를 하니 그래프가 전혀 구분되지 않아 결국 전부 수정해서 다시 인쇄를 해야 했습니다.

필자의 경험에서도 알 수 있듯이 파워포인트로 작성하는 보고서는 화면상 보이는 프레젠테이션과 흑백 인쇄를 모두 고려하여 색상을 사용해야 합니다.

회색 계열 색상 사용하기

프레젠테이션과 인쇄를 모두 만족시키는 가장 무난한 방법은 흑백 명암의 차이로 색상을 조절하는 것입니다.

01 먼저 [홈] 탭 → [그리기] 그룹 → [도형 채우기▼]를 클릭합니다.

02 나타나는 메뉴의 [테마 색]에서 색상을 선택합니다. [테마 색]을 보면 가장 왼쪽의 흰색을 기준으로 [5% 더 어둡게]에서 [50% 더 어둡게]까지 5단계의 색 조합이 있습니다. 이를 활용하여 흑백 명암의 단계별 차이, 즉 회색 계열의 색을 도형에 적용하면 깔끔한 보고서를 만들 수 있습니다.

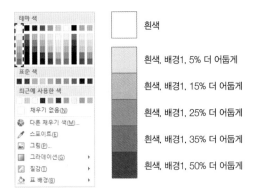

흰색

흰색, 배경1, 5% 더 어둡게

흰색, 배경1, 15% 더 어둡게

흰색, 배경1, 25% 더 어둡게

흰색, 배경1, 35% 더 어둡게

흰색, 배경1, 50% 더 어둡게

03 여기에서 좀 더 색상을 넣고 싶을 때는 메뉴에서 [다른 채우기 색]을 선택합니다. [색] 대화상자가 열리면 흰색부터 검정까지 15단계로 명암이 들어가 있는 벌집 모양의 색 테이블에서 원하는 색상을 선택합니다.

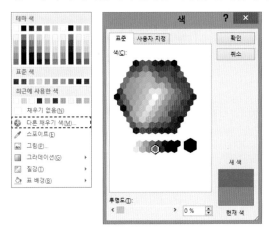

이렇게 색의 명암 차이를 이용하면 보고서를 흑백으로 출력할 때도 별문제 없이 구현할 수 있습니다.

컨설팅 보고서에서 "물 빼라!"란 표현의 뜻은 다음 예시를 보면 좀 더 명확히 알 수 있습니다. 예시 보고서❶는 '정부3.0 추진위원회'에서 발표한 '정부3.0 발전계획'입니다. 아래아한글로 작성된 보고서에서 일부 내용을 요약 발췌하여 파워포인트 보고서로 만든 것입니다.

❶ 보고서 출처 : '정부 3.0 발전계획', 정부 3.0 추진위원회, 2014. 9.17. http://www.gov30. go.kr/gov30/index.do

이런 파워포인트 보고서의 작성 목적은 프레젠테이션을 하기 위한 것인데, 요약 보고서이므로 본 보고서에 비해 저밀도이며 포토샵 등 다양한 그래픽 이미지 및 클립아트가 포함되어 있습니다.

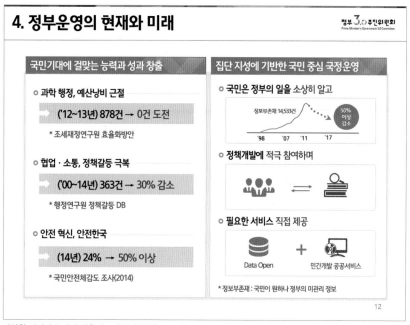

다양한 시각적 효과가 적용된 프레젠테이션용 보고서

예시의 파워포인트 보고서는 아래아한글로 작성한 본 보고서가 존재하고, 이는 오로지 프레젠테이션을 목적으로만 만들었기에 다양한 그래픽 이미지, 클립아트 등을 포함해도 괜찮지만 만약 본 보고서 없이 파워포인트로만 작성된 보고서라면 어떨까요? 기업에서 각 부서에 문서를 배포해야 한다고 가정했을 때 수십~수백 부를 모두 컬러로 인쇄하기는 어려우므로 흑백으로 인쇄해야 할 것입니다.

그런데 프레젠테이션을 목적으로 작성한 이 보고서에서 다양한 시각적 효과를 위해서 사용한 그래픽 이미지, 클립아트들은 흑백으로 출력 시 원본과 다르게 출력될 수 있습니다. 다음은 앞의 예시 보고서를 흑백으로 출력한 모습입니다.

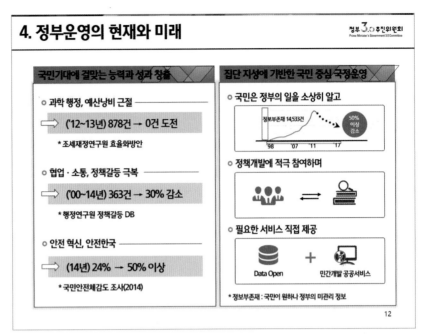

흑백으로 출력하면서 원본과 달라진 보고서

본문 상단에 있는 두 개의 소제목 '국민 기대에 걸맞는 능력과 성과 창출', '집단 지성에 기반한 국민 중심 국정운영'은 원본에서는 흰색이었습니다. 그런데 흑백으로 출력된 보고서에서는 검정으로 바뀐 것을 볼 수 있습니다. 또한 '정보부존재 14,533건'을 보면 원본 문서에서는 볼 수 없었던 막대가 갑자기 나타났습니다. 예시에는 없지만 간혹 도형과 텍스트가 겹쳐서 잘 보이지 않는 현상도 발생하곤 합니다.

이처럼 보고서를 보기 좋게 편집하는 과정에서 사용한 색상과 클립아트 등이 흑백으로 출력 시에는 컬러 원본과 다르게 출력될 수 있음을 알아야 합니다. 그래서 그래픽적 요소가 많은 도형 등을 사용할 때는 주의를 기울여야 하고, 과도한 색상 사용을 지양하는 것이 좋습니다. 또한 보고서 작성 시에는 배포까지 고려하여 어떻게 인쇄될 것인지도 미리 생각해 두어야 합니다.

출력하기 전에 보고서 확인하기

다양한 컬러를 사용해서 작성한 보고서를 흑백으로 인쇄할 경우 어떻게 출력되는지 미리 확인할 수 있는 기능이 있습니다. [보기] 탭 → [컬러/회색조] 그룹을 보면 그림처럼 [컬러], [회색조], [흑백]이 있습니다. 원하는 인쇄 옵션을 클릭하면 각각의 인쇄 옵션에서 출력될 이미지를 미리 확인할 수 있습니다.

[컬러]는 모니터 화면에서 보이는 그대로를 말합니다. 그리고 우리가 흔히 말하는 흑백 인쇄와 관련해서 파워포인트에서는 [회색조]와 [흑백]의 두 가지 옵션이 있습니다. [컬러], [회색조]와 [흑백] 인쇄의 차이를 예시를 통해 알아보겠습니다.

[컬러]를 클릭하면 다음과 같이 모니터 화면에서 보이는 이미지 그대로 보입니다.

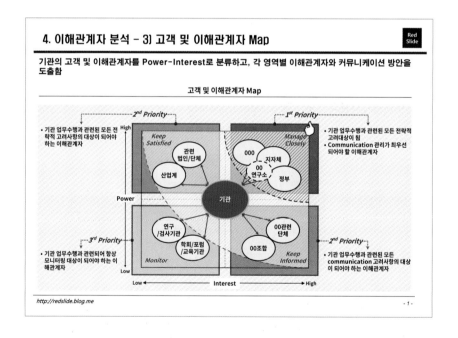

다음 페이지의 예시는 [회색조]를 클릭한 경우입니다. 대부분의 흑백 프린터는 [회색조] 옵션으로 출력되는 것이 기본 설정입니다.

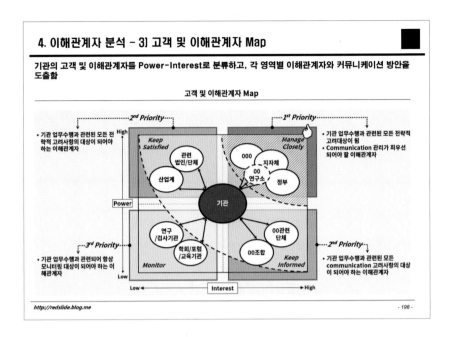

마지막으로 [흑백]을 클릭한 경우입니다. [회색조]와 비슷하지만 약간 다릅니다.

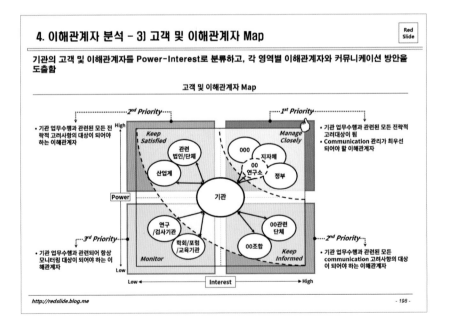

[회색조]와 [흑백] 인쇄의 차이를 좀 더 알아보겠습니다.

다음 예시를 보면 보고서 배경에 패턴이 채워진 도형들이 들어가 있습니다. 각각의 도형은 하늘색 계열로 명암을 조절했습니다.

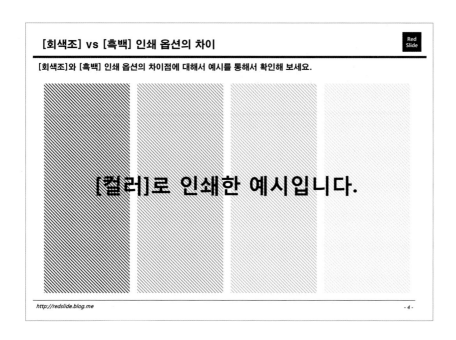

이 보고서를 흑백 프린터로 인쇄한 것이 다음 페이지의 예시입니다. 파워포인트나 프린터의 인쇄 옵션을 특별히 조정하지 않았다면 대부분의 흑백 프린터에서는 기본적으로 [회색조]로 인쇄됩니다. 컬러로 된 색상을 흑백으로 인쇄해야 하기에 흑백 명암을 조절하여 출력합니다.

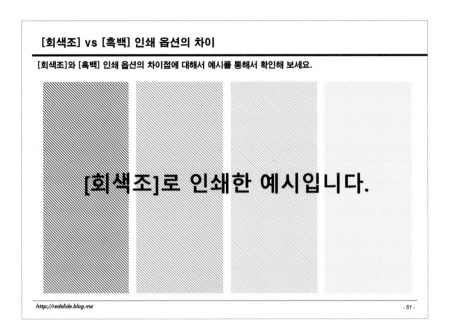

[회색조] vs [흑백] 인쇄 옵션의 차이

[회색조]와 [흑백] 인쇄 옵션의 차이점에 대해서 예시를 통해서 확인해 보세요.

[회색조]로 인쇄한 예시입니다.

그런데 만약 [흑백]으로 출력하면 어떻게 될까요? 다음 예시를 보면 배경의 도형들이 모두 없어졌습니다. 파워포인트에서 작업한 패턴은 [흑백]으로 인쇄할 경우 흰색으로 인식하기 때문입니다.

[회색조] vs [흑백] 인쇄 옵션의 차이

[회색조]와 [흑백] 인쇄 옵션의 차이점에 대해서 예시를 통해서 확인해 보세요.

[흑백]으로 인쇄한 예시입니다.

다음 표는 파워포인트에서 [회색조]와 [흑백] 옵션일 때 각 개체에 적용되는 색상입니다.

개체	회색조	흑백
텍스트	검정	검정
텍스트 그림자	회색조	숨김
채우기	회색조	숨김
틀	검정	검정
무늬 채우기	회색조	흰색
선	검정	검정
개체 그림자	회색조	검정
비트맵	회색조	회색조
클립아트	회색조	회색조
차트	회색조	회색조

이렇듯 컬러 화면에서 잘 보였던 클립아트나 도형들이 각 개체의 특성에 따라서 [회색조]와 [흑백] 옵션일 때 컴퓨터나 프린터가 인식하는 색상이 달라져 제대로 보이지 않는 경우가 있습니다. 그러므로 중요한 보고서를 흑백으로 출력해야 한다면 [컬러], [회색조], [흑백] 옵션의 결과를 미리 확인하는 것이 좋습니다.

앞에서도 언급했지만 많은 양의 보고서를 매번 컬러로 인쇄한다는 것은 비용적인 측면에서 상당한 부담입니다. 필자의 경우 보통 배포용 보고서는 [회색조]로 인쇄합니다. 컬러를 사용한 개체가 있다고 하더라도 [회색조] 인쇄는 흑백 농도를 조절하여 표현해서 컬러 원본의 느낌에 최대한 근접하기 때문입니다.

SECTION 02 원하는 색상 넣기

기본적으로 보고서에는 다양한 색상 사용을 피하는 것이 좋습니다. 그렇지만 꼭 색상 구분이 필요하거나 강조해야 하는 도형이 있는 경우에는 색상을 사용합니다. 필자의 경우는 색상 사용에 있어서 두 가지 원칙을 갖고 있습니다. 첫째, 하나의 보고서에 세 가지를 초과하여 색상을 사용하지 않습니다. 색상이 세 가지가 넘어가면 다양한 색상으로 인해 보고서 내용을 이해하는 데 오히려 방해가 됩니다. 둘째, 빨강, 노랑, 파랑 등 원색을 그대로 사용하지 않습니다. 원색을 많이 사용할수록 보고서가 상대적으로 촌스럽게 보입니다.

색상에 대한 지식이 포토샵 등 그래픽 프로그램을 전문적으로 다루는 사람만큼 풍부할 필요는 없습니다. 기본적인 색상에 대한 이해만으로도 충분합니다. 그렇다면 보고서의 신뢰도와 전문성을 높여 주는 색상은 어떤 것이 있을까요? 그러한 색상을 쉽게 넣는 방법에 대해 알아보겠습니다.

RGB 값으로 색상 적용하기

파워포인트에서는 RGB라는 세 가지 값의 조합으로 색상을 표현합니다. R, G, B는 각각 Red, Green, Blue의 앞 글자이며 0~255 사이의 값을 가집니다.

화면상에서는 얼핏 같아 보이지만 미묘하게 차이가 나는 경우가 있는데 RGB 값이 달라서 나타나는 것입니다. 즉, RGB 값을 조정하면 원하는 색상을 사용할 수 있습니다.

이때 이용할 수 있는 'COLOURlovers'라는 사이트를 소개하겠습니다. 이 사이트는 다양한 분야에서 자주 사용하는 색상을 소개하고 있습니다. 해당 사이트에서 'Black'을 찾으면 검정의 RGB 값을 알 수 있습니다.

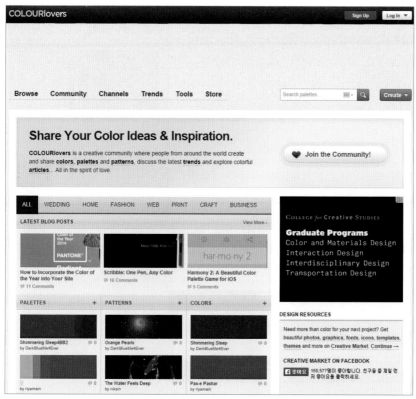

COLOURlovers, http://www.colourlovers.com/

다음 그림에서 마우스 포인터가 가리키고 있는 위치를 보면 검정은 Red, Green, Blue 값이 전부 0임을 알 수 있습니다.

이렇게 원하는 색상에 대한 RGB 값을 알 수 있다면 파워포인트에서 이 값을 지정하여 사용할 수 있습니다.

먼저 [홈] 탭 → [그리기] 그룹에서 [도형 채우기▼]를 클릭합니다. [다른 채우기 색]을 선택한 후 [색] 대화상자에서 [사용자 지정] 탭을 클릭합니다. 여기에서 [빨강(R)], [녹색(G)], [파랑(B)] 값을 0부터 255까지 지정할 수 있습니다.

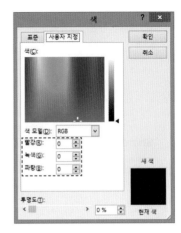

다음 그림은 COLOURlovers에서 검색한 'Deep Ink'와 'Inky Blue'라는 색상입니다. 일반적인 검정보다 세련된 느낌을 주기 때문에 필자의 경우 중요한 텍스트 상자는 이 색상을 자주 사용합니다.

Deep Ink RGB 값 : 3, 12, 34

Inky Blue RGB 값 : 32, 41, 63

파워포인트를 좀 더 세련되게 만들고 싶다면 자주 사용하는 색상의 RGB 값을 기억해 놓는 것이 좋습니다.

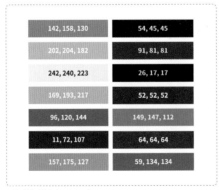

다양한 색상의 RGB 값

서식 복사와 스포이트로 색상 적용하기

두 개의 도형이 있습니다. 위쪽에 있는 회색 도형과 똑같은 배경색과 글꼴 스타일을 아래의 흰색 도형에도 적용하고 싶은데 정확한 서식을 모르는 경우가 있습니다. 이럴 때 '서식 복사'나 '스포이트' 기능을 이용하면 쉽게 해결할 수 있습니다.

흰색, 배경,
15% 더 어둡게

흰색, 배경,

15% 더 어둡게

① 서식 복사

서식 복사는 도형에 있는 색상, 글꼴, 글자 크기, 줄 간격, 자간 등을 복사하여 원하는 다른 도형에 그대로 적용시키는 기능입니다.

복사하고 싶은 도형을 클릭하여 선택합니다. [홈] 탭 → [클립보드] 그룹에서 [서식 복사]를 클릭하면 마우스 포인터 옆에 빗자루 모양이 나타납니다. 이를 원하는 도형에 위에 놓고 클릭하면 그림처럼 원본 도형의 모든 속성이 그대로 복사됩니다.

흰색, 배경,
15% 더 어둡게

흰색, 배경,
15% 더 어둡게

만약 복사하고 싶은 도형이 여러 개 있을 경우에는 어떻게 해야 할까요? [서식 복사]를 한 번 클릭하면 딱 하나의 도형에만 서식을 복사할 수 있지만 연속으로 두 번 클릭하면 여러 개의 도형에 서식을 계속 복사해서 넣을 수 있습니다. [ESC]를 누르면 이 기능은 해제됩니다.

다만 서식 복사는 파워포인트로 만들어진 개체에 대해서만 사용할 수 있습니다. 예를 들어 다른 곳에서 캡처해 온 도형이 있다면 이런 이미지는 파워포인트로 만든 개체가 아니므로 서식 복사가 적용되지 않습니다.

② 스포이트

❶ 스포이트 기능은 파워포인트 2013부터 추가된 기능입니다.

서식 복사와 비슷한 역할을 하는 기능으로 스포이트가 있습니다.❶ 서식 복사와 다른 특징은 스포이트는 색상만 복사한다는 것입니다. 글꼴, 글자 크기, 줄 간격 등은 복사되지 않습니다.

다음 그림들처럼 아래의 흰색 도형을 선택하고 마우스 오른쪽 버튼을 클릭합니다. 나타나는 바로가기 메뉴에서 [채우기] → [스포이트]를 선택합니다. 마우스 포인터가 스포이트 모양으로 바뀝니다. 색상을 복사하고 싶은 회색 도형 위에 스포이트를 위치시키고 클릭하면 색상이 그대로 복사됩니다.

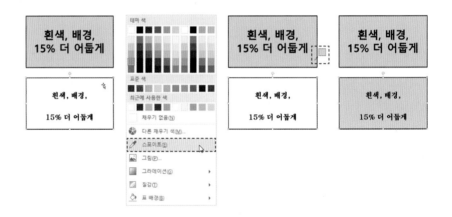

스포이트가 편리한 이유는 모니터상에 보이는 색상을 내가 그대로 가져올 수 있기 때문입니다. 즉, 다른 보고서나 웹에 있는 개체를 파워포인트로 가져와 스포이트로 찍어 색상을 추출한 후 똑같이 적용할 수 있습니다.

도형과 선에 대한 이해

각종 도형을 활용하여 그래픽 중심의 보고서를 작성하는 경우 워드 프로그램보다 파워포인트가 효율성이나 그 효과성 측면에서 압도적으로 우수합니다. 그러나 텍스트 중심의 보고서만 작성하다가 그래픽 중심의 보고서로 사고를 전환하는 것은 생각보다 쉽지 않습니다. 워드 프로그램에 익숙해져 있는 탓입니다.

파워포인트는 그래픽 중심의 보고서 작성에 유리한 구조를 갖추고 있으므로 이런 장점을 충분히 활용할 수 있어야 합니다. 그중 도형과 선을 잘 다루는 것은 파워포인트 보고서 작성에 있어서 가장 중요한 스킬입니다.

CASE STUDY | 22

텍스트 중심의 보고서에서
키워드는 도형으로 강조한다

'중소기업 지원책 확대'라는 텍스트 중심의 보고서를 파워포인트 자료로 정리하였습니다. 키워드인 중소기업 지원책 확대의 세 가지 핵심 사항은 도형을 사용해서 강조하고 세부 내용은 텍스트 상자로 정리하였습니다.

프레젠테이션을 할 때 본문 내용을 다 설명할 수 없으니 이런 텍스트 상자를 활용하면 발표자도, 보고받는 사람도 좀 더 쉽게 이해할 수 있습니다. 시각적으로도 중소기업 지원책 확대 방안이 크게 세 가지로 요약될 수 있다는 것을 직관적으로 보이도록 만들었습니다.

2.정부정책환경 (Political)

Red Slide

정부에서는 관계부처 합동으로 창조경제 구현을 위한 중소기업 생산성 향상대책을 마련하여 안정적이고 지속적인 지원 방안을 내놓고 있음

중소기업 지원책 확대

기술개발 및 생산현장 역량강화	• 출연(연)의 중소기업 R&D 지원 확대 및 업종별 중소기업 기술개발 지원센터 지정/운영 • 중소기업형 스톡옵션제 도입으로 우수 기술인력의 중소기업 유치 및 장기재직 유도 등 　-일정기간(5년 이상) 장기재직한 기술인력에 대해 주식 대신 중소기업과 근로자가 공동으로 적립한 납입금을 인센티브로 지급
사업화 및 시장개척 지원	• 우수 제품의 초기시장 정착을 위한 공공구매 제도 개선 • 대기업 등의 수요를 전제로 하는 기술개발 지원 확대 • 기업별 역량에 따른 맞춤형 해외진출 지원 / 적정기술 보급 통한 현지진출로 틈새시장 개척 등
융합과 협력을 통한 시너지 창출	• 기술유출 방지 및 보호를 위한 법/제도적 기반 마련 　-기술자료 임치금고 확충 및 임치대상 확대 / 기술유출 고위험 기업군에 보안솔루션 구축 지원 • 원부자재 공동구매 센터 설치로 생산비용 절감 지원 등

※ source : 창조경제 구현을 위한 중소기업 생산성 향상 대책. 2013. 6. 관계부처 합동

http://redslide.blog.me

- 11 -

키워드인 핵심 사항을 사각형으로 강조한 보고서

도형과 선을 함께 사용하면
과정을 보여줄 수 있다

OO기업의 전문가 육성 체계가 어떻게 이루어지는지 그 과정을 보여주기 위해서 사각형과 선을 이용해서 보고서를 구성했습니다. 교육 훈련 현황과 역량 진단을 통해 미흡한 역량의 개발을 위한 전문가 육성 체계를 도식화 했습니다. 이 과정에서 현재 시스템 개발 중인 영역은 점선으로 된 도형으로 구분했고, 가장 중요한 부분은 검정 도형을 사용해서 시각적으로 집중되는 효과를 주었습니다.

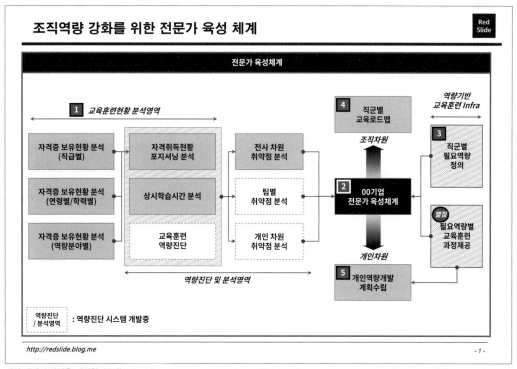

대상 체계의 과정을 파악할 수 있는 보고서

가장 중요한 요소는
직관적으로 구분되도록 표현한다

전략 집단 분석을 위한 핵심 변수 도출 과정과 내용을 요약한 슬라이드입니다. 각종 분석(산업 구조, 내부 역량, 경쟁사 및 벤치마킹)의 결과를 종합 및 분석하여 두 개의 핵심 변수를 도출하는 과정을 도형과 선으로 정리했습니다. 가장 중요한 사항인 두 개의 핵심 변수는 검정 바탕에 흰색 글씨로 된 도형을 사용해서 강조했습니다.

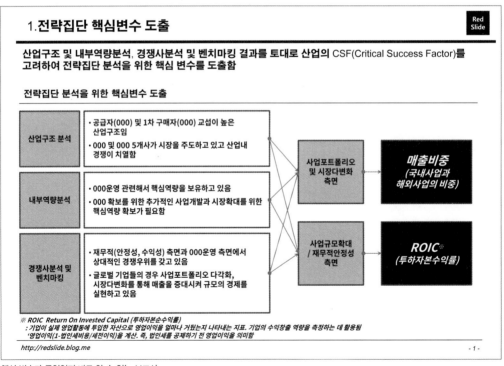

핵심 변수가 무엇인지 바로 알 수 있는 보고서

보고서용 도형 그리기

파워포인트가 텍스트 중심이 아닌 비주얼을 강조한 그래픽 중심의 보고서를 만드는 데 유리하다 보니 다각형, 원 등의 도형을 많이 사용합니다. 보고서에서 자주 사용하는 도형과 선에 대해서 알아보겠습니다.

도형 옵션

[홈] 탭 → [그리기] 그룹에서 ⦾를 클릭하면 파워포인트에서 지원하는 다양한 도형을 선택해서 그릴 수 있습니다.

사각형, 오각형, 화살표 등이 보고서에서 가장 빈번하게 사용되는 도형입니다. 그리고 싶은 도형을 선택하고 슬라이드 위에서 마우스를 클릭한 채 드래그하면 해당 도형이 만들어집니다. 도형의 크기, 슬라이드 내 위치 등을 쉽게 변경할 수 있는 것이 워드 프로그램에는 없는 파워포인트만의 장점입니다.

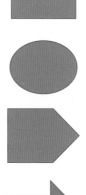

처음에 도형을 그리면 앞의 그림처럼 파란색 도형이 그려집니다. 기본 색상이 파란색으로 설정되어 있기 때문입니다. 파워포인트에서 제공하는 이 기본 색상이나 모양을 그대로 사용하면 촌스러운 느낌이 있습니다. 좀 더 세련되게 바꾸어 보겠습니다.**[1]**

❶ 어떤 도형이 좀 더 세련미가 있는가에 대한 기준은 지극히 개인적입니다. 포토샵같이 전문적인 그래픽 프로그램을 이용하면 화살표 하나도 굉장히 화려하게 만들 수 있지만, 여기에서는 파워포인트로 만든 보고서에서 자주 사용하는 도형 스타일을 기준으로 설명하겠습니다.

수정하고 싶은 도형 위에서 마우스 오른쪽 버튼을 클릭합니다. 도형과 관련된 바로가기 메뉴가 나타나면 [도형 서식]을 선택합니다. 그러면 다음과 같은 [도형 서식] 작업창이 화면 오른쪽에 열립니다.

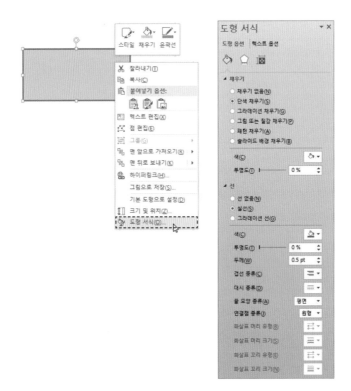

[도형 서식] 작업창의 [도형 옵션] 탭에는 도형에 변화를 줄 수 있는 다양한 옵션이 있습니다. 보고서에서 가장 많이 사용하는 옵션은 크게 두 가지가 있습니다. 첫째, 도형 안을 채우는 방법에 관한 [채우기] 옵션과 둘째, 도형 테두리를 설정할 수 있는 [선] 옵션이 있습니다.

다음 예시처럼 두 가지 옵션의 조합을 통해서 다양한 변화를 만들어 낼 수 있습니다. 다만 한 가지 주의해야 할 점은 도형에 색을 채울 때 명암에 따라 도형 안에 있는 글씨의 가독성에 문제가 생길 수 있다는 것입니다. 예를 들어 채우기 색이 [흰색, 50% 더 어둡게]보다 더 어두울 때는 도형 안에 있는 글씨들이 잘 보이지 않습니다. 이럴 때는 채우기 색을 조금 연하게 조절하든가 아니면 글씨의 색을 흰색으로 바꾸어 가독성을 높이는 것이 좋습니다.

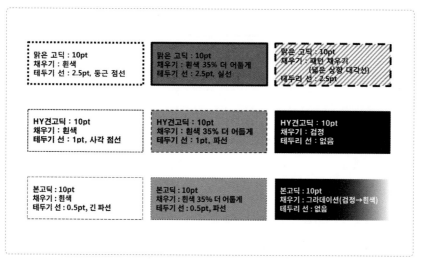

도형 서식을 이용해 만들 수 있는 다양한 도형

도형의 채우기 색과 테두리 선의 색이 진하고 테두리 선이 두꺼울수록 시선이 집중되어 강한 느낌을 줍니다. [패턴 채우기]와 [그라데이션 채우기]는 도형에 입체감을 부여합니다. 실선에 비해 점선과 파선은 '미완성' 혹은 '미완료'의 느낌을 줍니다. 물론 같은 도형이더라도 글꼴, 글씨 크기, 글씨 색상 등에 의해서 느낌이 달라집니다.

그러므로 업무의 성격, 보고서의 목적, 보고 및 발표 대상자와 작성자의 취향을 반영해서 기본 도형을 몇 가지 만들어 두면 중요성, 강조 포인트 등을 고려하여 다양한 도형의 조합을 만들어낼 수 있어서 편리합니다.

필자는 보통 다음 세 가지 타입을 기본 도형으로 만들어 두고 상황에 따라 변형하여 사용하고 있습니다. 각각의 도형에 사용한 옵션을 도형 내에 적었습니다.

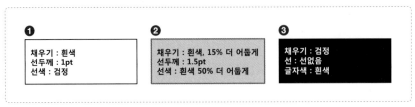

❶
채우기 : 흰색
선두께 : 1pt
선색 : 검정

❷
채우기 : 흰색, 15% 더 어둡게
선두께 : 1.5pt
선색 : 흰색 50% 더 어둡게

❸
채우기 : 검정
선 : 선없음
글자색 : 흰색

필자가 사용하는 기본 도형

기본 도형으로 설정하기

도형을 만들 때마다 일일이 도형 옵션을 변경하는 것은 번거롭습니다. 이때 '기본 도형으로 설정' 기능을 사용하면 편리합니다. 앞에서 '기본 텍스트 상자로 설정' 기능을 설명했습니다. 텍스트 상자도 어떻게 보면 선이 없는 사각형이라고 생각할 수 있으므로 도형에서도 이렇게 유사한 기능을 사용할 수 있는 것입니다.

기본 도형으로 설정하고 싶은 도형 위에서 마우스 오른쪽 버튼을 클릭한 후 나타나는 바로가기 메뉴에서 [기본 도형으로 설정]을 선택합니다. 그 후 도형을 새롭게 만들면 방금 설정한 도형 옵션이 그대로 적용된 도형이 만들어집니다.❶

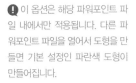

❶ 이 옵션은 해당 파워포인트 파일 내에서만 적용됩니다. 다른 파워포인트 파일을 열어서 도형을 만들면 기본 설정인 파란색 도형이 만들어집니다.

보고서 스타일에 맞는 도형 선택하기

다각형, 원, 화살표 등 보고서에서 자주 사용하는 도형의 모양에 대해서 설명하겠습니다.

① 사각형 / 원

앞서 설명한 바와 같이 강조하고 싶은 키워드는 직사각형, 정사각형 등의 사각형을 이용합니다. 비슷한 느낌으로 타원형, 정원 등의 원을 사용할 수도 있습니다.

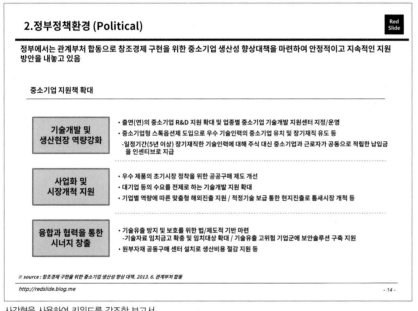

사각형을 사용하여 키워드를 강조한 보고서

② 오각형 / 화살표

오각형은 뾰족한 모양을 활용해서 시간이나 순서 등의 흐름, 즉 프로세스를 표현할 때 주로 사용합니다. 이때 오각형의 뾰족한 부분을 기본 도형 그대로 사용하기 보다는 다소 부드럽게 조절하는 것이 좀 더 세련되어 보입니다. 이는 화살표도 같습니다.

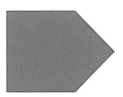

오각형을 클릭하면 노란색 점이 나타납니다. 이를 클릭한 채 좌우로 움직이면 각도를 조절해서 모서리를 뾰족하거나 부드럽게 할 수 있습니다. 극단적으로 왼쪽 끝으로 이동하면 삼각형 모양이, 오른쪽 끝으로 이동하면 직사각형 모양이 됩니다.

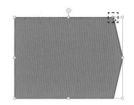

화살표도 오각형과 비슷하게 조절하여 좀 더 세련되게 탈바꿈시킬 수 있습니다. 다만 오각형과 조금 다른 점은 화살표를 클릭하면 두 개의 노란색 점이 나타납니다. 하나는 화살표의 뾰족함을 조절하고, 하나는 화살표의 두께를 조절하는 점입니다.

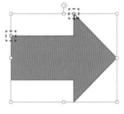

이를 이용해서 다음 예시처럼 화살표 ❶을 만들었습니다. 그러나 여전히 이 화살표도 세련미가 다소 떨어집니다. 화살표는 흐름의 표현과 함께 보는 사람의 시선의 이동을 유도합니다. 그러므로 화살표 ❷처럼 그라데이션 효과를 넣으면 그 효과가 극대화됩니다. 이때 화살표의 테두리 선은 없는 것이 깔끔합니다.

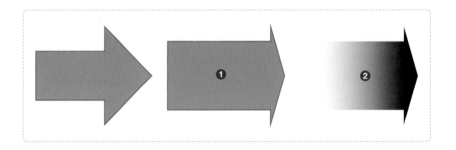

화살표에 그라데이션 효과를 넣는 방법을 알아보겠습니다.

01 그라데이션을 넣고 싶은 화살표를 클릭한 상태에서 마우스 오른쪽 버튼을 클릭합니다. 바로가기 메뉴가 나타나면 [도형 서식]을 선택합니다. [도형 서식] 작업창이 열립니다.

02 [도형 서식] 작업창의 [채우기 및 선] → [채우기]에서 [그라데이션 채우기]를 선택하고 [방향]을 [선형 오른쪽]으로 선택합니다.

03 [그라데이션 중지점]에서 왼쪽에 있는 중지점을 클릭한 뒤 색을 [흰색]으로 설정합니다.

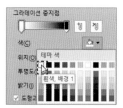

04 [그라데이션 중지점]에서 오른쪽에 있는 중지점을 클릭한 뒤 색을 [검정]으로 설정합니다. 이렇게 하면 흰색으로 시작하여 검정으로 끝나는 그라데이션 효과가 나타납니다.

다음 예시를 보면 왼쪽에 있는 화살표가 원본 화살표이고, 가운데가 그라데이션 효과를 준 화살표입니다. 오른쪽의 화살표 두 가지는 조절점을 통해 좀 더 디자인적 효과를 주었습니다. 이처럼 그라데이션과 조절점을 조금만 활용하면 기본 도형을 세련되게 만들 수 있습니다.

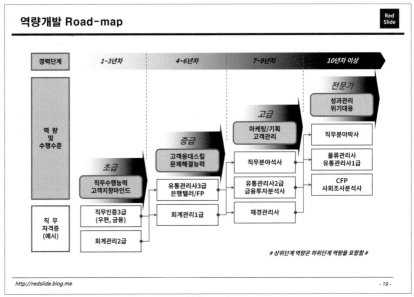

그라데이션과 조절점을 활용하여 변형한 화살표를 사용한 보고서

도형+기능키 활용하기

정사각형, 정원을 그려야 하는 경우 [그리기] 그룹에서는 해당 도형을 찾을 수 없습니다. 이때 기능키 Shift와 Ctrl을 활용하면 정사각형, 정원과 같은 도형을 그릴 수 있는 것 외에도 이동, 복사 등의 작업을 매우 효율적으로 할 수 있습니다.

도형+기능키 활용 방법에 대해서 알아보겠습니다.

① 정사각형, 정원 그리기

도형을 그릴 때 Shift를 누른 상태에서 그립니다. 예를 들어 [그리기] 그룹에서 [직사각형(혹은 타원)]을 선택한 뒤에 Shift를 누른 상태에서 마우스를 드래그하면 정사각형(혹은 정원)이 그려집니다.❶

❶ 예시 도형 옆에 '+' 표시는 현재 마우스 포인터의 위치를 나타내는 표시입니다.

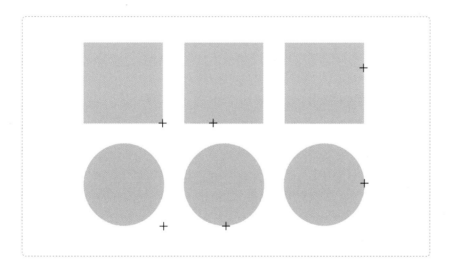

② 수직/수평으로 도형 이동하기

최초에 그린 도형을 Shift를 누른 상태에서 위쪽/아래쪽, 왼쪽/오른쪽으로 드래그하면 다음 페이지의 예시처럼 가상의 수직/수평축을 기준으로 도형을 이동시킬 수 있습니다.

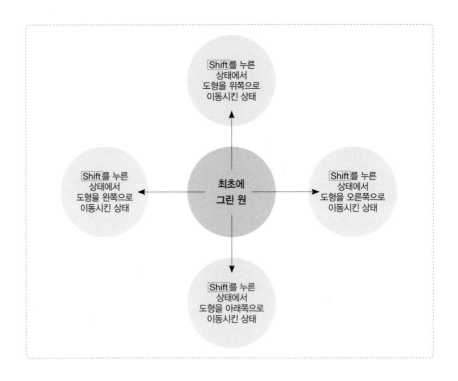

③ 여러 개의 도형 선택하기

Shift를 누른 상태에서 각각의 도형을 클릭하면 클릭한 도형들이 모두 선택됩니다. 예시를 보면 원형 세 개, 사각형 세 개, 화살표 세 개가 섞여 있습니다. 원형만 선택하고 싶다면 Shift를 누른 상태에서 원형만 클릭합니다.[1]

❗ Ctrl을 누른 상태에서 각각의 도형을 클릭해도 여러 개의 도형을 한꺼번에 선택할 수 있습니다. 그러나 Ctrl은 복사 기능이 있어서 Ctrl을 누르면서 마우스를 잘못 움직이면 원치 않는 도형들이 복사되기도 합니다. 그러므로 단순히 여러 개의 도형을 선택하는 것이 목적이라면 Shift를 사용하는 것이 더 편리합니다.

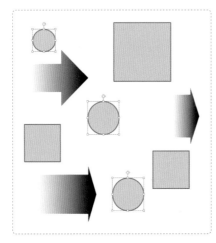

④ 도형을 정확한 각도로 회전시키기

도형을 클릭하면 도형 상단에 해당 도형을 회전시킬 수 있는 꼭지가 나타납니다. 이를 클릭한 상태로 회전시키면 도형이 회전됩니다. 이 때 Shift를 누른 상태에서 회전시키면 정확히 15도씩 움직입니다.

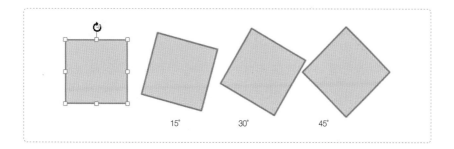

⑤ 도형 복사하기

복사하고 싶은 도형 위에 마우스 포인터를 올려놓고 Ctrl을 누르면 마우스 포인터 위에 '+' 표시가 나타납니다. 이는 해당 도형을 복사하겠다는 표시입니다. 이렇게 Ctrl을 누른 상태에서 드래그하여 원하는 위치로 가져가면 도형이 복사됩니다. 많이 사용하는 유용한 기능입니다.

도형 정렬하기

① 앞으로 가져오기와 뒤로 보내기

도형을 겹쳐 사용할 때 그 겹치는 순서의 조정이 필요하다면 어떻게 해야 할까요? 예를 들어 지도 위에 도형도 넣고, 텍스트 상자도 넣고 싶은데 새롭게 그려 넣은 도형이 지도 아래에 위치하거나 지도를 덮는 경우가 있습니다.

이런 경우에는 [그리기 도구] → [서식] 탭 → [정렬] 그룹을 사용합니다. [정렬] 그룹을 보면 [앞으로 가져오기], [뒤로 보내기] 등이 있습니다. 겹쳐있는 도

형이 있을 때 해당 도형을 클릭한 뒤 [앞으로 가져오기], [뒤로 보내기]를 이용해서 한 단계씩 앞으로 가져오거나 뒤로 보낼 수도 있고 맨 앞으로 가져오거나 맨 뒤로 보낼 수도 있습니다.

다음 예시를 보면 노란색 사각형과 붉은색 원이 있습니다. 두 도형을 옆에 나란히 위치시켰을 때는 잘 모르지만 두 도형을 겹쳐 놓으니 사각형이 원보다 뒤에 위치하는 것이 보입니다.❶

이 사각형을 원 앞에 위치시키고 싶다면 사각형을 선택한 뒤 [앞으로 가져오기]를 클릭합니다. 그러면 예시처럼 원보다 앞으로 옮겨집니다.❷

❶ 파워포인트에서는 기본적으로 나중에 그려진 도형이 먼저 그려진 도형의 앞에 위치합니다.

❷ 원을 클릭한 뒤 [맨 뒤로 보내기]를 클릭해도 같은 결과를 얻습니다.

도형을 겹쳐 사용한 보고서

② 수직/수평으로 정렬하기, 간격 맞추기

파워포인트에서 여러 개의 도형을 그리다 보면 다음 예시처럼 도형이 엉망으로 흩어져 있는 경우가 있습니다. 심지어 어떤 도형은 중첩되어 있고, 도형 사이의 간격도 일정하지 않습니다. 이처럼 다양한 도형들이 어지럽게 나열되어 있을 때는 수직/수평 정렬, 간격 맞춤 등을 마우스만 가지고 하는 것이 쉽지 않습니다. 정확성이 떨어지는 것은 물론, 시간도 많이 소요됩니다.

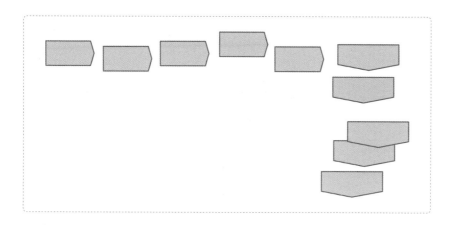

이런 경우 파워포인트의 맞춤 기능을 활용해서 쉽고 빠르게 정렬과 맞춤을 할 수 있습니다. 굉장히 많이 사용하는 기능 중 하나입니다. 사용 방법은 [그리기 도구] → [서식] 탭 → [정렬] 그룹에서 [맞춤]을 클릭한 후 원하는 맞춤을 선택합니다. 단축키로 실정해 두고 사용하면 좋습니다.

맞춤 기능은 아이콘만 보더라도 도형을 어떻게 정렬시키는지 알 수 있을 정도로 직관적으로 되어 있습니다. 각각의 맞춤 결과를 예시로 확인해 보겠습니다.

다음 예시와 같이 정렬에 상관없이 도형을 그린 후 도형 전체를 선택하고 [맞춤]에서 [중간 맞춤]을 선택합니다.

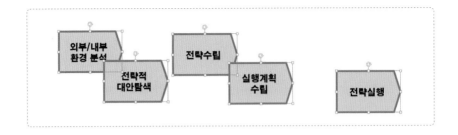

그러면 상하로 흩어져 있던 도형이 다음과 같이 일렬로 나란히 정렬됩니다. 그러나 도형 간격이 일정하지 않아서 보기에 좋지 않습니다.

마지막으로 [맞춤]에서 [가로 간격을 동일하게]를 선택합니다. 가로 간격이 동일하게 조절됩니다. 가로 맞춤뿐만 아니라 세로 맞춤 및 세로 간격 조절도 같은 방법으로 할 수 있습니다.

도형 내 텍스트 배치하기

도형 안에 텍스트를 입력하는 것에도 다양한 옵션이 있습니다. 도형 안에 텍스트를 입력하고 마우스 오른쪽 버튼을 클릭합니다. 바로가기 메뉴가 나타나면 [도형 서식]을 선택합니다. [도형 서식] 작업창에서 [도형 옵션] 탭 → [크기 및 속성] → [텍스트 상자]를 보면 도형 안에 텍스트를 배치하는 옵션들이 있습니다. 다음 예시를 보면서 차이점을 파악해 보겠습니다.

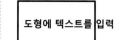

옵션	내용
자동 맞춤 안 함	텍스트를 입력할 때 텍스트가 도형의 크기를 넘어가면 도형 밖으로 나감
도형을 텍스트 크기에 맞춤	텍스트 크기에 맞춰 도형의 크기가 변함
도형의 텍스트 배치	도형의 크기에 맞춰 텍스트가 자동으로 줄바꿈 됨

전문가의 노하우 ▶ 한글 단어 잘림 허용

도형의 텍스트 배치 옵션을 이용해서 텍스트를 입력하면 도형의 가로 크기에 맞춰 텍스트가 자동적으로 줄바꿈 됩니다. 그런데 이렇게 줄바꿈 될 때 글자 단위로 줄바꿈 되는 것을 단어 단위로 바꿀 수도 있습니다.

[홈] 탭 → [단락] 그룹의 오른쪽 아래에 있는 대화상자 표시 아이콘을 클릭하면 [단락] 대화상자가 열립니다. 대화상자의 [한글 입력 체계] 탭을 클릭하면 [한글 단어 잘림 허용]이 있습니다. 이 옵션의 체크 표시를 해제하면 글자 단위가 아닌 단어 단위로 줄바꿈 됩니다.

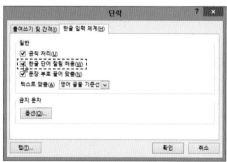

- [도형의 텍스트 배치]를 이용하면 도형에 맞게 텍스트가 자동으로 배치됩니다.
- 그리고 기본적으로 글자 단위로 줄바꿈 됩니다. 이를 단어 단위로 줄바꿈 되게 하려면 [한글 단어 잘림 허용]의 체크 표시를 해제합니다.

[한글 단어 잘림 허용] 체크 표시

- [도형의 텍스트 배치]를 이용하면 도형에 맞게 텍스트가 자동으로 배치됩니다.
- 그리고 기본적으로 글자 단위로 줄바꿈 됩니다. 이를 단어 단위로 줄바꿈 되게 하려면 [한글 단어 잘림 허용]의 체크 표시를 해제합니다.

[한글 단어 잘림 허용] 체크 표시 해제

SECTION 02 보고서용 선 그리기

보고서를 작성할 때 선의 두께까지 신경 쓰는 사람은 많지 않습니다. 그러나 세련된 파워포인트 보고서의 완성에는 선의 두께도 중요한 영향을 미칩니다. 이런 미묘한 차이들이 하나둘씩 쌓여서 보고서의 세련되고 프로페셔널한 느낌을 완성시키는 것입니다. 다만 선의 두께는 시각적인 느낌에 영향을 미치는 것으로 확실한 기준은 없습니다. 그러므로 필자의 경험을 토대로 예를 들어서 설명하겠습니다.

표와 도형에 사용하는 선

파워포인트에서 선 두께의 기본은 1pt입니다. 1pt를 기준으로 가늘수록 세련된 느낌을, 두꺼울수록 강조하는 느낌을 줍니다. 선 두께 0.5pt와 1pt는 작은 노트북 모니터 화면상으로는 구별하기

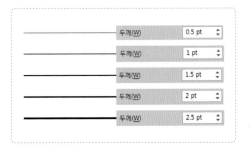

어려운 경우가 많습니다. 그러나 보고서를 인쇄하면 그 차이가 보입니다.

예시를 통해 살펴보겠습니다. 같은 표를 이용해서 0.5pt~1.5pt까지 다양한 선 두께를 표현했습니다.

어떤 선 두께를 사용한 표가 가장 마음에 드나요? 물론, 개인적인 취향에 따라서 다를 수 있습니다. 필자는 표에 보통 0.5pt의 선 두께를 사용합니다. 이유는 표 안의 내용에 시선이 머물러야 하는데, 선 두께가 두꺼울수록 시선이 내용이 아닌 선에 머무는 느낌을 주기 때문입니다.

선두께 0.5pt	구분		2010	2015 (e)	2020 (e)	CAGR
	인구 합계		2,810 (100%)	2,950 (100%)	3,100 (100%)	1.3%
	경제활동인구		1,798 (64%)	1,947 (66%)	2,108 (68%)	3.3%
	취업인구		1,762 (63%)	1,908 (65%)	2,066 (67%)	4.7%
	취업인구	1차 산업	11 (0.6%)	11 (0.6%)	14 (0.7%)	1.8%
		2차 산업	427 (24.2%)	393 (20.6%)	351 (17.0%)	-0.4%
		3차 산업	1,325 (75.2%)	1,504 (78.8%)	1,700 (82.3%)	4.4%

선두께 1pt	구분		2010	2015 (e)	2020 (e)	CAGR
	인구 합계		2,810 (100%)	2,950 (100%)	3,100 (100%)	1.3%
	경제활동인구		1,798 (64%)	1,947 (66%)	2,108 (68%)	3.3%
	취업인구		1,762 (63%)	1,908 (65%)	2,066 (67%)	4.7%
	취업인구	1차 산업	11 (0.6%)	11 (0.6%)	14 (0.7%)	1.8%
		2차 산업	427 (24.2%)	393 (20.6%)	351 (17.0%)	-0.4%
		3차 산업	1,325 (75.2%)	1,504 (78.8%)	1,700 (82.3%)	4.4%

선두께 1.5pt	구분		2010	2015 (e)	2020 (e)	CAGR
	인구 합계		2,810 (100%)	2,950 (100%)	3,100 (100%)	1.3%
	경제활동인구		1,798 (64%)	1,947 (66%)	2,108 (68%)	3.3%
	취업인구		1,762 (63%)	1,908 (65%)	2,066 (67%)	4.7%
	취업인구	1차 산업	11 (0.6%)	11 (0.6%)	14 (0.7%)	1.8%
		2차 산업	427 (24.2%)	393 (20.6%)	351 (17.0%)	-0.4%
		3차 산업	1,325 (75.2%)	1,504 (78.8%)	1,700 (82.3%)	4.4%

이를 응용해서 선 두께를 부분적으로 조절하면 다양한 형태의 표를 구성할 수 있습니다. 다음 예시는 기본적인 선 두께를 0.5pt로 하고, 강조하고 싶은 셀의 선 두께는 2.5pt로 조절했습니다. 거듭 언급하지만 이런 미묘한 차이들이 모여서 보고서의 비주얼 수준을 결정하는 데 큰 역할을 합니다.

구분		2010	2015 (e)	2020 (e)	CAGR
인구 합계		2,810 (100%)	2,950 (100%)	3,100 (100%)	1.3%
경제활동인구		1,798 (64%)	1,947 (66%)	2,108 (68%)	3.3%
취업인구		1,762 (63%)	1,908 (65%)	2,066 (67%)	4.7%
취업인구	1차 산업	11 (0.6%)	11 (0.6%)	14 (0.7%)	1.8%
	2차 산업	427 (24.2%)	393 (20.6%)	351 (17.0%)	-0.4%
	3차 산업	1,325 (75.2%)	1,504 (78.8%)	1,700 (82.3%)	4.4%

도형과 도형을 연결하는 선

이번에는 도형과 도형을 연결하는 선에 대해서 알아보겠습니다.

[홈] 탭 → [그리기] 그룹에서 ▪를 클릭하면 도형과 마찬가지로 다양한 선을 선택해서 그릴 수 있습니다.

다음 예시는 여러 프로세스를 도형만으로 한번에 표현하기는 어려우므로 각각의 과정이 어떻게 연계되는지 알 수 있게 선을 이용해서 연결한 것입니다. 이처럼 선은 보고서에서 논리적인 연결을 표현할 때 빼놓을 수 없는 중요한 역할을 합니다. 그리고 선을 사용할 때는 논리적 연계성과 가독성을 고려하여 적합한 선을 선택해야 합니다.

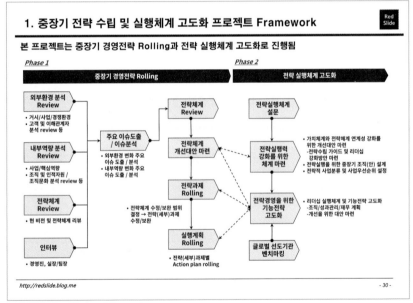

각 과정의 연계를 선으로 표현한 보고서

> ❗ 사실 파워포인트에서는 직접 그릴 수 있는 자유형, 자유 곡선도 있습니다. 여기에서는 자주 사용하는 세 가지 종류에 대해서만 소개합니다.

선은 종류에 따라서 직선, 꺾인 선, 곡선 등 크게 세 가지가 있습니다. ❗

선의 종류를 선택하면 도형과 마찬가지로 선 두께 및 선 색상도 조절할 수 있습니다. 또한 점선, 파선, 실선 등 대시 종류도 설정할 수 있고, 선의 끝 모양 종류도 설정할 수 있습니다.

선에 다양한 옵션을 적용하는 방법에 대해서 알아보겠습니다.

선을 그리고 마우스 오른쪽 버튼을 클릭합니다. 나타나는 바로가기 메뉴에서 [도형 서식]을 선택합니다. [도형 서식] 작업 창이 나타나면 [채우기 및 선] → [선]에서 선 과 관련된 다양한 옵션을 적용할 수 있습니다.

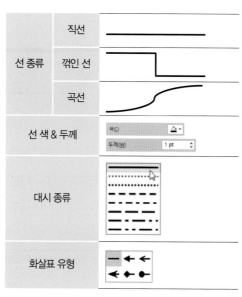

몇 가지 예시를 통해서 보고서에서 사용하는 다양한 선에 대해서 알아보겠습니다. 가장 대표적으로 사용하는 선은 직선과 꺾인 선입니다.

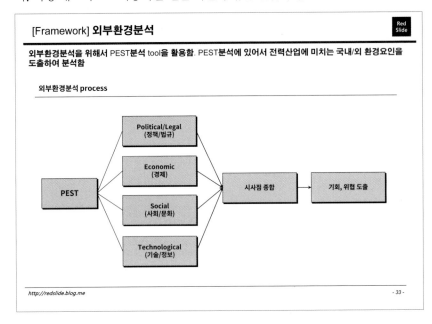

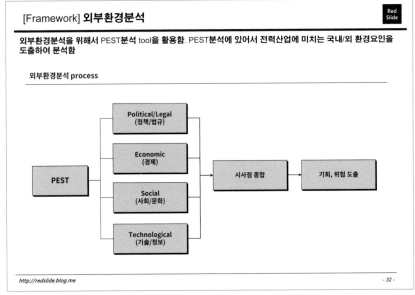

변수와 변수를 연결하는 의미로는 직선과 꺾인 선 중 어느 것을 사용해도 큰 문제가 없습니다

그러나 다음 두 예시를 보면 이런 경우에는 꺾인 선이 아닌 직선을 사용해야 함을 알 수 있습니다. 비주얼적인 측면에서는 꺾인 선이 깔끔해 보이지만 선이 중복되어 어떤 변수끼리 연결되는지 알 수 없기 때문입니다.

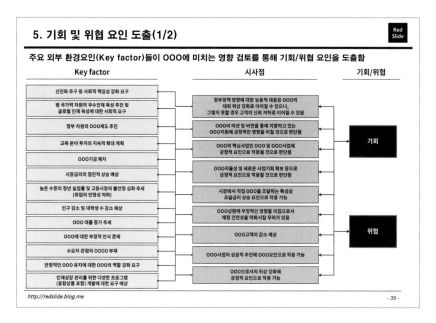

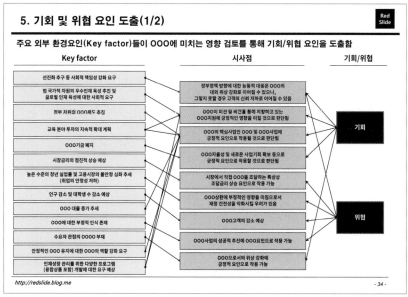

두 변수의 논리적인 연계성이 중요할 때는 꺾인 선보다는 직선을 사용하는 것이 좋습니다

이번에는 조금 다른 예시를 하나 보겠습니다. 다음 예시 같은 경우에 직선이나 꺾인 선으로 연결했다면 선끼리 중복될 것입니다. 이 때는 곡선이 적합합니다. 여기서 한 가지 더 알 수 있는 것은 직접적인 연계성이 있는 것은 실선을, 간접적인 연계성이 있는 것은 점선을 사용해서 연계성의 정도를 직관적으로 구분할 수 있도록 표현했다는 것입니다.

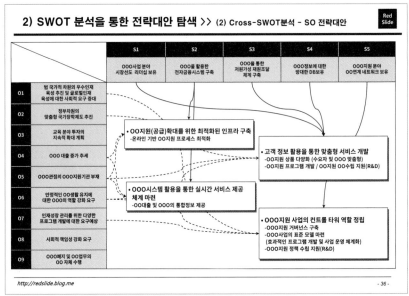

연계성의 정도에 따라 실선과 점선으로 구분하는 것이 좋습니다

다음 예시는 직접적인 연결을 하나씩 확인하라는 의미보다는 '전략목표를 세울 때 SWOT 분석을 통해 나온 전략을 세세히 검토하였고 목표와 전략 사이의 논리적인 연계성을 충분히 고려했다'는 의미가 강합니다.

많은 선을 사용하는 경우 선이 겹치는 현상 때문에 보고서가 깔끔하게 보이지 않을 수 있으므로 이럴 때는 선 두께를 0.5pt로 최대한 가늘게 설정합니다. 필요하다면 선 색을 회색 계열로 바꾸는 것도 좋습니다.

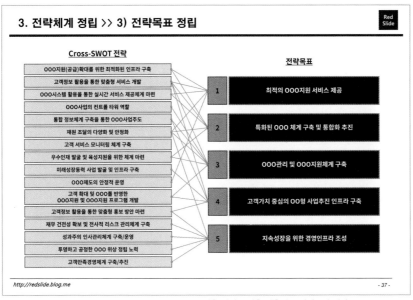

많은 선을 사용할 때는 선 두께는 최대한 가늘게 하고, 선 색은 회색 계열을 사용하는 것이 좋습니다

도형 연결선 그리기

01 [홈] 탭 → [그리기] 그룹에서 ▾를 클릭하면 여러 가지 도형과 선을 선택해서 그릴 수 있습니다. [꺾인 화살표 연결선]을 선택하고 선이 시작되는 부분을 클릭한 채 연결하고 싶은 도형 근처로 드래그하면 도형의 상/하/좌/우에 연결점이 표시됩니다. 화살표가 연결점 근처로 가면 자석처럼 이끌려 연결됩니다.

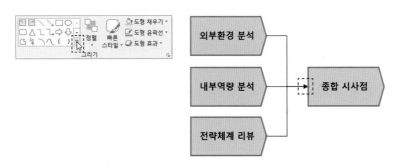

02 화살표를 클릭하고 마우스 오른쪽 버튼을 클릭합니다. 나타나는 바로가기 메뉴에서 [도형 서식]을 선택합니다. [도형 서식] 작업 창의 [채우기 및 선] → [선]이 열리면 화살표 모양을 바꿀 수 있는 다양한 옵션을 선택할 수 있습니다.

[화살표 머리 유형]은 화살표의 시작점을, [화살표 꼬리 유형]은 화살표 끝점을 의미합니다. 시작점과 끝점을 변경하면 시각적으로 연결되는 느낌을 좀 더 강하게 줄 수 있습니다.

선 옵션 설정하기

파워포인트에서 제공하는 대시 종류는 8가지입니다. 그 중에서 가장 자주 사용하는 것은 네 가지입니다. 크게 실선과 점선으로 구분됩니다. 점선은 둥근 점선, 사각 점선, 파선으로 나뉩니다. 화살표도 많이 사용합니다. 자주 사용하는 화살표 역시 네 가지입니다.

자주 사용하는 선과 화살표의 종류

실선은 직접적인, 점선은 간접적인 연결의 느낌을 줍니다. 또한 점선은 '앞으로 연결될 것'이라는 느낌도 줍니다.

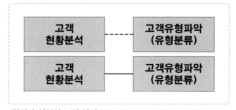

점선과 실선의 느낌 차이

타원 화살표를 이용하면 입체감이 부여되어 단순한 선을 이용해서 연결하는 것보다 더 강한 연결 상태의 느낌을 줍니다. 또한 일반 화살표보다는 날카로운 화살표가 좀 더 세련된 느낌을 줍니다.

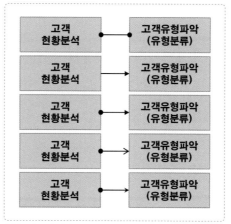

화살표의 느낌 차이

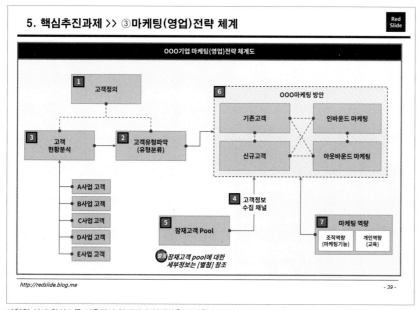

다양한 선과 화살표를 이용하여 연결감과 입체감을 부여한 보고서

SKILL
UP

05

보고서 작성과
편집 효율성 향상

보고서 결과에 대한 기대치는 높고, 프로젝트 종료 기간은 얼마 남지 않았고…. 이때는 손이 열 개라도 모자랍니다. 어떤 일이든 좋은 결과를 내려면 시간을 충분히 갖고 준비해야 합니다. 하지만 만약 예상보다 늦은 진행 속도로 인해 최종 발표 혹은 제출 시간을 지키지 못한다면 아무리 훌륭한 보고서라고 하더라도 작성자에 대한 신뢰도가 떨어집니다. 여기에서는 파워포인트를 효율적으로 활용함으로써 보고서 작성 시간을 줄이는 노하우에 대해서 소개하겠습니다.

빠른 실행 도구 모음과 특수 문자 입력

파워포인트는 기본적으로 리본 메뉴나 각종 바로가기 메뉴를 통해 편리하게 문서를 편집할 수 있습니다. 그러나 '맞춤' 같이 자주 쓰는 기능을 쓸 때마다 리본 메뉴나 바로가기 메뉴에서 일일이 찾아 적용하는 것은 무척 번거롭습니다. 게다가 화면이 작은 노트북의 경우 리본 메뉴 때문에 본문 내용이 너무 작게 보일 수 있습니다. 이럴 때 리본 메뉴를 축소하고 자주 쓰는 도구들을 모아서 빠른 실행 도구 모음을 사용하면 본문 화면도 더 넓어지고 보고서 편집 시간도 대폭 단축됩니다. 빠른 실행 도구 모음은 일종의 단축키만 모아 놓은 메뉴라고 할 수 있습니다.

리본 메뉴 감추기

리본 메뉴를 화면상 보이지 않도록 축소할 수 있습니다. 리본 메뉴가 없으면 그만큼 본문 화면을 더 넓게 사용할 수 있습니다.

리본 메뉴 근처에서 마우스 오른쪽 버튼을 클릭하고 [리본 메뉴 축소]를 선택하면 리본 메뉴가 축소되어 화면에서 사라집니다. 화면에는 [홈], [삽입], [디자인], [전환], [애니메이션]… 등의 탭들과 그 아래에 빠른 실행 도구 모음만 나타납니다.

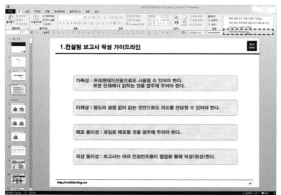

리본 메뉴가 있는 경우

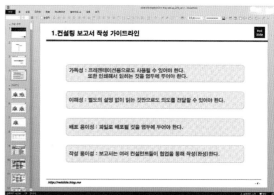

리본 메뉴가 없는 경우

빠른 실행 도구 모음 활용하기

빠른 실행 도구 모음을 잘 활용하면 보고서 편집 시간을 대폭 줄일 수 있습니다. 물론, 자주 사용하는 단축키는 외우고 있는 것이 가장 좋습니다.

자신에게 가장 잘 맞도록 빠른 실행 도구 모음을 편집하는 방법을 알아보겠습니다.

빠른 실행 도구 모음 근처에서 마우스 오른쪽 버튼을 클릭하고 [빠른 실행 도구 모음 사용자 지정]을 선택하면 [PowerPoint 옵션] 대화상자가 열립니다. [명령 선택]에서 [모든 명령]을 선택합니다. 자주 사용하는 도구를 왼쪽 목록에서 선택 후 [추가] 버튼을 클릭하면 오른쪽 [빠른 실행 도구 모음 사용자 지정] 목록으로 옮겨집니다. 편집을 완료한 후 오른쪽 아래의 [확인] 버튼을 클릭합니다.

좀 더 간단한 방법도 있습니다.

리본 메뉴에서 빠른 실행 도구 모음에 추가하고 싶은 아이콘을 마우스 오른쪽 버튼으로 클릭한 후 [빠른 실행 도구 모음 추가]를 선택합니다.

예를 들어 [홈] 탭 → [슬라이드] 그룹에서 [레이아웃]을 빠른 실행 도구 모음에 추가하고 싶으면 해당 아이콘 위에서 마우스 오른쪽 버튼을 클릭하고 [빠른 실행 도구 모음에 추가]를 선택합니다.

전문가의 노하우 ▶ **컨설턴트의 빠른 실행 도구 모음**

실무에서 가장 많이 사용하는 필자의 빠른 실행 도구 모음을 소개하겠습니다. 필자는 이를 기본으로 하되 어떤 작업을 하는지에 따라 그 작업에 최적화되도록 구성과 순서를 일부 변경해서 사용합니다.

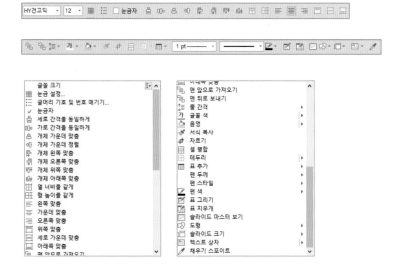

특수 문자 입력하기

누구나 파워포인트를 처음 사용하면서 '→, ※, ①' 같은 특수 문자를 입력하는 기능을 찾느라 시간을 허비한 경험이 있을 것입니다.

파워포인트에서는 한글 자음 + 한자 를 누르면 특수 문자를 쉽게 입력할 수 있습니다. 오른쪽 그림은 한글 자음 ㅁ 을 입력한 상태에서 한자 를 누른 모습입니다. 오른쪽의 스크롤바를 내리면 입력할 수 있는 다양한 특수 문자가 나열됩니다. 이처럼 자주 사용하는 특수 문자에 대해서는 어떤 한글 자음 + 한자 를 눌러야 하는지 기억하면 보고서 작성이 훨씬 편리합니다.

가장 많이 사용하는 특수 문자 입력 방법과 해당 방법으로 입력할 수 있는 특수 문자들을 살펴보겠습니다.

① ㅁ + 한자

1 #	●	▼	▷	◆	▦	‡	♪	®
2 &	◎	→	▶	■	▨	↕	♬	ª
3 *	◇	←	♤	◐	♨	↗	㉿	º
4 @	◆	↑	♠	◑	☎	↙	№	㉾
5 §	□	↓	♡	▩	☏	↖	Co.	
6 ※	■	↔	♥	▤	㏇	↘	™	
7 ☆	△	═	♧	▥	㏇	♭	a.m.	
8 ★	▲	◁	♣	▨	¶	♩	p.m.	
9 ○	▽	◀	⊙	▧	†	♪	TEL	

② ㅇ + 한자

1 ⓐ	ⓙ	ⓢ	②	⑪	(e)	(n)	(w)	(6)	(15)
2 ⓑ	ⓚ	ⓣ	③	⑫	(f)	(o)	(x)	(7)	
3 ⓒ	ⓛ	ⓤ	④	⑬	(g)	(p)	(y)	(8)	
4 ⓓ	ⓜ	ⓥ	⑤	⑭	(h)	(q)	(z)	(9)	
5 ⓔ	ⓝ	ⓦ	⑥	⑮	(i)	(r)	(1)	(10)	
6 ⓕ	ⓞ	ⓧ	⑦	(a)	(j)	(s)	(2)	(11)	
7 ⓖ	ⓟ	ⓨ	⑧	(b)	(k)	(t)	(3)	(12)	
8 ⓗ	ⓠ	ⓩ	⑨	(c)	(l)	(u)	(4)	(13)	
9 ⓘ	ⓡ	①	⑩	(d)	(m)	(v)	(5)	(14)	

③ ㄹ + 한자

1	$	£	ℓ	μm	μg	ps	MV	mW	kΩ	rad/s	Bq
2	%	¥	kℓ	mm	mg	ns	pA	kW	MΩ	sr	Gy
3	₩	¤	cc	cm	kg	μs	nA	MW	pF	Pa	Sv
4	F	°F	mm²	km	kt	ms	μA	Hz	nF	kPa	C/kg
5	′	‰	cm³	mm²	cal	pV	mA	kHz	μF	MPa	
6	″	€	m³	cm²	kcal	nV	kA	MHz	mol	GPa	
7	°C	μℓ	km³	m²	dB	μV	pW	GHz	cd	Wb	
8	Å	mℓ	fm	km²	m/s	mV	nW	THz	rad	lm	
9	¢	dℓ	nm	ha	m/s²	kV	μW	Ω	rad/s	lx	≪

④ ㅈ + 한자

1	0	9	ix	Ⅷ
2	1	i	x	Ⅸ
3	2	ii	Ⅰ	Ⅹ
4	3	iii	Ⅱ	
5	4	iv	Ⅲ	
6	5	v	Ⅳ	
7	6	vi	Ⅴ	
8	7	vii	Ⅵ	
9	8	viii	Ⅶ	≪

전문가의 노하우 ▶ **마우스 오른쪽 버튼의 활용**

파워포인트의 단축키를 일일이 기억하기 어렵다면 마우스 오른쪽 버튼만 제대로 활용해도 보고서 작성 시간을 단축할 수 있습니다. 아래 그림들은 각각 텍스트, 그래프, 도형에서 마우스 오른쪽 버튼을 클릭했을 때 나타나는 바로가기 메뉴입니다. 각각 주어진 상황에서 자주 사용하는 기능들이 바로가기 메뉴로 나타납니다.

텍스트의 경우

그래프의 경우

도형의 경우

작업 성격에 따라서 자주 사용하는 단축키는 외워 놓는 것이 좋습니다. 다음은 필자가 자주 사용하는 단축키입니다.

텍스트 관련 단축키	
Ctrl + Shift + >	글자 크게
Ctrl + Shift + <	글자 작게
Ctrl + B	글자 굵게
Ctrl + U	글자 밑줄
Ctrl + I	글자 기울임 효과

정렬 관련 단축키	
Ctrl + L	텍스트 왼쪽 정렬
Ctrl + E	텍스트 가운데 정렬
Ctrl + R	텍스트 오른쪽 정렬
Shift + F9	슬라이드 눈금 표시
Alt + F9	안내선 표시

개체 편집 관련 단축키	
Ctrl + A	개체 모두 선택
Ctrl + C	복사하기
Ctrl + V	붙여넣기
Ctrl + D	개체 복사
Ctrl + Shift + C	서식 복사
Ctrl + Shift + V	서식 붙여넣기

문서 관련 단축키	
Ctrl + S	저장하기
F12	다른 이름으로 저장
Ctrl + P	프린트하기
Ctrl + N	새 문서
Ctrl + O	슬라이드 열기
Ctrl + M	슬라이드 추가
Ctrl + Z	실행 취소
Ctrl + F	찾기(검색)
Ctrl + 마우스 스크롤	화면 배율 확대/축소

기본 보기 vs 여러 슬라이드 보기

다음은 필자의 파워포인트 작업 화면입니다.

파워포인트 위쪽에 있는 리본 메뉴를 없애고 대신 그 자리에 빠른 실행 도구 모음을 두었습니다. 이렇게 한 이유는 앞에서 설명했듯이 자주 사용하는 기능들을 빠른 실행 도구 모음에 배치하여 작업의 효율성을 높이기 위함입니다. 또한 리본 메뉴가 없으므로 작업 화면이 훨씬 넓습니다. 컨설턴트들은 일반적으로 이동이 많기 때문에 11~14인치의 노트북을 주로 사용합니다. 이런 크기의 노트북은 작업 화면이 작을 수밖에 없습니다. 그래서 작업 화면을 최대한 확보하기 위해 리본 메뉴를 없앴습니다.❶

작업 화면이 작을 경우 이상하게 오탈자도 잘 보이지 않습니다. 미세하게 도형 크기를 조절하거나, 이동하는 것도 쉽지 않습니다. 또한 선 두께의 차이를 잘 느끼지 못할 수도 있습니다. 이런 이유들로 작업 화면을 크게 할수록 보고서 작성의 효율성과 정확성이 증가합니다.

[보기] 탭 → [프레젠테이션 보기] 그룹을 보면 다양한 프레젠테이션 보기 옵션이 있습니다. 이 가운데

❶ 일반적으로 윈도우의 작업 표시줄도 모니터 아래쪽에 배치하기 마련이지만 예시 화면처럼 필자는 오른쪽에 배치하여 사용합니다. 이렇게 하면 파워포인트 작업 화면을 좀 더 넓게 활용할 수 있습니다.

가장 많이 사용하는 [기본], [여러 슬라이드]에 대해서 알아보겠습니다.

[기본]은 가운데 슬라이드 창이 있고, 왼쪽에 슬라이드 보기 창이 있습니다. 슬라이드 보기 창 오른쪽의 스크롤바로 마우스를 가져가 마우스 포인터가 양쪽 화살표로 나타나는 위치에서 좌우로 드래그하면 슬라이드를 작게 하거나 크게 하면서 한번에 볼 수 있는 슬라이드 수를 조절할 수 있습니다.

다음의 두 예시를 비교해 보면 이해에 도움이 될 것입니다.

또한 슬라이드 보기 창에서는 현재 슬라이드를 클릭하여 원하는 위치로 옮기거나 복사하는 등의 기본적인 편집을 할 수 있습니다. 방법은 아주 간단합니다. 슬라이드를 옮기려면 원하는 슬라이드를 클릭하여 원하는 위치로 드래그합니다. 또는 슬라이드를 클릭 후 Ctrl + X 를 누른 다음, 원하는 위치에서 Ctrl + V 를 누릅니다.

복사하고 싶다면 원하는 슬라이드를 클릭하고 Ctrl + C 를 누른 다음, 원하는 위치에서 Ctrl + V 를 누릅니다.

그러나 슬라이드가 20~30페이지 내외로 많지 않을 경우에는 이런 방식으로 편집하는 것이 가능하지만 수백 페이지에 달하는 보고서가 있다면 이렇게 편집하는 것은 비효율적입니다.

이 때 사용하는 보기 옵션이 [여러 슬라이드]이며 보고서를 편집할 때 가장 많이 사용합니다. [보기] 탭 → [프레젠테이션 보기] 그룹에서 [여러 슬라이드]를 클릭하면 다음 예시처럼 한번에 여러 슬라이드를 볼 수 있습니다.

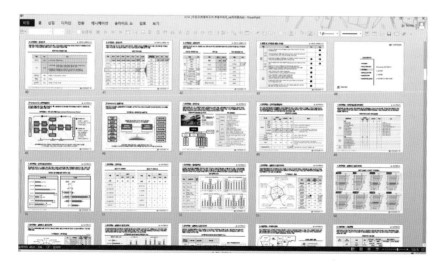

워드 프로그램은 페이지와 페이지 사이가 텍스트로 연결되는 형태가 기본입니다. 그러나 파워포인트는 슬라이드 단위별로 완결되는 형태입니다. 즉, 슬라이드 단위로 이동, 복사, 추가, 삭제하는 경우가 많습니다. 여러 슬라이드 보기에서 슬라이드의 이동, 복사, 추가, 삭제하는 방법 역시 일반적인 슬라이드 보기 창과 같습니다. 그래서 여러 슬라이드 보기는 편집할 때 굉장히 편리합니다. 또한 전체적인 슬라이드 상태도 개략적으로 확인할 수 있어 유용하게 활용됩니다.

여러 슬라이드 보기 활용하기

여러 슬라이드 보기에서 좀 더 많은 슬라이드를 보기 원하거나, 개별 슬라이드를 확대해서 보기 원할 때는 Ctrl 을 누른 상태에서 마우스 휠을 위나 아래로 돌리면 화면이 확대되거나 축소됩니다. 확대시키면 다음 예시처럼 개별 슬라이드는 확대되지만 화면상에서 한번에 보이는 슬라이드 수는 줄어듭니다.

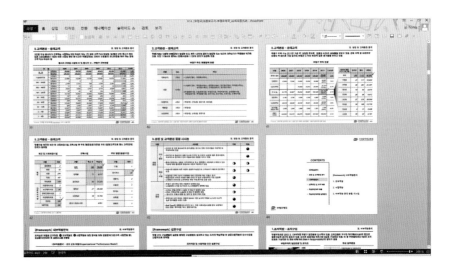

반대로 축소시키면 다음 예시처럼 개별 슬라이드는 축소되지만 화면상에서 한번에 보이는 슬라이드 수는 늘어납니다.

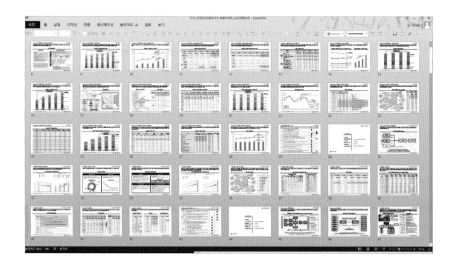

앞에서도 언급했듯이 여러 슬라이드 보기에서는 전체적인 슬라이드 상태를 빠르게 확인할 수 있을 뿐만 아니라 슬라이드의 이동, 복사, 추가, 삭제를 편리하게 수행할 수 있습니다. Ctrl을 누른 상태에서 원하는 슬라이드들을 클릭하면 연속된 슬라이드들이 아니더라도 선택할 수 있습니다. 예를 들어 11, 18, 20번 슬라이드를 삭제하고 싶다면 Ctrl을 누른 상태에서 해당 슬라이드들을 각각 클릭하여 선택한 뒤 삭제합니다. 선택된 슬라이드는 다음 예시처럼 테두리가 빨간색으로 변합니다.

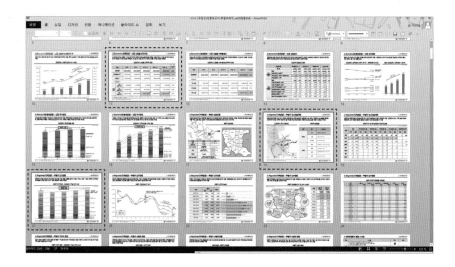

3번 슬라이드부터 50번 슬라이드까지 전부 삭제하고 싶다면 어떻게 해야 할까요? 하나씩 클릭하여 삭제하면 너무 비효율적입니다. 3번 슬라이드를 클릭한 후 Shift 를 누른 상태에서 50번 슬라이드를 클릭하면 3~50번 슬라이드가 모두 선택됩니다. 이 상태에서 Del 을 누르면 선택된 슬라이드를 한번에 삭제할 수 있습니다.

구역 설정하기

20~30페이지 내외의 보고서는 큰 문제가 없겠지만 수백 페이지의 보고서라면 여러 슬라이드 보기로도 관리하는 것이 쉽지 않습니다. 이때 구역 설정 기능을 이용하면 보고서 관리와 편집이 매우 유용합니다.

01 구역을 나누고 싶은 위치에서 마우스 오른쪽 버튼을 클릭합니다. 나타나는 바로가기 메뉴에서 [구역 추가]를 선택합니다.^❶

❶ 여기에서 위치는 슬라이드와 슬라이드 사이를 말합니다.

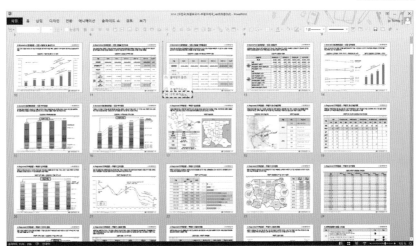

02 새롭게 나누어진 구역이 아래로 내려갑니다. 새롭게 나누어진 구역은 '제목 없는 구역'이란 이름이 자동으로 설정됩니다. 새로운 구역에서 마우스 오른쪽 버튼 클릭 후 [구역 이름 바꾸기]를 선택하면 구역 이름을 설정할 수 있습니다. 목차 번호별로 구역을 나누어 관리하면 나중에 편집할 때 굉장히 편리합니다.

03 구역 나누기를 한 곳에서 구역 이름 옆의 삼각형 아이콘 ▰을 클릭합니다. 아이콘의 모양이 바뀌면서 구역 이름만 남고 슬라이드들이 감춰집니다. 아이콘을 다시 한 번 클릭하면 슬라이드들이 나타납니다.

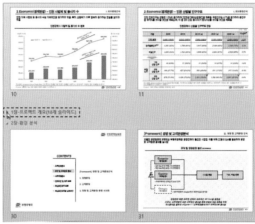

04 같은 방법으로 연결된 여러 장의 슬라이드를 구역별로 감추거나 필요한 구역만 열어서 편집할 수 있습니다.

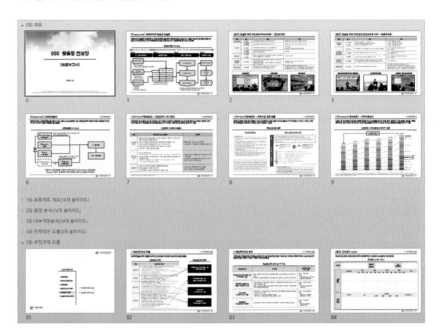

파워포인트를 사용하는 사람들에게 가장 많이 사용하는 단축키가 무엇이냐고 물어보면 대부분은 'Ctrl + C(복사하기)'와 'Ctrl + V(붙여넣기)'라고 대답합니다. 그만큼 자주 사용하는 중요한 기능입니다. 그런데 하나의 보고서에서 복사하기와 붙여넣기를 하면 별 문제가 없지만 다른 사람이 작성한 보고서의 내용을 복사해서 내가 작성한 보고서로 붙여넣기 하는 경우에는 이상한 현상이 나타날 수도 있습니다. 이때의 해결 방법에 대해서 살펴보겠습니다.

다음 예시를 보면 붙여넣기 한 표의 텍스트 위치, 글꼴, 글씨 크기 등이 원본 문서와 너무도 다른 모습입니다. 이런 경우라면 붙여넣기 한 표를 다시 편집해야 하는 상황입니다. 물론 표가 하나라면 간단하게 편집하면 되지만 내용이 많은 경우 편집하는 데 상당한 시간이 소요됩니다.

우선 이런 현상은 왜 일어나는 것일까요? 이유는 간단합니다. 두 파워포인트 보고서의 서식이 다르기 때문입니다. 여기에서 말하는 서식이란 보고서의 슬라이드 마스터를 말합니다. 쉽게 말해 두 보고서의 태생이 달라서 복사해서 붙여넣기를 했을 때 원본 서식이 그대로 유지되지 못하고 변형되는 것입니다.

원본 문서

다른 문서에 붙여넣기 한 모습

이런 경우에 간단히 조치할 수 있는 방법이 있습니다. 붙여넣기 한 직후에 해당 부분을 보면 🛱(Ctrl)▾ 표시가 나타납니다. 여기에 마우스 포인터를 올려놓으면 [붙여넣기 옵션]이 열립니다. [원본 서식 유지]를 선택하면 복사한 보고서의 원본 서식 그대로 붙여넣기를 할 수 있습니다. 다만 필자가 여러 상황에서 시험해 본 결과 모든 내용이 그대로 복사되지 않는 경우도 많았습니다. 급한 경우에 사용할 수 있는 옵션이긴 하지만 100% 그대로 복사되지 않는 경우도 발생한다는 점을 염두에 두어야 합니다. 가장 좋은 방법은 보고서를 작성하기 전에 슬라이드 마스터를 통일하는 것입니다. ❶

❗ 슬라이드 마스터에 관한 좀 더 자세한 내용은 PART 03의 [VISUAL UP 01 보고서 레이아웃]에서 설명하겠습니다.

파워포인트에서는 개체나 텍스트를 정확한 위치에 놓기 위해서 눈금과 안내선을 사용할 수 있습니다. 일반적으로 파워포인트 초급 사용자들은 이를 제대로 사용하지 않아서 문서가 통일성이 없고 조잡한 경우가 많습니다.

보고서는 논리적 일관성이 굉장히 중요합니다. 이와 더불어 비주얼적 일관성도 중요합니다. 여기서 말하는 비주얼적 일관성이란 보고서의 구조적인 일관성을 의미합니다. 각 슬라이드의 좌우 여백, 제목의 높이, 표의 위치 등에 대한 일관성 있는 기준을 정하여 그에 맞춘다면 훨씬 더 구조적으로 보입니다.

[눈금 및 안내선] 대화상자를 활용하여 비주얼적으로 일관성 있는 보고서를 만드는 방법에 대해서 알아보겠습니다.

화면에 눈금 표시하기

[보기] 탭 → [표시] 그룹에서 대화상자 표시 아이콘을 클릭하면 [눈금 및 안내선] 대화상자가 열립니다. 대화상자에서 [화면에 눈금 표시]에 체크 표시하면 격자무늬 눈금이 화면에 나타납니다. 이 눈금은 인쇄할 때는 표시되지 않는 가상의 선입니다. 이를 기준삼아 목차 높이, 각종 그래프, 그림 등의 위치를 통일성 있게 맞출 수 있습니다. 또한 대화상자의 [눈금 설정]에서 [간격]을 조절하여 다음과 같이 화면에 눈금 표시 간격을 설정할 수도 있습니다.

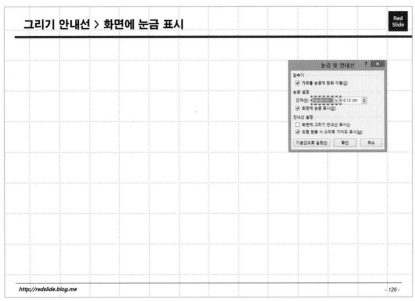

[8눈금/cm]로 설정한 화면

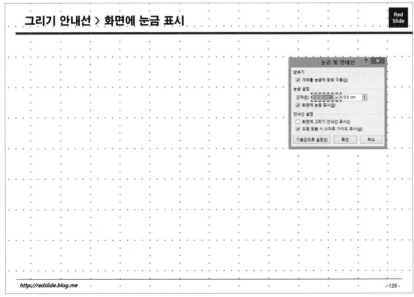

[2눈금/cm]로 설정한 화면

화면에 그리기 안내선 표시하기

[눈금 및 안내선] 대화 상자에서 [화면에 눈금 표시]
와 유사한 기능으로 [화면에 그리기 안내선 표시]가
있습니다. 체크 표시하면 가상의 선이 그려지는 것
은 같지만 [화면에 그리기 안내선 표시]는 작성자가
편리하게 그리기 안내선의 위치를 마음대로 조절할
수 있습니다.

파워포인트 보고서를 작성하거나 편집할 때는 눈금보다 이 기능을 더 많이 사용합
니다. 수많은 보고서를 작성해야 하므로 대략적인 목차, 그림, 표 등의 위치와 높
이 등의 가상의 안내선을 설정하고 높이를 맞추면 보고서가 훨씬 구조적으로 보입
니다. 간단한 기능이지만 굉장히 유용합니다.

다음 예시처럼 다수의 그래프, 표, 그림 등을 여러 장에 걸쳐서 비교하거나 나열하
여 보여주고자 할 때 이런 가상의 선이 없다면 눈으로 보고 맞추기가 무척 어려울
것입니다.

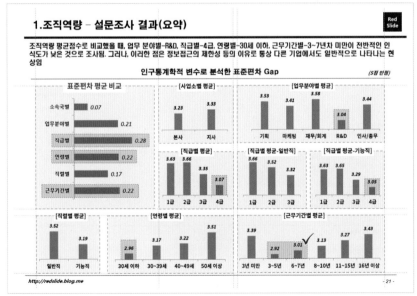

그리기 안내선을 이용해 여러 그래프를 정렬한 보고서

앞에서 언급한 대로 위치를 옮기고 싶은 그리기 안내선을 드래그하면 위치를 바꿀 수 있습니다. 세로선은 좌우로, 가로선은 상하로 움직입니다. 안내선을 추가하고 싶다면 Ctrl을 누른 상태에서 안내선을 드래그합니다. 그리기 안내선이 너무 많아서 복잡할 때 삭제하는 방법은 의외로 간단합니다. 삭제하고 싶은 안내선을 드래그하여 다른 안내선 위에 포개면 하나로 합쳐집니다.

그리기 안내선은 이름 그대로 안내선의 역할을 합니다. 가상의 선이므로 이 상태로 출력해도 눈금과 마찬가지로 출력물에는 나타나지 않습니다.

논리적이고
비주얼을 갖춘
보고서 구성을 위한
VISUAL UP

'보고서 내용이 중요하지 겉모습이 중요한가?'란 질문에 대해서 어떻게 생각하세요?
필자는 '보고서의 내용이 더 중요하고, 보고서의 겉모습은 덜 중요하다' 같이 이분법적인 접
근은 잘못되었다고 생각합니다. '보고서의 내용은 우수해야 하고, 그 우수한 내용을 효과적
으로 전달하기 위해 보고서의 시각적인 측면도 중요하다'고 말하고 싶습니다. PART 03에
서는 PART 02에서 배운 파워포인트 스킬을 바탕으로 컨설턴트처럼 논리적이며 비주얼적
으로 뛰어난 보고서를 구현할 수 있는 스킬을 배워 보겠습니다.

보고서 레이아웃

'보고서 내용이 중요하지 겉모습이 중요한가?'

필자는 이런 질문을 많이 받습니다. 물론 보고서에 있어서 내용이 가장 중요하다는 점에 대해서는 반론의 여지가 없습니다. 그러나 보고서의 겉모습, 즉 비주얼적 측면이 중요하다는 점에 대해서는 비판하는 사람이 많습니다. 파워포인트의 애니메이션 효과 등에 가려져 정작 중요한 내용은 드러나지 않는다는 것입니다.

파워포인트는 논리적이고 구조화된 설명을 위해 최적화된 프로그램입니다. 파워포인트 보고서의 잘 꾸며진 겉모습은 그 내용을 효과적으로 전달할 수 있는 좋은 수단입니다. 즉, 겉모습과 내용이 유기적으로 연결되어 시너지 효과를 낼 수 있도록 보고서를 작성하는 것이 파워포인트를 제대로 활용하는 것입니다. 그리고 이것은 보고서 레이아웃을 어떻게 구성하는지부터 시작됩니다.

보고서 레이아웃이란 전체적으로 일관성 있는 보고서를 완성하기 위해서 서체나 컬러, 도형 등에 대한 문서 내에서의 표준을 만드는 것입니다. 회사에서 사용하는 표준 문서 양식이 있다면 그것이 바로 레이아웃입니다.

파워포인트에서 보고서 레이아웃을 결정하는 가장 중요한 요소는 슬라이드 마스터입니다. 여러 사람이 협업하는 경우에 슬라이드 마스터를 통일하지 않으면 나중에 보고서를 통합할 때 서로의 보고서 양식이 달라서 굉장히 곤란한 상황이 발생합니다. 여기서는 슬라이드 마스터에 대해 자세히 알아보겠습니다.

SECTION 01 슬라이드 마스터란?

앞에서 언급한 대로 보고서는 다수의 팀원이 협업을 통해 작성하는 경우가 많습니다. 그런데 만약 팀원들이 각자의 취향대로 보고서를 작성한다면 작성 완료 후에 레이아웃을 맞춰 통합하는 작업을 다시 해야 합니다. 파워포인트의 '슬라이드 마스터' 기능은 미리 보고서 레이아웃을 만들고 통일하는 데 매우 유용하므로 다수의 인원이 보고서를 작성하여 통합하는 작업을 할 때 필수적입니다.

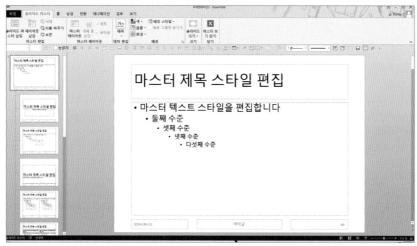

슬라이드 마스터 작성 및 편집 화면

다음 예시에서 왼쪽과 오른쪽 보고서는 슬라이드 마스터가 서로 다릅니다. 오른쪽 보고서의 한 부분을 복사해서 왼쪽 보고서에 붙여 넣어 보겠습니다.

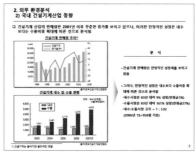

2. 외부 환경분석
2) 국내 건설기계산업 동향

❑ 건설기계 산업의 판매량은 2001년 이후 꾸준한 증가를 보이고 있으나, 이러한 안정적인 성장은 내수
보다는 수출비중 확대에 따른 것으로 분석됨

건설기계 판매량 추이[1]

건설기계 내수 및 수출 현황

1) 건설기계는 굴삭기와 불도저만 포함   (출처:한국건설기계공업협회)

분 석

• 건설기계 판매량은 안정적인 성장세를 보이고
있음

• 그러나, 안정적인 성장은 내수보다 수출비중 확
대에 따른 것으로 분석됨
-내수시장은 03년 대비 9% 성장(연평균3%)
-수출시장은 03년 대비 161% 성장(연평균27%)
-내수:수출시장 규모 = 1 : 3.02
(2006년 1$=950원 기준)

2

복사할 원본

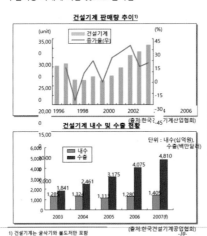

슬라이드 마스터가 다른 보고서에 붙여 넣은 결과

보이는 것처럼 글꼴, 줄/단락 간격 및 슬라이드 여백 등이 변하면서 보고서가 엉망이 되었습니다. 우선 글꼴이 변하니까 문장의 길이도 변하고 줄 맞춤에도 변형이 일어났습니다. 또한 보고서 여백의 차이로 인해서 그래프도 칸 밖으로 밀려났습니다. 그래도 이 정도는 양호한 수준입니다. 원본의 형태를 알아보기 힘들 정도로 보고서의 변형이 일어나는 경우도 많습니다. 몇 장 정도라면 재편집을 하면 되지만 수십에서 수백 장이나 되는 보고서를 재편집한다는 것은 생각만 해도 끔찍한 일입니다.

이쯤 되면 슬라이드 마스터를 반드시 익혀야 할 이유는 충분하지 않나요?

원고지를 사용해 본 적이 있나요? 필자는 초등학교 시절 방학 숙제로 독후 감상문을 쓰고, 각종 글짓기를 할 때 원고지를 사용했던 기억이 있습니다.

한 줄에 20칸 씩 10줄로 되어 있던 원고지는 총 200자가 들어가도록 칸이 그려져 있습니다. 이 칸 안에 글을 쓰는 것입니다. 원고지를 사용하는 누구나 동일한 크기의 칸에 글을 쓸 수 있도록 배경에 빨간색 칸이 그려져 있습니다.

파워포인트에서 레이아웃이란 원고지의 빨간색 칸과 같습니다. 보고서 작성을 위한 기본적인 틀인 레이아웃을 만들면 다른 페이지에서도 동일한 보고서를 작성할 수 있습니다.

슬라이드 마스터를 만들기 전에 우선 파워포인트로 작성하는 보고서의 일반적인 구조에 대해서 알아보겠습니다. 어떤 보고서든 첫 장은 보고서의 얼굴이라고 할 수 있는 표지가 있습니다. 그 다음으로 가장 많은 페이지를 차지하고 있는 본문이 있고, 중간 중간에 목차가 들어간 간지가 있습니다.

표지

간지

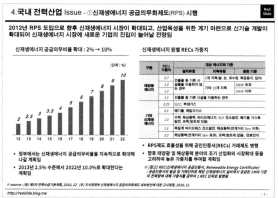

본문 1

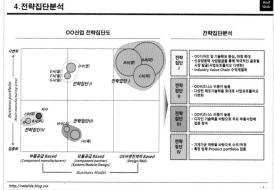

본문 2

표지와 간지, 그리고 본문으로 사용할 슬라이드 마스터를 만들어 보겠습니다.

01 파워포인트를 열면 새 슬라이드가 나타납니다. 먼저 슬라이드의 크기를 결정해야 합니다. [디자인] 탭 → [사용자 지정] 그룹에서 [슬라이드 크기 ▼]를 클릭하고 [사용자 지정 슬라이드 크기]를 선택합니다. 나타나는 [슬라이드 크기] 대화 상자에서 슬라이드 크기를 조절할 수 있습니다.❶ 보통의 경우 보고서용 슬라이드의 크기는 [A4 용지]로 설정하는 것이 적정합니다.

❶ 파워포인트 2013 슬라이드의 크기는 [와이드스크린]이 기본 설정입니다.

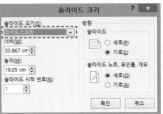

와이드스크린

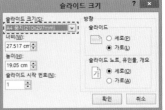

A4 용지(210×297mm)

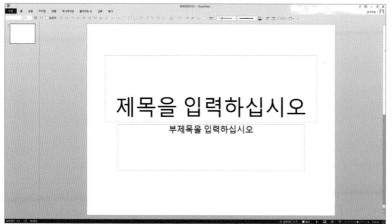

화면 슬라이드 쇼(4:3)

02 [보기] 탭 → [마스터 보기] 그룹에서 [슬라이드 마스터]를 클릭합니다. 슬라이드 마스터를 만들고 편집할 수 있는 화면이 열립니다. 본문 슬라이드를 보면 '마스터 제목 스타일 편집' 등의 텍스트 상자들이 보이고 왼쪽의 슬라이드 보기 창에는 다양한 슬라이드가 보입니다.

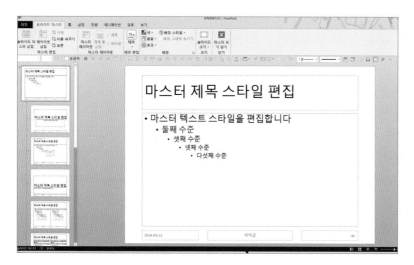

03 먼저 슬라이드 보기 창을 설명하겠습니다. 최상단에 가장 큰 슬라이드가 보이고 그 아래로 슬라이드들이 점선으로 연결되어 있습니다.

가장 큰 슬라이드 **①**은 모든 레이아웃을 한번에 수정할 수 있는 슬라이드 마스터입니다. **①**에서 배경색, 폰트, 글자 크기 등을 변경하면 하위에 종속된 모든 슬라이드 마스터의 레이아웃이 동시에 수정됩니다. 즉 슬라이드 **①**은 마스터 중의 마스터라고 할 수 있습니다.

슬라이드 보기 창에서는 **①**에 종속되어 있는 슬라이드들의 페이지 수정, 추가 혹은 삭제를 할 수 있습니다.**❶**

❶ 단, 슬라이드 **①**은 삭제되지 않습니다. 그 하위에 있는 슬라이드들만 추가 혹은 삭제가 가능합니다.

04 **⑤** 아래에도 여러 장의 슬라이드 마스터가 있지만 슬라이드 **①**, **②**, **③**만 남기고 나머지 슬라이드는 삭제합니다. 앞에서 언급한 것처럼 슬라이드 **①**은 실제 슬라이드가 아니고 **②**, **③**에 공통 적용을 위한 슬라이드 마스터입니다. 그러므로 보고서의 표지와 간지, 본문 슬라이드 마스터를 만들기 위해서 슬라이드 **②**, **③**만 남기고 나머지는 삭제한 것입니다.

05 표지와 간지로 사용할 슬라이드 마스터를 만들어 보겠습니다. 필자는 표지와 간지로 사용할 슬라이드 마스터는 아무것도 없는 백지 상태를 선호합니다. 필요한 경우 고객사의 로고나 관련 제품의 사진 등을 넣을 수 있기 때문입니다.

슬라이드 **②**를 흰색 바탕에 아무것도 없는 표지와 간지 슬라이드 마스터로 만들기 위해서 슬라이드 내에 있는 '마스터 제목 스타일 편집', '마스터 부제목 스타일 편집', '날짜', '바닥글' 등 가이드라인 전체를 삭제합니다.

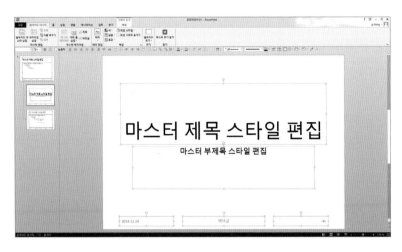

06 본문 슬라이드 마스터를 만들기 위해서 슬라이드 ❸을 선택합니다. 이 슬라이드에 표시된 텍스트 상자는 실제로 텍스트가 입력된 것이 아니라 일종의 가이드 라인입니다. 즉, 본문의 텍스트 상자에서 기본적으로 사용할 글꼴, 글씨 크기, 위치 등을 설정하는 것입니다.

'마스터 제목 스타일 편집'이라고 되어 있는 텍스트 상자를 클릭하여 글꼴은 [HY견고딕], 글꼴 크기는 18pt로 설정합니다. 그 후 '마스터 텍스트 스타일을 편집합니다'라고 되어 있는 텍스트 상자를 클릭하여 글꼴은 [HY견고딕], 글꼴 크기는 16pt로 설정합니다.

'마스터 제목 스타일 편집'과 '마스터 텍스트 스타일을 편집합니다' 사이에 제목을 구분하는 두께 3.5pt의 선을 하나 만들고, 하단에도 두께 1pt의 선을 하나 만들어 본문의 형태를 갖춥니다.

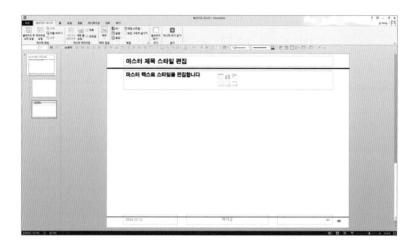

07 새롭게 만든 슬라이드 마스터의 이름을 변경합니다. 슬라이드 ❷에서 마우스 오른쪽 버튼을 클릭하고 [레이아웃 이름 바꾸기]를 선택합니다. [레이아웃 이름]의 입력란에 '표지 및 간지'라고 입력합니다. 같은 방법으로 슬라이드 ❸의 이름을 '본문'이라고 입력합니다.

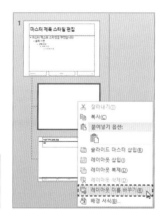

08 슬라이드 마스터 편집 화면을 닫기 위해 [슬라이드 마스터] 탭 → [닫기] 그룹에서 [마스터 보기 닫기]를 클릭합니다. 기본 화면으로 전환됩니다.

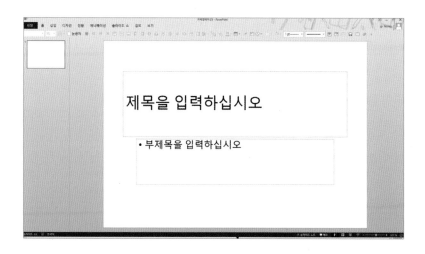

09 이제 보고서에 필요한 슬라이드 마스터를 적용하겠습니다. 슬라이드 보기 창의 1페이지에서 마우스 오른쪽 버튼을 클릭하고 나타나는 바로가기 메뉴에서 [레이아웃]을 선택하면 앞에서 만든 두 가지 슬라이드 마스터가 보입니다. 여기에서 [표지 및 간지]를 선택합니다. 그러면 좀 전에 만든 [표지 및 간지] 슬라이드 마스터가 적용됩니다. 즉, 슬라이드에는 아무것도 없는 백지가 나타납니다.

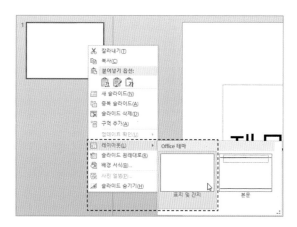

10 2~4페이지에 본문 슬라이드를 만들어 보겠습니다. 슬라이드 보기 창의 1페이지 아래에서 마우스 오른쪽 버튼을 클릭하고 [새 슬라이드]를 선택합니다. 앞에서 만들어 놓은 본문 슬라이드 마스터가 적용된 새 슬라이드가 나타납니다.

❗ 슬라이드 마스터가 두 가지밖에 없으므로 새 슬라이드에 본문 슬라이드 마스터가 바로 적용됩니다. 만약 여러 종류의 슬라이드 마스터가 있다면 새 슬라이드를 생성했을 때, 원하지 않는 슬라이드 마스터가 적용될 수 있습니다. 그런 경우 **11**의 방법으로 슬라이드 마스터를 변경시킵니다.

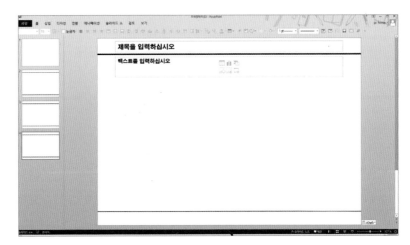

11 만약 본문 슬라이드 중간에 있는 3페이지에 간지를 넣고 싶다면 슬라이드 보기 창의 3페이지에서 마우스 오른쪽 버튼을 클릭합니다. 나타나는 바로가기 메뉴에서 [레이아웃] → [표지 및 간지]를 선택하면 본문으로 설정되어 있는 슬라이드 마스터가 표지 및 간지 슬라이드 마스터로 변경됩니다.

여기까지가 보고서용 슬라이드 마스터 만들기의 90%에 해당하는 과정입니다.

❗ 이렇게 만들어진 새 슬라이드의 '제목을 입력하십시오', '텍스트를 입력하십시오'는 실제 보고서로 출력을 하거나 프레젠테이션을 위한 슬라이드 쇼에서는 나타나지 않습니다. 즉, 작성자 편의를 위한 텍스트 가이드라인이므로 일일이 지정하여 삭제하지 않아도 괜찮습니다.

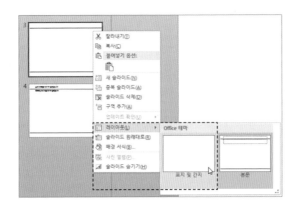

앞에서 보고서용 슬라이드 마스터 만들기의 90%에 해당하는 과정을 설명했습니다. 그 다음은 보고서에 페이지 번호나 CI 등을 넣는 것이 마지막으로 해야 할 나머지 10%의 작업입니다. 우선 앞에서 만든 본문 슬라이드 마스터를 기준으로 설명하겠습니다. 슬라이드 ❸의 하단을 보면 '2015-04-06', '바닥글', '〈#〉'의 세 가지 텍스트 마스터가 있습니다.

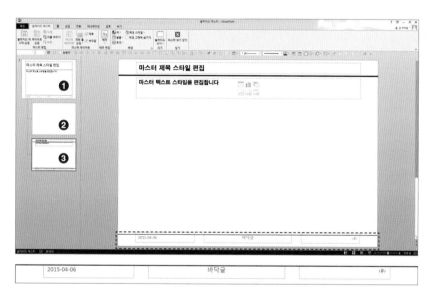

2015-04-06	바닥글	〈#〉

가장 왼쪽에 있는 것은 보고서 작성 시점의 '날짜' 텍스트 마스터입니다. '바닥글'은 모든 슬라이드에 공통적으로 넣고 싶은 텍스트를 입력할 수 있는 텍스트 마스터입니다. 마지막으로 '〈#〉'은 페이지 번호를 나타내는 기호입니다.

페이지 번호 넣기 ① : 간편하게 넣는 방법

상대적으로 쉬운 방법입니다. 간단하게 몇 페이지 정도 만드는 보고서에는 이 방법을 사용해도 무방합니다.

01 [삽입] 탭 → [머리글/바닥글]을 클릭하면 [머리글/바닥글] 대화상자가 나타납니다. [날짜 및 시간], [바닥글], [슬라이드 번호] 등에 체크 표시한 후 쉽게 원하는 내용을 입력할 수 있습니다.

02 [슬라이드 번호]와 [바닥글]에 체크 표시합니다. [바닥글]의 입력란에 본문에 공통적으로 들어갈 텍스트를 입력합니다.❶

❶ 일반적으로 저작권 관련 텍스트를 입력합니다.

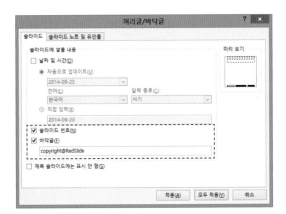

03 본문 슬라이드의 하단을 보면 바닥글로 입력한 텍스트와 페이지 번호가 들어간 것을 확인할 수 있습니다.

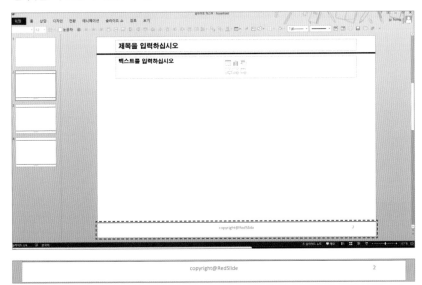

다만, 이 방법은 쉽게 사용할 수 있으나 일반적인 보고서를 작성할 때는 추천하지 않습니다.

본문 슬라이드에서 바닥글과 페이지 번호를 클릭해 보면 텍스트 상자가 클릭됩니다. 텍스트 상자가 클릭된다는 것은 바닥글과 페이지 번호의 이동/편집이 가능하다는 것입니다. 즉, 이 방법을 사용하면 보고서를 여러 사람이 협업으로 작성할 경우에 실수로 바닥글과 페이지 번호가 삭제되거나 그 위치가 옮겨질 수도 있습니다. 나중에 보고서를 통합했을 때 바닥글, 페이지 번호 등은 모든 페이지의 같은 위치에 같은 서식으로 들어가는 것이 기본인데, 이처럼 페이지별로 위치가 다르거나 서식이 다르면 보고서의 통일성이 약해져서 완성도가 낮아집니다. 그래서 수십~수백 장의 보고서를 작성할 경우 이 방법은 추천하지 않습니다.

페이지 번호 넣기 ② : 조금 복잡하지만 추천하는 방법

슬라이드 마스터의 처음 화면에서 다시 시작하겠습니다. 본문 슬라이드 마스터에 그려 놓은 제목과 헤드라인 사이에 있는 선은 마스터를 적용한 모든 슬라이드에서 그대로 나타납니다.

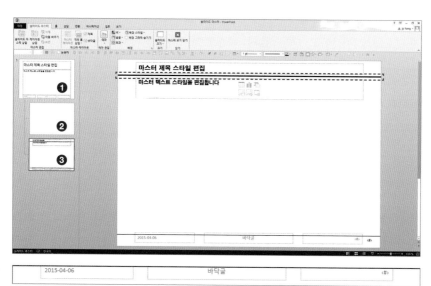

이 선은 본문 슬라이드에서는 지울 수 없습니다. 즉, 슬라이드 마스터에서만 편집이 가능합니다. 이런 점을 활용하면 바닥글이나 페이지 번호도 본문 슬라이드에서 지워지지 않도록 새겨 넣을 수 있습니다.

그 방법은 슬라이드 마스터에서 기본적으로 제공되는 '날짜', '바닥글', '페이지 번호' 텍스트 마스터를 활용하지 않고 새로 텍스트 상자를 만들어서 관련 내용을 입력하는 것입니다.

다음 예시처럼 텍스트 상자를 만들어서 저작권 관련 내용을 입력하고 왼쪽 끝에 배치합니다. 페이지 번호는 슬라이드 마스터에 원래 있던 텍스트 마스터의 〈#〉를 복사해서 새롭게 만든 텍스트 상자에 붙여넣기를 합니다. 그리고 오른쪽 끝에 배치합니다.

2014-12-24 copyright@RedSlide	바닥글	〈#〉 〈#〉

copyright@RedSlide		〈#〉

이때 두 예시의 차이점이 보이시나요? 하나는 기존에 있던 슬라이드 마스터의 텍스트 마스터들을 그대로 두고 새롭게 텍스트 상자를 만들어서 저작권 표시나 페이지 번호를 넣은 것이고, 다른 하나는 텍스트 마스터들을 삭제한 것입니다.

결론적으로 두 가지 경우 모두 본문 슬라이드에서는 동일하게 표현됩니다. 즉, 슬라이드 마스터의 텍스트 마스터들은 복잡해 보인다면 삭제해도 좋고 삭제하지 않아도 괜찮습니다.

모두 완료한 후 [슬라이드 마스터] 탭 → [닫기] 그룹에서 [마스터 보기 닫기]를 클릭합니다. 이런 과정을 거쳐서 만든 슬라이드 마스터를 적용한 다음 예시를 보면 **페이지 번호 넣기** ①처럼 저작권 표시와 페이지 번호가 2~4페이지에 똑같이 적용되어 나타납니다. 다만, **페이지 번호 넣기** ①과 다른 점은 본문 슬라이드의 저작권 표시와 페이지 번호를 슬라이드 마스터를 통하지 않고서는 수정하거나 위치를 옮길 수 없다는 것입니다.

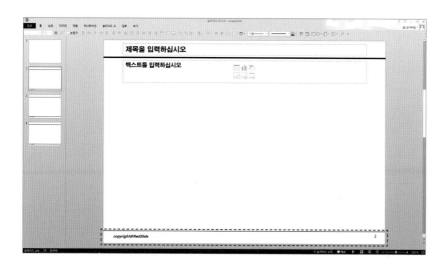

슬라이드 마스터의 중요성

어떻습니까? 어려운가요? 파워포인트는 어려운 것 같으면서도 쉽고, 쉬운 것 같으면서도 어려운 점이 있습니다. 원리를 알면 참 쉽게 응용하여 다양한 옵션을 활용할 수 있지만 그 원리를 제대로 이해하지 못하면 어렵고 헷갈립니다.

처음 배울 때는 어렵지만 슬라이드 마스터는 파워포인트로 작성하는 보고서의 레이아웃을 통일시키는 매우 중요한 필수 기능입니다. 수백 장의 슬라이드를 여러 사람이 동시에 작업하게 되더라도 슬라이드 마스터를 공유해야 나중에 문서를 통합했을 때 제목과 헤드라인 메시지를 다시 맞춰야하는 수고스러움이 없습니다. 제목의 크기, 글꼴, 위치 등을 수정할 때에도 슬라이드 마스터에서 한 번만 수정하면 모든 문서에 똑같이 적용됩니다. 결국 보고서 전체의 완성도와 작업 효율성에 직결되는 기능이므로 반드시 익혀두고 능숙하게 사용할 수 있어야 합니다.

바닥글, 페이지 번호의 크기나 색을 바꾸는 방법

파워포인트에서 바닥글, 페이지 번호의 기본 설정은 글꼴 크기는 12pt, 색은 회색으로 되어 있습니다. 이 두 가지가 좀 더 잘 보이도록 글꼴 크기나 색을 바꿀 수 있습니다.

[보기] 탭 → [마스터 보기] 그룹에서 [슬라이드 마스터]를 클릭합니다. 본문 슬라이드 마스터에서 바닥글과 페이지 번호를 클릭하여 글꼴 및 글꼴 크기, 색 등을 변경하면 본문 슬라이드 마스터를 적용한 모든 슬라이드의 바닥글과 페이지 번호에 해당 서식이 적용됩니다. 만약 본문 슬라이드 마스터가 여러 장 있다면 해당 슬라이드 마스터를 모두 변경해야 적용됩니다.

하나의 슬라이드에 페이지 번호가 두 개씩 들어가 있는 경우

앞에서 제시한 내용들을 따라하다 보면 다음 예시처럼 본문 슬라이드에 바닥글도 표시되고, 페이지 번호도 두 개씩 들어가는 경우가 있습니다.

copyright@RedSlide	바닥글	4 **4**

이것은 **페이지 번호 넣기 ①**과 **페이지 번호 넣기 ②**의 두 가지 방법을 동시에 적용했기 때문입니다. 즉, 슬라이드 마스터에서 새로운 텍스트 상자를 만들어 바닥글과 페이지 번호를 넣은 상태에서 [머리글/바닥글] 대화상자의 [슬라이드 번호]와 [바닥글]에 체크 표시도 한 것입니다. 이 체크 표시를 해제하면 해결할 수 있습니다.

VISUAL UP 02

표를 활용한
보고서의 비주얼

보고서에서 표를 활용하면 많은 양의 데이터나 텍스트를 정리할 때 편리합니다. 파워포인트 보고서에서 표의 편집은 기본적으로 텍스트 상자, 도형, 선 등과 관련된 옵션을 활용해야 합니다. 즉, 앞에서 학습한 내용들의 종합이라고 할 수 있습니다. 잘 활용하면 쉽고 간단하게 많은 내용을 요약 및 정리할 수 있고 다양한 개체를 응용하는 방법도 익힐 수 있으므로 주의 깊게 배워 봅시다.

파워포인트 표의 기본

'표' 하면 생각나는 대표적인 프로그램이 하나 있습니다. 바로 엑셀입니다. 엑셀에서는 각종 데이터를 입력하여 사칙연산을 비롯해 다양한 함수식까지 간편하게 계산할 수 있습니다. 엑셀의 화면은 여러 개의 셀로 구성되어 있고 여기에 데이터를 입력하는 것이 기본 방식입니다. 파워포인트에서 표란 바로 이 엑셀의 셀과 같은 것을 만든다고 생각할 수 있습니다.

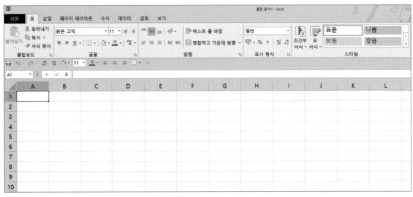

엑셀의 기본 화면

보고서에서 사용하는 대표적인 표 패턴

표를 만들기 위해서는 먼저 몇 개의 열과 행이 필요한지 계산해야 합니다. 열은 세로줄, 행은 가로줄입니다.

파워포인트에서는 표를 만드는 데 필요한 열과 행의 수를 직관적으로 보여줍니다. [삽입] 탭 → [표]를 클릭하면 열과 행의 수를 직접 보면서 설정할 수 있습니다. 마우스를 드래그하여 필요한 수 만큼 열과 행을 지정하면 표가 생성됩니다.

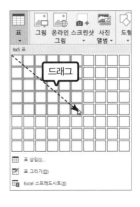

다음 예시는 5행 5열의 기본 표입니다. 이렇게 만들어진 기본 양식의 표는 세련미가 떨어져 보이므로 좀 더 세련되게 표를 꾸미는 것이 필요합니다.❶ 이에 참고할수 있도록 필자가 사용하는 대표적인 표 패턴에 대해서 소개하겠습니다.

❶ 파워포인트에서 기본 설정되어 있는 표 패턴으로 색상이 자동 지정되어 표가 만들어집니다.

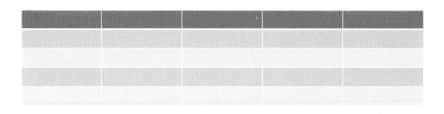

표 안의 글씨 크기는 10~14pt, 선 두께는 0.5pt로 설정합니다. 표의 양쪽 테두리선은 없는 것이 훨씬 시원하고 깔끔해 보입니다. '구분' 열과 행은 다른 색으로 본문 내용과 차별화시킵니다. 또한, 표의 가장 위와 아래 선은 조금 두껍게 하면 보는 사람의 시선을 표 안의 내용으로 집중시키는 효과가 있습니다.

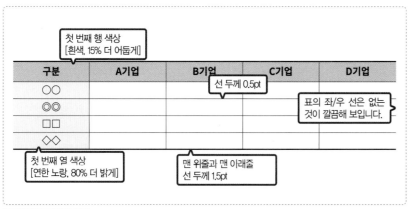

대표적인 표 패턴의 설정

SECTION 02 대표적인 표 편집 기능

표 안의 텍스트 맞춤과 여백 조절

표를 구성하는 셀 안의 텍스트 위치는 [표 도구] → [레이아웃] 탭 → [맞춤] 그룹에서 조절할 수 있습니다.

[맞춤] 그룹에는 셀 안에서 가로 방향인 좌우 맞춤과 세로 방향인 높이 맞춤이 있습니다. 또한 셀 안에서 텍스트와 셀 사이의 간격, 즉 여백을 조절하는 [셀 여백]도 있습니다.

[맞춤] 그룹 → [셀 여백▼]을 클릭합니다. [보통], [없음], [좁게], [넓게], [사용자 지정 여백]을 선택해서 왼쪽/오른쪽 여백, 위쪽/아래쪽 여백을 조절할 수 있습니다.

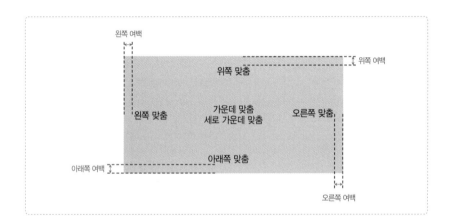

또는 여백을 조절하고 싶은 표 혹은 셀에서 마우스 오른쪽 버튼을 클릭한 후 [도형 서식] → [크기 및 속성] 선택 → [텍스트 상자]에서도 여백을 조절할 수 있습니다. 왼쪽/오른쪽 기본 여백은 각각 0.25cm, 위쪽/아래쪽 여백은 각각 0.13cm로 설정되어 있습니다. 이를 조절해서 여백을 더 좁히거나 넓힐 수 있습니다.

보고서에서
가장 많이 사용하는 방식

- '구분' 행과 열에 있는 텍스트는 기본적으로 가운데 맞춤과 세로 가운데 맞춤을 동시에 적용했습니다.
- 표 본문 내용에는 글머리 기호를 사용했고 세부적인 내용을 기술했습니다. 그 후 셀별로 텍스트 길이가 달라서 왼쪽 맞춤과 위쪽 맞춤을 동시에 적용했습니다.
- 셀 안의 여백은 기본 여백을 그대로 사용했습니다.

실행과제 >> ④기업 이미지 제고 – 3.2) 전략적 홍보 강화

Red Slide

구분	연도별 추진과제			
	1년차	2년차	3년차	4년차
홍보 전략	• 홍보전략 수립 -기업 아이덴티티 정립 -홍보 타깃 선정(고객 Segmentation) -종합 홍보계획 수립 / 고객별 홍보채널 선정 / 통합 홍보브랜드 개발	• 홍보전략 Rolling -기업 홍보 및 본격적인 사업홍보 계획 수립	• 통합마케팅(IMC) 추진 전략 수립 -홍보전략을 넘어 마케팅 전략과 전략적 홍보추진을 위한 계획 수립 -기업홍보 및 사업홍보 적극 추진	(~계속)
홍보 프로 그램	• 기업 홍보 프로그램 기획 • 3대 홍보방향 설정 및 홍보추진 -고객소통 (설명회, 워크숍, 온라인 소통마당) -기획홍보 (기획방송, 뉴스레터, 연수프로그램 언론/잡지 및 전문지 기고) -행사기획 (이벤트 및 00대회, 00체험 등)	• 홍보프로그램 다양화 -고객 Segmentation분석에 따른 홍보프로그램 다양화 (※공감유도 프로그램 개발) • 오피니언 리더 초청 기업 및 사업홍보 -신문기자, 기업 주요 이해관계자 능 • 사업홍보 준비 및 추진 -통합 홍보브랜드 활용 홍보 추진 / 00 홍보 추진 등 • 000 체험교육 프로그램 기획	• 홍보범위 및 경로확장 -(본격적인)사업홍보 추진 -광고 확대, PR프로그램 개발 -IMC전략에 입각한 홍보프로그램 개발 • 홍보 프로그램 확대 ※참여유도 (체험형)프로그램 개발 • 홍보채널 확대 • 00체험 프로그램 확대	(~계속)
홍보 추진 체계 및 인프라	• 홍보조직 구성 및 운영방안 수립 -홍보조직 구성 및 실행 staff확보 -홍보재원 마련/배분 • 유관부처 및 이해관계자 홍보협력체계 구축 • 홍보인력 역량강화 -홍보 및 마케팅 관련 교육	• 홍보채널 구축 -온라인, TV, 주요일간지, 신문, 잡지 등 -디지털 홍보 채널 확보(모바일서비스 등) • 000 전문교육센터 설립계획수립 • 외부제휴를 통한 홍보전문인력 pool구축 • 내부 구성원 교육 -홍보 담당자 전문교육 확대 -홍보 마인드 함양 및 참여유도를 위한 직원 대상 교육훈련 확대 • 홍보활동 및 홍보효과 평가체계 마련 -참가자 반응조사/실행단계별 평가 (보도현황분석, 인식조사, 설문조사 등)	• 이해관계자홍보협력체계확대 -산업계(기업체), 학계 등 협력 네트워크 확대 • 홍보채널 확대(모바일서비스 추진확대 등) • 00 관리 및 활용을 위한 홍보협의체 구성 -협력기업과 연계한 홍보협의체 구성 추진 • 000 전문교육센터 설립추진 • One-stop 통합정보제공시스템 구축 • 홍보활동 및 홍보효과 측정 및 평가 -참가자 반응조사 -실행단계별 홍보효과 측정 등	(~계속)

- 10 -

가장 많이 사용하는 설정을 적용한 경우

가운데 맞춤을
남발해서는 안 된다

'구분' 행과 열은 가운데 맞춤과 세로 가운데 맞춤을 적용하면 깔끔하게 보이지만 예시처럼 셀별 텍스트의 길이가 다른 본문 세부 내용까지 적용하면 오히려 가독성이 떨어집니다.

실행과제 >> ④기업 이미지 제고 – 3.2) 전략적 홍보 강화

Red Slide

구분	연도별 추진과제			
	1년차	2년차	3년차	4년차
홍보 전략	• 홍보전략 수립 -기업 아이덴티티 정립 -홍보 타깃 선정(고객 Segmentation) -종합 홍보계획 수립 / 고객별 홍보채널 선정 / 통합 홍보브랜드 개발	• 홍보전략 Rolling -기업 홍보 및 본격적인 사업홍보 계획 수립	• 통합마케팅(IMC) 추진 전략 수립 -홍보전략을 넘어 마케팅 전략과 전략적 홍보추진을 위한 계획 수립 -기업홍보 및 사업홍보 적극 추진	(~계속)
홍보 프로 그램	• 기업 홍보 프로그램 기획 • 3대 홍보방향 설정 및 홍보추진 -고객소통 (설명회, 워크숍, 온라인 소통마당) -기획홍보 (기획방송, 뉴스레터, 연수프로그램 언론/잡지 및 전문지 기고) -행사기획 (이벤트 및 00대회, 00체험 등)	• 홍보프로그램 다양화 -고객 Segmentation분석에 따른 홍보프로그램 다양화 (※공감유도 프로그램 개발) • 오피니언 리더 초청 기업 및 사업홍보 -신문기자, 기업 주요 이해관계자 등 • 사업홍보 준비 및 추진 -통합 홍보브랜드 활용 홍보 추진 / 00 홍보 추진 등 • 000 체험교육 프로그램 기획	• 홍보범위 및 경로확장 -(본격적인)사업홍보 추진 -광고 확대, PR프로그램 개발 -IMC전략에 입각한 홍보프로그램 개발 • 홍보 프로그램 확대 ※참여유도 (체험형)프로그램 개발 • 홍보채널 확대 • 00체험 프로그램 확대	(~계속)
홍보 추진 체계 및 인프라	• 홍보조직 구성 및 운영방안 수립 -홍보조직 구성 및 실행 staff확보 -홍보재원 마련/배분 • 유관부처 및 이해관계자 홍보협력체계 구축 • 홍보인력 역량강화 -홍보 및 마케팅 관련 교육	• 홍보채널 구축 -온라인, TV, 주요일간지, 신문, 잡지 등 -디지털 홍보 채널 확보(모바일서비스 등) • 000 전문교육센터 설립계획수립 • 외부제휴를 통한 홍보전문인력 pool구축 • 내부 구성원 교육 -홍보 담당자 전문교육 확대 -홍보 마인드 함양 및 참여유도를 위한 직원 대상 교육훈련 확대 • 홍보활동 및 홍보효과 평가체계 마련 -참가자 반응조사/실행단계별 평가 (보도현황분석, 인식조사, 설문조사 등)	• 이해관계자홍보협력계획확대 -산업계(기업체), 학계 등 협력 네트워크 확대 • 홍보채널 확대(모바일서비스 추진확대 등) • 00 관리 및 활용을 위한 홍보협의체 구성 -협력기업과 연계한 홍보협의체 구성 추진 • 000 전문교육센터 설립추진 • One-stop 통합정보제공시스템 구축 • 홍보활동 및 홍보효과 측정 및 평가 -참가자 반응조사 -실행단계별 홍보효과 측정 등	(~계속)

표의 본문 내용까지 가운데 맞춤과 세로 가운데 맞춤을 적용한 경우

적정한 여백은
선택이 아닌 필수다

예시의 표는 본문 여백을 왼쪽/오른쪽, 위쪽/아래쪽 모두 0cm로 조절해 보았습니다. 보기에 어떤가요? 아무래도 텍스트와 표의 선이 거의 붙어 있어서 답답해 보입니다. 이렇듯 적정한 여백은 가독성을 좌우하는 중요한 요소입니다.

실행과제 >> ④ 기업 이미지 제고 – 3.2) 전략적 홍보 강화　　　　Red Slide

구분	연도별 추진과제			
	1년차	**2년차**	**3년차**	**4년차**
홍보 전략	**홍보전략 수립** -기업 아이덴티티 정립 -홍보 타깃 선정(고객 Segmentation) -종합 홍보계획 수립 / 고객별 홍보채널 선정 / 통합 홍보브랜드 개발	**홍보전략 Rolling** -기업 홍보 및 본격적인 사업홍보 계획 수립	**통합마케팅(IMC) 추진 전략 수립** -홍보전략을 넘어 마케팅 전략과 전략적 홍보추진을 위한 계획 수립 -기업홍보 및 사업홍보 적극 추진	(~계속)
홍보 프로 그램	**기업 홍보 프로그램 기획** **3대 홍보방향 설정 및 홍보추진** -고객소통 (설명회, 워크숍, 온라인 소통마당) -기획홍보 (기획방송, 뉴스레터, 연수프로그램 언론/잡지 및 전문지 기고) -행사기획 (이벤트 및 00대회, 00체험 등)	**홍보프로그램 다양화** -고객 Segmentation분석에 따른 홍보프로그램 다양화 (※공감유도 프로그램 개발) **오피니언 리더 초청 기업 및 사업홍보** -신문기자, 기업 주요 이해관계자 등 **사업홍보 준비 및 추진** -통합 홍보브랜드 활용 홍보 추진 / 00 홍보 추진 등 **000 체험교육 프로그램 기획**	**홍보범위 및 경로확장** -(본격적인)사업홍보 추진 -광고 확대, PR프로그램 개발 -IMC전략에 입각한 홍보프로그램 개발 **홍보 프로그램 확대** ※참여유도 (체험형)프로그램 개발 **홍보채널 확대** **00체험 프로그램 확대**	(~계속)
홍보 추진 체계 및 인프라	**홍보조직 구성 및 운영방안 수립** -홍보조직 구성 및 실행 staff확보 -홍보재원 마련/배분 **유관부처 및 이해관계자 홍보협력체계 구축** **홍보인력 역량강화** -홍보 및 마케팅 관련 교육	**홍보채널 구축** -온라인, TV, 주요일간지, 신문, 잡지 등 -디지털 홍보 채널 확보(모바일서비스 등) **000 전문교육센터 설립계획수립** **외부제휴를 통한 홍보전문인력 pool구축** **내부 구성원 교육** -홍보 담당자 전문교육 확대 -홍보 마인드 함양 및 참여유도를 위한 직원 대상 교육훈련 확대 **홍보활동 및 홍보효과 평가체계 마련** -참가자 반응조사/실행단계별 평가 (보도현황분석, 인식조사, 설문조사 등)	**이해관계자홍보협력체계확대** -산업계(기업체), 학계 등 협력 네트워크 확대 **홍보채널 확대(모바일서비스 추진확대 등)** **00 관리 및 활용을 위한 홍보협의체 구성** -협력기업과 연계한 홍보협의체 구성 추진 **000 전문교육센터 설립추진** **One-stop 통합정보제공시스템 구축** **홍보활동 및 홍보효과 측정 및 평가** -참가자 반응조사 -실행단계별 홍보효과 측정 등	(~계속)

표의 본문 여백을 아예 없앤 경우

숫자는 가운데 맞춤보다
오른쪽 맞춤이 보기 좋다

- 예시에서 '구분'으로 사용된 '산업단지명' 열은 텍스트의 길이 차이가 커서 왼쪽 맞춤을 적용했습니다. 앞에서도 언급했듯이 이렇게 텍스트 길이 차이가 큰 셀들은 가운데 맞춤을 적용하면 오히려 가독성이 떨어집니다.
- 본문 셀에는 다양한 숫자가 있습니다. 숫자의 길이를 통해서 크고 작음을 직관적으로 알 수 있도록 하기 위해서는 가운데 맞춤보다 오른쪽 맞춤이 좀 더 보기 좋습니다.

2.Economic(경제환경) – OO산업단지

000에는 3개소의 국가산업단지 및 7개소의 지방산업단지가 있으며, 대부분의 산업단지가 도심부에 입지함. 00구 00동 일대에 위치한 00산업단지는 820개 업체가 입주해 있음

OO지역 산업단지 현황

산업단지명		조성면적(천 ㎡)		입주업체(개)		종업원수(명)		생산액(억원)	
총 계		18,290	100%	8,949	100%	129,504	100%	331,804	100%
국가 산업단지 (3개)	소계	11,320	62%	7,961	89%	111,050	86%	279,082	84%
	OO산업단지 (남동구)	9,574	52%	6,628	74%	85,514	66%	220,090	66%
	OO산업단지 (OO구 OO동 일대)	610	3%	820	9%	13,568	10%	28,156	8%
	OO산업단지 (OO구)	1,136	6%	513	6%	11,968	9%	30,836	9%
지방 산업단지 (7개)	소계	6,970	38%	988	11%	18,454	14%	52,722	16%
	OO지방산업단지 (OO구)	1,136	6%	380	4%	6,089	5%	19,950	6%
	OO기계산업단지 (OO구)	350	2%	146	2%	2,679	2%	2,613	1%
	OO지방산업단지 (OO구)	938	5%	283	3%	4,840	4%	15,378	5%
	OO산업단지 (OO구)	59	0%	15	0%	121	0%	212	0%
	OO1지구 산업단지 (OO구)	194	1%	17	0%	675	1%	2,939	1%
	OO일반산업단지 (OO구)	2,251	12%	109	1%	2,128	2%	3,351	1%
	OO정보산업단지 (OO구)	2,042	11%	38	0%	1,922	1%	8,279	2%

http://redslide.blog.me

- 13 -

숫자에 오른쪽 맞춤을 적용한 경우

표의 행 높이와 열 너비를 일정하게 조절하기

표를 완성하고 나면 다음과 같이 행 높이와 열 너비 등이 엉망인 경우가 많이 있습니다. 이를 해결하기 위해 마우스로 일일이 조절하는 것은 굉장히 번거롭습니다. 이때 행 높이와 열 너비를 일정하게 맞추는 기능을 사용하면 편리합니다.

구분		2006	2010	2015 (e)	2020 (e)	2025 (e)	CAGR
인구 합계		2,660 (100%)	2,810 (100%)	2,950 (100%)	3,100 (100%)	3,400 (100%)	1.3%
경제활동인구		1,285 (62%)	1,798 (64%)	1,947 (66%)	2,108 (68%)	2,380 (70%)	3.3%
취업인구		1,228 (46%)	1,762 (63%)	1,908 (65%)	2,066 (67%)	2,332 (69%)	4.7%
취업인구	1차 산업	10 (0.8%)	11 (0.6%)	11 (0.6%)	14 (0.7%)	14 (0.6%)	1.8%
	2차 산업	340 (27.7%)	427 (24.2%)	393 (20.6%)	351 (17.0%)	317 (13.6%)	-0.4%
	3차 산업	878 (71.5%)	1,325 (75.2%)	1,504 (78.8%)	1,700 (82.3%)	2,001 (85.8%)	4.4%

먼저, 높이와 너비를 맞춰야 할 셀을 선택합니다. 다음 예시의 경우 '2006' 셀부터 '4.4%' 셀까지를 마우스로 드래그해서 블록 지정했습니다.

구분		2006	2010	2015 (e)	2020 (e)	2025 (e)	CAGR
인구 합계		2,660 (100%)	2,810 (100%)	2,950 (100%)	3,100 (100%)	3,400 (100%)	1.3%
경제활동인구		1,285 (62%)	1,798 (64%)	1,94 [드래그]	2,108 (68%)	2,380 (70%)	3.3%
취업인구		1,228 (46%)	1,762 (63%)	1,908 (65%)	2,066 (67%)	2,332 (69%)	4.7%
취업인구	1차 산업	10 (0.8%)	11 (0.6%)	11 (0.6%)	14 (0.7%)	14 (0.6%)	1.8%
	2차 산업	340 (27.7%)	427 (24.2%)	393 (20.6%)	351 (17.0%)	317 (13.6%)	-0.4%
	3차 산업	878 (71.5%)	1,325 (75.2%)	1,504 (78.8%)	1,700 (82.3%)	2,001 (85.8%)	4.4%

[표 도구] → [레이아웃] 탭 → [셀 크기] 그룹에서 [행 높이를 같게], [열 너비를 같게]를 클릭하면 다음과 같이 블록 지정한 셀들의 높이와 너비가 일정하게 조절됩니다.❶

❶ [행 높이를 같게]와 [열 너비를 같게]는 표를 사용한 보고서 작업을 하다 보면 많이 사용하는 기능이므로 앞에서 설명한 빠른 실행 도구 모음에 넣어 놓고 사용하는 것이 좋습니다.

구분		2006	2010	2015 (e)	2020 (e)	2025 (e)	CAGR
인구 합계		*2,660 (100%)*	*2,810 (100%)*	*2,950 (100%)*	*3,100 (100%)*	*3,400 (100%)*	*1.3%*
경제활동인구		*1,285 (62%)*	*1,798 (64%)*	*1,947 (66%)*	*2,108 (68%)*	*2,380 (70%)*	*3.3%*
취업인구		*1,228 (46%)*	*1,762 (63%)*	*1,908 (65%)*	*2,066 (67%)*	*2,332 (69%)*	*4.7%*
취업 인구	1차 산업 인구	*10 (0.8%)*	*11 (0.6%)*	*11 (0.6%)*	*14 (0.7%)*	*14 (0.6%)*	*1.8%*
	2차 산업 인구	*340 (27.7%)*	*427 (24.2%)*	*393 (20.6%)*	*351 (17.0%)*	*317 (13.6%)*	*-0.4%*
	3차 산업 인구	*878 (71.5%)*	*1,325 (75.2%)*	*1,504 (78.8%)*	*1,700 (82.3%)*	*2,001 (85.8%)*	*4.4%*

표를 그릴 때 선 두께 설정하기

다음 예시는 일부러 곳곳에 선 두께를 달리했습니다.

구분		2006	2010	2015 (e)	2020 (e)	2025 (e)	CAGR
인구 합계		*2,660 (100%)*	*2,810 (100%)*	*2,950 (100%)*	*3,100 (100%)*	*3,400 (100%)*	*1.3%*
경제활동인구		*1,285 (62%)*	*1,798 (64%)*	*1,947 (66%)*	*2,108 (68%)*	*2,380 (70%)*	*3.3%*
취업인구		*1,228 (46%)*	*1,762 (63%)*	*1,908 (65%)*	*2,066 (67%)*	*2,332 (69%)*	*4.7%*
취업 인구	1차 산업 인구	*10 (0.8%)*	*11 (0.6%)*	*11 (0.6%)*	*14 (0.7%)*	*14 (0.6%)*	*1.8%*
	2차 산업 인구	*340 (27.7%)*	*427 (24.2%)*	*393 (20.6%)*	*351 (17.0%)*	*317 (13.6%)*	*-0.4%*
	3차 산업 인구	*878 (71.5%)*	*1,325 (75.2%)*	*1,504 (78.8%)*	*1,700 (82.3%)*	*2,001 (85.8%)*	*4.4%*

모니터상에서는 선 두께의 차이가 잘 드러나지 않다가 크게 확대하거나 인쇄를 하면 다음 예시처럼 선 두께가 확연하게 차이 나는 것이 보일 수 있습니다.

구분		2006	2010
인구 합계		*2,660 (100%)*	*2,810 (100%)*
경제활동인구		*1,285 (62%)*	*1,798 (64%)*
취업인구		*1,228 (46%)*	*1,762 (63%)*
취업 인구	1차 산업 인구	*10 (0.8%)*	*11 (0.6%)*
	2차 산업 인구	*340 (27.7%)*	*427 (24.2%)*
	3차 산업 인구	*878 (71.5%)*	*1,325 (75.2%)*

이를 방지하기 위해서 선 두께를 미리 설정해두는 습관을 들여야 합니다. 파워포인트에서는 '펜 두께' 기능으로 표에 사용하는 선의 두께를 조절할 수 있습니다.

표를 선택한 후 [표 도구] → [디자인] 탭 → [테두리 그리기] 그룹에서 [펜 두께]를 클릭하면 선 두께를 다양하게 설정할 수 있습니다. 보통 0.5~1pt 정도의 두께를 사용하면 적정합니다. 인쇄 후에 보면 미묘한 차이가 있지만 보통 얇은 두께일수록 보고서가 좀 더 깔끔해 보입니다. 필자의 경우 표를 그릴 때는 선의 두께를 0.5pt로 설정하고 강조하고 싶은 셀이 있다면 그 셀의 테두리만 1.5~2.5pt로 설정합니다.

여백 조절 응용하기

보고서를 작성하다 보면 많은 숫자로 이루어진 표가 들어가기도 합니다. 이런 표는 글자로 이루어진 것보다는 가독성이 떨어집니다. 하지만 주어진 조건 안에서 최대한 가독성을 높이는 방법은 있습니다.

앞에서도 언급했듯이 숫자의 경우는 가운데 맞춤보다 오른쪽 맞춤을 하는 것이 좋습니다. 숫자 간의 크고 작은 상대적인 크기를 직관적으로 알 수 있기 때문입니다.

구분	사업체 수 (개)	종사자 수 (명)	매출액 (백만원)	영업이익 (백만원)
소계	30,733	147,561	26,722,583	1,485,099
전기, 가스 및 수도사업	5	563	883,360	-24,017
도매 및 소매업	7,830	22,161	5,123,325	425,487
숙박 및 음식점업	5,317	13,899	548,343	138,708
운수업	3,500	6,438	317,747	12,506
협회 및 단체, 수리 및 기타 개인 서비스업	3,667	8,180	282,396	39,233
제조업	3,168	38,476	11,148,253	698,152
부동산업 및 임대업	1,473	4,106	203,095	16,571

가운데 맞춤

구분	사업체 수 (개)	종사자 수 (명)	매출액 (백만원)	영업이익 (백만원)
소계	30,733	147,561	26,722,583	1,485,099
전기, 가스 및 수도사업	5	563	883,360	-24,017
도매 및 소매업	7,830	22,161	5,123,325	425,487
숙박 및 음식점업	5,317	13,899	548,343	138,708
운수업	3,500	6,438	317,747	12,506
협회 및 단체, 수리 및 기타 개인 서비스업	3,667	8,180	282,396	39,233
제조업	3,168	38,476	11,148,253	698,152
부동산업 및 임대업	1,473	4,106	203,095	16,571

오른쪽 맞춤

앞의 예시에서 '사업체 수 (개)' 열의 경우 가운데 맞춤을 적용해도 큰 차이가 없지만 '매출액 (백만원)'과 '영업이익 (백만원)' 열의 경우 업종 간에 편차가 크므로 가운데보다 오른쪽 맞춤을 적용하는 것이 가독성이 높습니다. 그러나 숫자가 들어간 셀이 좌우로 넓어서 여전히 보고서가 휑한 느낌이 있습니다.

이럴 때는 다음 예시처럼 오른쪽 여백을 늘려서 숫자를 셀의 중앙 쪽으로 옮기면 오른쪽과 가운데 맞춤을 혼합해서 적용한 효과가 있어서 휑한 느낌이 줄어듭니다. 숫자의 편차와 셀의 여백이 큰 경우에는 이 방법을 사용할 수 있습니다.

구분	사업체 수 (개)	종사자 수 (명)	매출액 (백만원)	영업이익 (백만원)
소계	30,733	147,561	26,722,583	1,485,099
전기, 가스 및 수도사업	5	563	883,360	-24,017
도매 및 소매업	7,830	22,161	5,123,325	425,487
숙박 및 음식점업	5,317	13,899	548,343	138,708
운수업	3,500	6,438	317,747	12,506
협회 및 단체, 수리 및 기타 개인 서비스업	3,667	8,180	282,396	39,233
제조업	3,168	38,476	11,148,253	698,152
부동산업 및 임대업	1,473	4,106	203,095	16,571

대량의 데이터를 효과적으로 제시하기

기본적으로 데이터는 그래프로 만들어야 가독성이 가장 좋습니다. 그러나 대량의 데이터를 보고서에 제시해야 하는 경우 그래프의 활용이 제한될 수 있으므로 표를 활용해야 합니다. 이때 가독성 측면에서 좀 더 효과적으로 표현할 수 있는 방법을 설명하겠습니다.

다음 페이지의 첫 번째 예시를 한번 보겠습니다. 기본적으로 표의 선 두께는 얇게 하는 것이 깔끔합니다(예시는 0.5pt). 그중 가장 좌/우측 선은 없는 것이 시원하게 보입니다. 특히 데이터가 많이 들어간 표의 경우에는 더욱 그렇습니다.

'구분' 행과 열의 글꼴을 [HY견고딕]처럼 두껍고 강한 느낌이 드는 글꼴로 변경하고, 셀에 색상을 넣어서 본문 데이터와 바로 구분이 되도록 했습니다. 본문 데이터의 글꼴은 [Arial]로 적용했습니다. [Arial]은 글꼴이 가늘고 두께가 얇아서 숫자가 많을 경우 깔끔하게 보입니다. 숫자에는 [기울임꼴(Ctrl+I)]을 적용했습니다.

구분	총 기업 수 (개)	대기업(개)	중기업(개)	소기업(개)	고용인원(명)
○○구	3,996 (40%)	6 (7.4%)	284 (47.5%)	3,706 (40.2%)	72,326 (38.3%)
○○구	2,783 (28%)	33 (40.7%)	154 (25.8%)	2,596 (28.1%)	46,037 (24.4%)
○○구	1,172 (12%)	10 (12.3%)	69 (11.5%)	1,093 (11.8%)	31,202 (16.5%)
○○구	653 (7%)	6 (7.4%)	46 (7.7%)	583 (6.3%)	6,192 (3.3%)
○○구	593 (6%)	6 (7.4%)	4 (0.7%)	583 (6.3%)	12,522 (6.6%)
○○구	413 (4%)	1 (1.2%)	27 (4.5%)	385 (4.2%)	7,481 (4.0%)
○○구	213 (2%)	5 (6.2%)	6 (1.0%)	202 (2.2%)	7,847 (4.2%)
○○구	98 (1%)	14 (17.3%)	8 (1.3%)	76 (0.8%)	5,305 (2.8%)

두 번째 예시는 표의 맨 위, 맨 아래 선을 1.5pt로 두껍게 했습니다. 시각적으로 시선을 표로 집중시켜주는 효과가 있습니다. 필자가 가장 선호하는 스타일입니다.

구분	총 기업 수 (개)	대기업(개)	중기업(개)	소기업(개)	고용인원(명)
○○구	3,996 (40%)	6 (7.4%)	284 (47.5%)	3,706 (40.2%)	72,326 (38.3%)
○○구	2,783 (28%)	33 (40.7%)	154 (25.8%)	2,596 (28.1%)	46,037 (24.4%)
○○구	1,172 (12%)	10 (12.3%)	69 (11.5%)	1,093 (11.8%)	31,202 (16.5%)
○○구	653 (7%)	6 (7.4%)	46 (7.7%)	583 (6.3%)	6,192 (3.3%)
○○구	593 (6%)	6 (7.4%)	4 (0.7%)	583 (6.3%)	12,522 (6.6%)
○○구	413 (4%)	1 (1.2%)	27 (4.5%)	385 (4.2%)	7,481 (4.0%)
○○구	213 (2%)	5 (6.2%)	6 (1.0%)	202 (2.2%)	7,847 (4.2%)
○○구	98 (1%)	14 (17.3%)	8 (1.3%)	76 (0.8%)	5,305 (2.8%)

세 번째 예시는 표 안의 선을 점선으로 처리했습니다. 데이터가 많이 들어간 표의 경우 점선으로 처리하면 표가 좀 더 시원하게 보입니다.

구분	총 기업 수 (개)	대기업(개)	중기업(개)	소기업(개)	고용인원(명)
○○구	3,996 (40%)	6 (7.4%)	284 (47.5%)	3,706 (40.2%)	72,326 (38.3%)
○○구	2,783 (28%)	33 (40.7%)	154 (25.8%)	2,596 (28.1%)	46,037 (24.4%)
○○구	1,172 (12%)	10 (12.3%)	69 (11.5%)	1,093 (11.8%)	31,202 (16.5%)
○○구	653 (7%)	6 (7.4%)	46 (7.7%)	583 (6.3%)	6,192 (3.3%)
○○구	593 (6%)	6 (7.4%)	4 (0.7%)	583 (6.3%)	12,522 (6.6%)
○○구	413 (4%)	1 (1.2%)	27 (4.5%)	385 (4.2%)	7,481 (4.0%)
○○구	213 (2%)	5 (6.2%)	6 (1.0%)	202 (2.2%)	7,847 (4.2%)
○○구	98 (1%)	14 (17.3%)	8 (1.3%)	76 (0.8%)	5,305 (2.8%)

마지막 예시를 보겠습니다. 표 안에 선을 없애고 회색 계열로 행의 색상에 변화를 주어 디자인적 요소를 가미했습니다.

구분	총 기업 수 (개)	대기업(개)	중기업(개)	소기업(개)	고용인원(명)
○○구	3,996 (40%)	6 (7.4%)	284 (47.5%)	3,706 (40.2%)	72,326 (38.3%)
○○구	2,783 (28%)	33 (40.7%)	154 (25.8%)	2,596 (28.1%)	46,037 (24.4%)
○○구	1,172 (12%)	10 (12.3%)	69 (11.5%)	1,093 (11.8%)	31,202 (16.5%)
○○구	653 (7%)	6 (7.4%)	46 (7.7%)	583 (6.3%)	6,192 (3.3%)
○○구	593 (6%)	6 (7.4%)	4 (0.7%)	583 (6.3%)	12,522 (6.6%)
○○구	413 (4%)	1 (1.2%)	27 (4.5%)	385 (4.2%)	7,481 (4.0%)
○○구	213 (2%)	5 (6.2%)	6 (1.0%)	202 (2.2%)	7,847 (4.2%)
○○구	98 (1%)	14 (17.3%)	8 (1.3%)	76 (0.8%)	5,305 (2.8%)

물론 시각적인 측면은 개개인의 차이가 있을 수밖에 없으므로 어느 것이 절대적으로 좋거나 나쁘다고 단언할 수는 없습니다. 다만 이 책의 다양한 예시를 참고해서 자신의 보고서에 어울리도록 표를 꾸미는 능력을 키워야 합니다.

전문가의 노하우 ▶ **표를 만들 때 고려해야 하는 점**

① 데이터 정리 방식

수집한 데이터를 표로 정리하는 방식은 크게 '항목 vs 항목'으로 정리하는 방식과 '항목 vs 기간'으로 정리하는 방식으로 나눌 수 있습니다.

항목 →

구분	제품군①	제품군②	제품군③
당사			
A사			
B사			
C사			

(항목 ↓)

기간 →

구분	2015	2016	2017
당사			
A사			
B사			
C사			

(항목 ↓)

② 전달하려는 메시지

그래프에서 비해 표는 직관적인 해석이 어렵습니다. 그러므로 전달하려는 메시지가 뚜렷하게 나타나야 합니다. 예시의 표는 분석 대상 산업에 관하여 ❶총규모의 변화 ❷구성비의 변화 ❸B사의 급격한 성장과 쇠퇴 등의 메시지를 보여 주고 있습니다.

구분	2011	2012	2013	2014
A사	25	30	35	40
B사	60	55	50	45 ❸
C사	50	55	60	70
소계	135	140	145	155 ❶

표 다듬기의 기본

다음 예시를 보면 초안 상태의 표 두 개가 들어가 있습니다. 한눈에 보기에도 표의 크기, 글꼴 등 수정할 것이 많아 보입니다. 보고서의 비주얼적인 완성도가 높아지도록 한 단계씩 차근차근 표를 깔끔하게 만들어 보겠습니다.

표를 활용한 보고서 형태

구분	주요 현황 및 여건변화	잠재력
도시개발정책	•경제 자유구역 송도국제도시, 청라 국제도시, 영종지구, 검단 신도시 확장 등 대규모 개발사업 추진 •경인 아라뱃길 및 경인항 조성, 해안중심의 연계발전 구상 •인구의 급격한 팽창으로 인한 도시 기반시설 부족	•동북아 첨단 비즈니스 도시형성 •도시브랜드 가치향상 및 국제화 도시로 비상
토지이용정책	•도시의 불균형 발전 -대규모 신도시와 기존 도심의 상대적 격차 심화로 인한 불균형 발전 •신도시에 비해 기존 도심의 도시 기반시설의 상대적 취약으로 인한 주거환경 저하 -공원면적, 생활편익 및 사회복지 시설 등의 상대적 부족 -기존 도심의 주택노후도 48.8%	•대규모 신도시 개발에 따른 광역적 도시기반시설 확충 •신도시로 인구이동에 따른 기존 도시 인구 밀도 저하 및 주거환경 향상
교통정책	•급격한 인구증가에 대응한 교통체계 확충 필요 •경인고속도로 간선화 사업 지연 •인천지하철 2·3호선 지연에 따른 교통난 가중	•광역적 도시교통체계 정비 및 확충 •첨단 신교통 시스템 도입 활성화

구분		2006	2010	2015 (e)	2020 (e)	2025 (e)	CAGR
인구 합계		2,660 (100%)	2,810 (100%)	2,950 (100%)	3,100 (100%)	3,400 (100%)	1.3%
경제활동인구		1,285 (62%)	1,798 (64%)	1,947 (66%)	2,108 (68%)	2,380 (70%)	3.3%
취업인구		1,228 (46%)	1,762 (63%)	1,908 (65%)	2,066 (67%)	2,332 (69%)	4.7%
취업 인구	1차 산업 인구	10 (0.8%)	11 (0.6%)	11 (0.6%)	14 (0.7%)	14 (0.6%)	1.8%
	2차 산업 인구	340 (27.7%)	427 (24.2%)	393 (20.6%)	351 (17.0%)	317 (13.6%)	-0.4%
	3차 산업 인구	878 (71.5%)	1,325 (75.2%)	1,504 (78.8%)	1,700 (82.3%)	2,001 (85.8%)	4.4%

http://redslide.blog.me

- 1 -

01 먼저, 글꼴과 글씨 크기를 맞춥니다. 두 표 모두 글꼴은 [본고딕(Noto Sans CJK KR Bold)]으로, 크기는 11pt로 설정합니다. 그 다음 위쪽 표 안의 글머리 기호가 첫 글자와 붙어 있거나 수준이 구분 안뇌는 등 제대로 정렬되어 있지 않으므로 눈금자를 조절하여 각각의 글머리 기호를 정렬시킵니다. 예시에서는 비교를 위해 '잠재력' 항목의 내용들을 눈금자를 이용해 글머리 기호를 내어 쓰기 해서 첫 글자와 띄어 놓고 정렬시켰으며 '주요 현황 및 여건 변화' 항목의 내용들은 그대로 두었습니다. 보이는 것처럼 '주요 현황 및 여건 변화' 항목의 내용들은 글줄이 바뀌어도 글자나 하위 글머리 기호가 글머리 기호와 같은 세로선 상에 있어서 삐뚤삐뚤하게 보이고 깔끔하지 않습니다.

표를 활용한 보고서 형태

Red Slide

구분	주요 현황 및 여건 변화	잠재력
도시개발정책	·경제 자유구역 송도국제도시, 청라 국제도시, 영종지구, 검단신도시 확장 등 대규모 개발사업 추진 ·경인 아라뱃길 및 경인항 조성, 해안중심의 연계발전 구상 ·인구의 급격한 팽창으로 인한 도시 기반시설 부족	·동북아 첨단 비즈니스 도시형성 ·도시브랜드 가치향상 및 국제화 도시로 비상
토지이용정책	·도시의 불균형 발전 -대규모 신도시와 기존 도심의 상대적 격차 심화로 인한 불균형 발전 ·신도시에 비해 기존 도심의 도시 기반시설의 상대적 취약으로 인한 주거환경 저하 ·공원면적, 생활편의 및 사회복지 시설 등의 상대적 부족 -기존 도심의 주택노후도 48.8%	·대규모 신도시 개발에 따른 광역적 도시기반시설 확충 ·신도시로 인구이동에 따른 기존 도시 인구 밀도 저하 및 주거환경 향상
교통정책	·급격한 인구증가에 대응한 교통체계 확충 필요 ·경인고속도로 간선화 사업 지연 ·인천지하철 2~3호선 지연에 따른 교통난 가중	·광역적 도시교통체계 정비 및 확충 ·첨단 신교통 시스템 도입 활성화

02 '주요 현황 및 여건 변화' 항목의 내용들도 눈금자를 조절해서 각각의 글머리 기호를 정렬합니다. 그 다음 [보기] 탭 → [표시] 그룹에서 [안내선]에 체크 표시합니다. 나타나는 그리기 안내선을 이용하여 두 표가 슬라이드 안에서 동일한 좌우 여백을 갖도록 표의 위치를 정렬합니다. 마지막으로 두 표를 구성하는 각 셀의 너비와 높이를 글줄과 좌우 여백을 고려해서 보기 좋게 조절합니다.

표를 활용한 보고서 형태

Red Slide

구분	주요 현황 및 여건 변화	잠재력
도시개발정책	· 경제 자유구역 송도국제도시, 청라 국제도시, 영종지구, 검단 신도시 확장 등 대규모 개발사업 추진 · 경인 아라뱃길 및 경인항 조성, 해안중심의 연계발전 구상 · 인구의 급격한 팽창으로 인한 도시 기반시설 부족	· 동북아 첨단 비즈니스 도시형성 · 도시브랜드 가치향상 및 국제화 도시로 비상
토지이용정책	· 도시의 불균형 발전 -대규모 신도시와 기존 도심의 상대적 격차 심화로 인한 불균형 발전 · 신도시에 비해 기존 도심의 도시 기반시설의 상대적 취약으로 인한 주거환경 저하 · 공원면적, 생활편의 및 사회복지 시설 등의 상대적 부족 -기존 도심의 주택노후도 48.8%	· 대규모 신도시 개발에 따른 광역적 도시기반시설 확충 · 신도시로 인구이동에 따른 기존 도시 인구 밀도 저하 및 주거환경 향상
교통정책	· 급격한 인구증가에 대응한 교통체계 확충 필요 · 경인고속도로 간선화 사업 지연 · 인천지하철 2~3호선 지연에 따른 교통난 가중	· 광역적 도시교통체계 정비 및 확충 · 첨단 신교통 시스템 도입 활성화

구분		2006	2010	2015 (e)	2020 (e)	2025 (e)	CAGR
인구 합계		2,660 (100%)	2,810 (100%)	2,950 (100%)	3,100 (100%)	3,400 (100%)	1.3%
경제활동인구		1,285 (62%)	1,798 (64%)	1,947 (66%)	2,108 (68%)	2,380 (70%)	3.3%
취업인구		1,228 (46%)	1,762 (63%)	1,908 (65%)	2,066 (67%)	2,332 (69%)	4.7%
취업 인구	1차 산업 인구	10 (0.8%)	11 (0.6%)	11 (0.6%)	14 (0.7%)	14 (0.6%)	1.8%
	2차 산업 인구	340 (27.7%)	427 (24.2%)	393 (20.6%)	351 (17.0%)	317 (13.6%)	-0.4%
	3차 산업 인구	878 (71.5%)	1,325 (75.2%)	1,504 (78.8%)	1,700 (82.3%)	2,001 (85.8%)	4.4%

http://redslide.blog.me

- 1 -

03 앞의 두 단계만으로도 기본적인 편집은 완료되었다고 할 수 있습니다. 가독성을 높이기 위해 추가 작업을 진행해 보겠습니다. 추가 작업 방법은 기본적으로 위쪽, 아래쪽 표 모두 같습니다.

표를 선택한 후 [표 도구] → [디자인] 탭 → [테두리 그리기] 그룹에서 [지우개]를 클릭합니다. 나타나는 지우개로 표의 양쪽 가장자리 선을 삭제합니다. ❶ '구분' 열과 행을 좀 더 잘 보이게 하기 위해서 '구분' 행은 [흰색, 15% 더 어둡게]로, '구분' 열은 [연한 노랑, 80% 더 밝게]로 색을 넣습니다. 표 안의 선 두께는 0.5pt, 표 위와 아래의 선 두께는 1.5pt로 조절합니다. 마지막으로 강조하고 싶은 부분의 글꼴을 색, 크기, 밑줄 등으로 꾸밉니다. 단, 아래쪽 표의 숫자는 오른쪽 맞춤과 [기울임꼴([Ctrl]+[I])]을 적용합니다. ❶

❶ 파워포인트 상단에 있는 리본 메뉴에는 기본적으로 [표 도구]가 보이지 않습니다. 표를 선택하면 표를 수정할 수 있는 [표 도구]가 나타납니다.

❶ 필자의 경험상 숫자는 기울였을 때 좀 더 세련되게 보입니다.

표를 활용한 보고서 형태

Red Slide

구분	주요 현황 및 여건 변화	잠재력
도시개발정책	• 경제 자유구역 송도국제도시, 청라 국제도시, 영종지구, 검단 신도시 확장 등 대규모 개발사업 추진 • 경인 아라뱃길 및 경인항 조성, 해안중심의 연계발전 구상 • 인구의 급격한 팽창으로 인한 도시 기반시설 부족	• 동북아 첨단 비즈니스 도시형성 • 도시브랜드 가치향상 및 국제화 도시로 비상
토지이용정책	• 도시의 불균형 발전 -대규모 신도시와 기존 도심의 상대적 격차 심화로 인한 불균형 발전 • 신도시에 비해 기존 도심의 도시 기반시설의 상대적 취약으로 인한 주거환경 저하 -공원면적, 생활편익 및 사회복지 시설 등의 상대적 부족 -기존 도심의 주택노후도 48.8%	• 대규모 신도시 개발에 따른 광역적 도시기반시설 확충 • 신도시로 인구이동에 따른 기존 도시 인구 밀도 저하 및 주거환경 향상
교통정책	• 급격한 인구증가에 대응한 교통체계 확충 필요 • 경인고속도로 간선화 사업 지연 • 인천지하철 2~3호선 지연에 따른 교통난 가중	• 광역적 도시교통체계 정비 및 확충 • 첨단 신교통 시스템 도입 활성화

구분		2006	2010	2015 (e)	2020 (e)	2025 (e)	CAGR
인구 합계		*2,660 (100%)*	*2,810 (100%)*	*2,950 (100%)*	*3,100 (100%)*	*3,400 (100%)*	*1.3%*
경제활동인구		*1,285 (62%)*	*1,798 (64%)*	*1,947 (66%)*	*2,108 (68%)*	*2,380 (70%)*	*3.3%*
취업인구		*1,228 (46%)*	*1,762 (63%)*	*1,908 (65%)*	*2,066 (67%)*	*2,332 (69%)*	*4.7%*
취업 인구	1차 산업 인구	*10 (0.8%)*	*11 (0.6%)*	*11 (0.6%)*	*14 (0.7%)*	*14 (0.6%)*	*1.8%*
	2차 산업 인구	*340 (27.7%)*	*427 (24.2%)*	*393 (20.6%)*	*351 (17.0%)*	*317 (13.6%)*	*-0.4%*
	3차 산업 인구	*878 (71.5%)*	*1,325 (75.2%)*	*1,504 (78.8%)*	*1,700 (82.3%)*	*2,001 (85.8%)*	*4.4%*

http://redslide.blog.me

- 1 -

도형을 활용한
보고서의 비주얼

아래아한글 및 MS워드 같은 워드 프로그램과 파워포인트의 가장 큰 차이점은 바로 도형을 자유 자재로 사용할 수 있다는 점입니다. 표는 워드 프로그램에서도 사용할 수 있지만 도형을 활용한 보고서 작성은 파워포인트를 따라올 수 없습니다. 때로는 많은 분량의 텍스트로 구구절절이 설명 하는 것보다 도형 몇 개를 활용해서 논리적이고 구조적으로 표현하는 것이 보고서의 비주얼적인 완성도뿐만 아니라 설득력까지 높일 수 있습니다.

여기에서는 파워포인트 보고서에서 도형을 사용하여 논리적인 구조, 시계열적 흐름을 표현하는 방법에 대해서 다양한 예시를 통해 살펴 보겠습니다.

SECTION 01 사각형의 활용

다음 예시는 다양한 사각형을 활용해서 프로세스 즉, 체계도를 표현한 보고서입니다. 이렇듯 사각형은 보통 어떤 사항의 강조나 체계도의 구성 요소로 사용합니다.

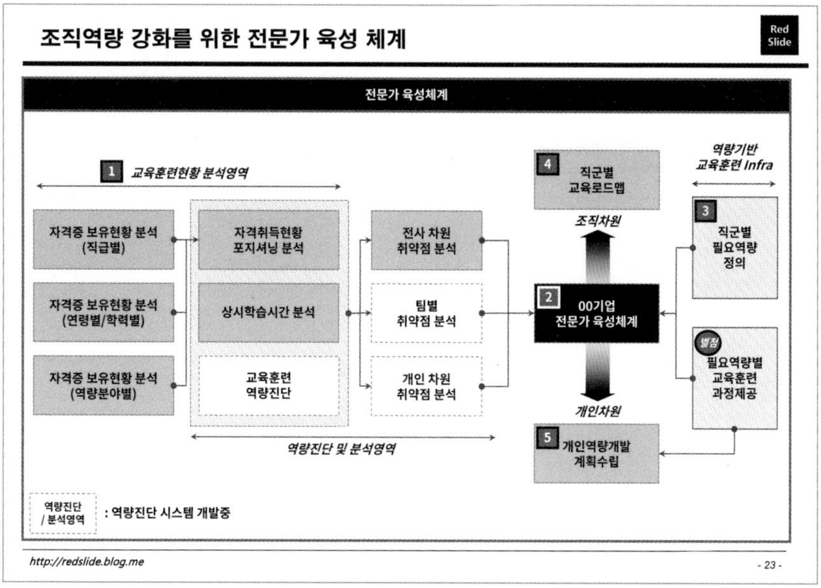

사각형을 활용한 보고서

예시에서 알 수 있듯이 도형의 모양도 중요하지만, 도형의 색상, 테두리 선의 모양, 선 두께, 선 색의 변화로도 많은 메시지를 담을 수 있습니다.

한 가지 주의해야 할 점은 도형의 색상입니다. 도형에 많은 색을 사용하면 흑백으로 인쇄할 때 그 차이가 잘 나타나지 않는 경우가 많습니다. 또한 여러 사람이 공동으로 작업하면 각각의 취향으로 인하여 보고서의 통일성이 저해될 수 있습니다. 도형에는 회색 계열 색상의 명암을 조절하여 사용하는 것만으로도 충분히 세련된 보고서를 만들 수 있습니다.

보고서에서 많이 사용하는 사각형 유형에 대해서 소개하겠습니다.

① 검정 바탕에 두꺼운 흰색 글씨는 위압감을 주고 시선을 집중시킵니다. 가장 강조하고 싶은 요소에 사용합니다.

[글꼴] 본고딕 (or HY견고딕)
[글꼴 색] 흰색
[채우기] 검정
[테두리 선] 없음 (or 회색 계열)

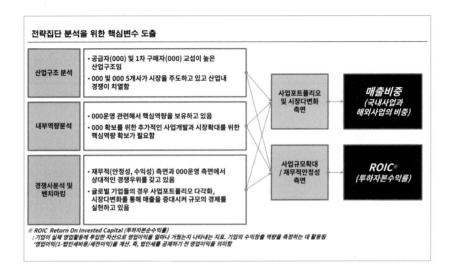

전략집단 분석을 위한 핵심변수 도출

산업구조 분석	· 공급자(000) 및 1차 구매자(000) 교섭이 높은 산업구조임 · 000 및 000 5개사가 시장을 주도하고 있고 산업내 경쟁이 치열함
내부역량분석	· 000운영 관련해서 핵심역량을 보유하고 있음 · 000 확보를 위한 추가적인 사업개발과 시장확대를 위한 핵심역량 확보가 필요함
경쟁사분석 및 벤치마킹	· 재무적(안정성, 수익성) 측면과 000운영 측면에서 상대적인 경쟁우위를 갖고 있음 · 글로벌 기업들의 경우 사업포트폴리오 다각화, 시장다변화를 통해 매출을 증대시켜 규모의 경제를 실현하고 있음

사업포트폴리오 및 시장다변화 측면

사업규모확대 / 재무적안정성 측면

매출비중
(국내사업과 해외사업의 비중)

ROIC※
(투하자본수익률)

※ ROIC Return On Invested Capital (투하자본순수익률)
: 기업이 실제 영업활동에 투입된 자산으로 영업이익을 얼마나 거뒀는지 나타내는 지표. 기업의 수익창출 역량을 측정하는 데 활용됨
'영업이익(1-법인세비용/세전이익)을 계산. 즉, 법인세를 공제하기 전 영업이익을 의미함

② 테두리 선을 파선으로 하고, 색은 연하게 하면 예정된 사항이란 느낌을 줄 수 있습니다.

[글꼴] 본고딕 (or HY견고딕)
[글꼴 색] 검정
[테두리 선] 파선, 회색 계열
[선 두께] 1pt~1.5pt

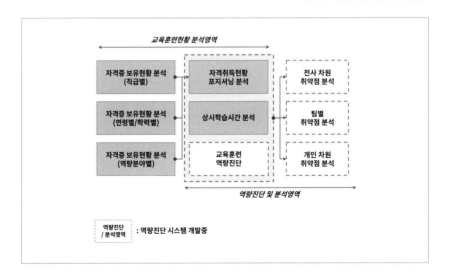

교육훈련현황 분석영역

자격증 보유현황 분석 (직급별)	자격취득현황 포지셔닝 분석	전사 차원 취약점 분석
자격증 보유현황 분석 (연령별/학력별)	상시학습시간 분석	팀별 취약점 분석
자격증 보유현황 분석 (역량분야별)	교육훈련 역량진단	개인 차원 취약점 분석

역량진단 및 분석영역

역량진단 / 분석영역 : 역량진단 시스템 개발중

③ 체계도를 보여줄 때 흔히 사용하는 사각형 패턴입니다. 상위로 갈수록 혹은 강조하고자 할수록 테두리 선을 두껍게 하거나 배경색을 진하게, 또는 글꼴을 크고 진하게 합니다. ❶

❗ 보고서 출처 : '2014 지속가능 경영보고서', 삼성전자.

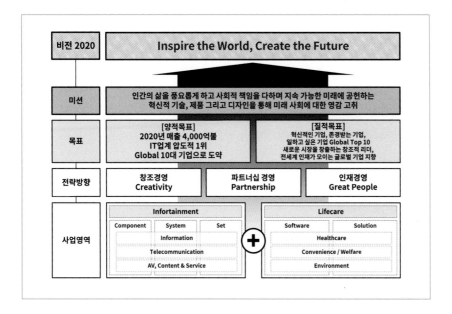

SECTION 02 오각형의 활용

파워포인트는 프레젠테이션에 특화된 문서 작업 도구입니다. 즉, 텍스트보다는 도형으로 설명하고 편집하는 것에 특화되어 있습니다. 그래서 짧은 시간에 핵심적인 내용만으로 전달해야 하는 각종 보고서나 발표 자료, 고객을 설득해야 하는 제안서 등을 작성할 때 주로 파워포인트를 사용합니다.

다음 예시를 살펴봅시다. 여기에서 제시한 내용을 텍스트로 전부 풀어서 정리한다고 생각한다면 얼마나 많은 설명이 필요할까요? 하지만 파워포인트로는 이렇게 도형과 화살표를 통해 아주 쉽게 구조화할 수 있습니다.

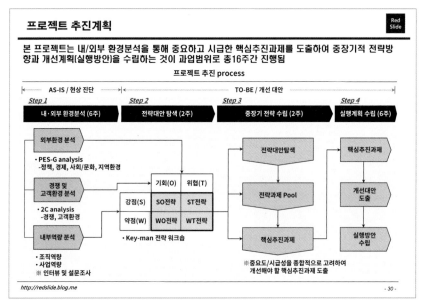

오각형, 화살표를 활용한 보고서

앞의 예시에서 가장 많이 보이는 오각형은 사각형, 원과 더불어 대표적으로 많이 사용하는 도형입니다. 사각형과 거의 비슷하지만 오각형은 방향과 진행의 느낌이 더 강합니다.

파워포인트의 오각형은 ❶이 기본 모양입니다. 도형을 클릭하면 뾰족한 부분을 조절할 수 있는 노란색 조절점이 나타납니다. 조절점을 클릭한 상태로 오른쪽으로 드래그하면 ❷처럼 뾰족한 정도를 조절할 수 있습니다. 일반적으로 ❶보다 ❷가 좀 더 세련되어 보입니다.

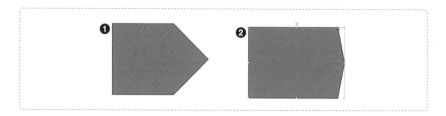

다음의 예시들을 통해 같은 보고서라도 도형의 설정에 따라서 느낌이 어떻게 달라지는지 한번 알아보겠습니다.

① 필자가 자주 사용하는 기본 설정을 적용했습니다. 아무래도 빈약한 느낌을 지울 수 없습니다. 표현해야 할 도형이 많지 않은 경우에는 도형이 좀 더 진하고 강한 느낌을 주는 것이 좋습니다.

[글꼴] HY견고딕, 12pt
[도형]
 -채우기 : 흰색, 5% 더 어둡게
 -선 : 검정, 0.75pt

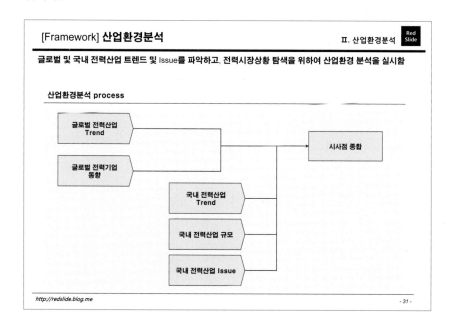

② 도형 색상과 테두리 선을 진하게 만들어 좀 더 강한 느낌을 주었습니다. 도형의 배경색과 테두리 선을 진하게 한 것만으로도 슬라이드에 더 집중이 됩니다.

[글꼴] HY견고딕, 12pt
[도형]
 -채우기 : 흰색, 50% 더 어둡게
 -선 : 검정, 2.25pt

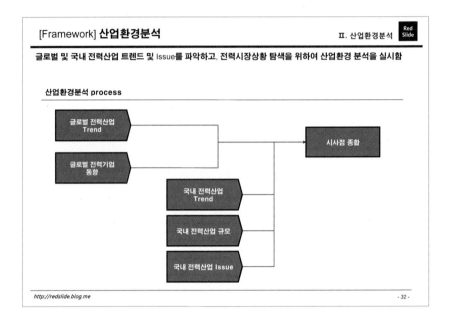

③ 좀 더 세밀하게 도형을 변경한 경우를 보겠습니다. 앞의 두 경우와는 다르게 도형에 그림자를 설정했습니다. 도형의 입체감이 두드러지도록 하기 위해서입니다.

[글꼴] HY견고딕, 12pt
[도형]
 -채우기 : 흰색, 15% 더 어둡게
 -선 : 검정, 2.25pt
[그림자 설정]

그림자를 설정하려면 도형에서 마우스 오른쪽 버튼을 클릭합니다. 나타나는 바로가기 메뉴에서 [도형 서식]을 선택하면 [도형 서식] 작업 창이 열립니다. [효과] → [그림자] → [미리 설정] → [바깥쪽] → [오프셋 대각선 오른쪽 아래]를 선택합니다.

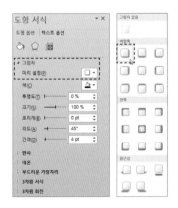

도형의 오른쪽 아래에 그림자가 만들어지고 입체감이 더해집니다. 그림자 색상을
검정으로 하여 강렬하게 표현했습니다. ❶

❶ 혹은 진한 회색 계열도 좋습
니다.

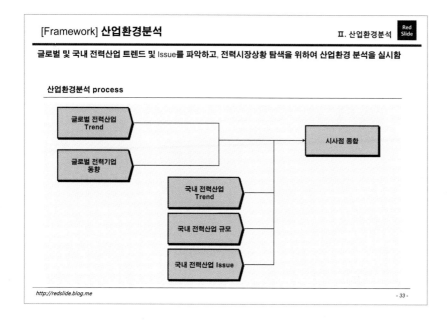

보고서를 작성하다 보면 내용이 많지 않아서 여백이 많은 슬라이드가 나올 수 있습니다. 이런 경우에는 어떻게 보완할 수 있을까요? 다음 두 예시 보고서를 비교해 보겠습니다.

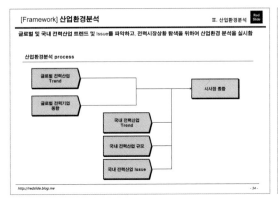
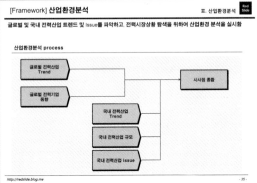

혹시 두 보고서가 어떤 차이점이 있는지 찾았나요? 두 번째 보고서의 슬라이드 배경을 자세히 보면 흐릿하게 무언가를 채우고 있습니다. 바로 도형의 패턴 채우기를 활용해서 슬라이드 배경을 채운 것입니다. 슬라이드에 여백이 많아 다소 허전해 보인다면 이런 기능을 활용하는 것도 좋습니다.

예시처럼 배경을 채우는 방법을 알아보겠습니다.

사각형을 하나 만들고 마우스 오른쪽 버튼으로 클릭합니다. 나타나는 바로가기 메뉴에서 [도형 서식]을 선택하면 [도형 서식] 작업창이 열립니다. [채우기] → [패턴 채우기] → [밝은 하향 대각선]을 선택합니다. [전경색]은 [흰색, 5% 더 어둡게]나 [흰색, 15% 더 어둡게] 정도로 설정하고 도형의 테두리 선은 없도록 설정합니다. 설정된 색상의 빗살무늬로 도형이 채워집니다. 이 도형의 크기를 슬라이드 내용에 맞게 조절해서 배경으로 사용합니다.

SECTION 03 매트릭스의 활용 ① : 기본

2×2 매트릭스는 보고서에서 많이 사용되는 전략적 사고 프레임 중의 하나로 여러 가지 도형이 결합된 형태입니다. 다음 예시에서는 BCG 매트릭스❶를 통해서 비즈니스 포트폴리오가 변화되는 모습을 표현하였습니다.

❶ 보스턴 컨설팅 그룹(Boston Consulting Group)에 의해 1970년대 초반 개발된 것으로 기업의 경영 전략 수립에 있어 하나의 기본적인 분석 도구로 활용되는 비즈니스 포트폴리오 분석 기법. 정의 출처 : 네이버 시사상식사전

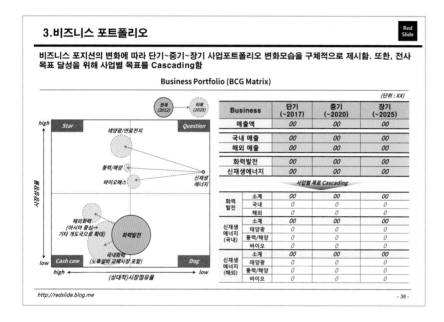

2×2 매트릭스의 기본 형태를 만드는 방법을 설명하겠습니다.

01 [홈] 탭 → [그리기] 그룹에서 ▾을 클릭하고 [직사각형]을 선택합니다. Shift를 누른 채 마우스를 드래그하여 원하는 곳에 정사각형을 그립니다.❶

❶ 사각형을 그릴 때 Shift를 누르고 그리면 정사각형이 그려집니다. 원을 그릴 때도 마찬가지입니다.

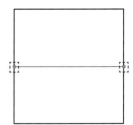

02 그후 도형 안으로 마우스 포인터를 이동시키면 도형 상하좌우에 자동으로 중심점이 나타납니다. 선의 연결을 쉽게 할 수 있도록 가상의 점이 생성되는 것입니다. 그 점들을 클릭해서 연결시킵니다.

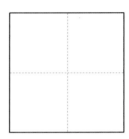

03 사각형 안쪽에 있는 선은 점선으로, 색은 [흰색, 50% 더 어둡게]로 설정합니다. 매트릭스의 기본 형태가 완성됩니다. 일반적으로 매트릭스 안에는 여러 개의 도형과 텍스트가 들어가므로 사각형 안쪽의 연결선은 점선과 회색 계열의 색으로 바꾸는 것이 깔끔합니다.

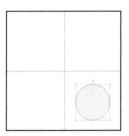

04 매트릭스 안에 원을 하나 그려 넣습니다. 테두리 선의 색은 [흰색, 35% 더 어둡게]를 선택하고 점선으로 설정합니다. 원 안은 [밝은 상향 대각선] 패턴으로 채우고 전경색은 [흰색, 35% 더 어둡게]로 설정합니다.

앞에서도 언급했듯이 도형의 전경색과 테두리 선의 변화에 따라 도형의 느낌이 상당히 달라집니다.

다음 예시 도형들을 살펴보겠습니다. 전경색을 [흰색, 5% 더 어둡게]와 같이 너무 연하게 하면 실제 인쇄했을 때 거의 표시가 나지 않습니다. 반대로 [흰색, 50% 더 어둡게]와 같이 너무 진하게 하면 인쇄했을 때 원 안쪽에 있는 글씨가 잘 보이지 않을 수 있습니다. 이런 점까지 고려하여 전경색의 농도에 따라 달라지는 도형의 느낌을 잘 알고 사용해야 하며 실선과 점선의 차이 또한 파악해 놓아야 합니다.

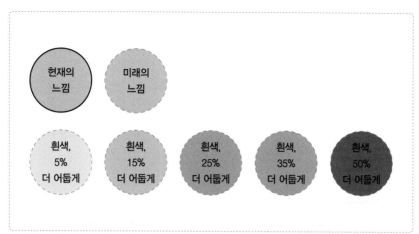

현재의
느낌

미래의
느낌

흰색,
5%
더 어둡게

흰색,
15%
더 어둡게

흰색,
25%
더 어둡게

흰색,
35%
더 어둡게

흰색,
50%
더 어둡게

테두리와 전경색의 농도에 따라 달라지는 도형의 느낌

SECTION 04 매트릭스의 활용 ② : 응용

2×2 매트릭스는 앞에서 설명한 정도로 작업해도 비주얼적으로 나쁘지 않지만 중요한 보고서이거나 프레젠테이션이 있을 때는 더 상세한 매트릭스가 필요합니다. 다음 예시는 경영진 프레젠테이션을 위해 기본 2×2 매트릭스에 비주얼적인 심화 작업을 한 것입니다.

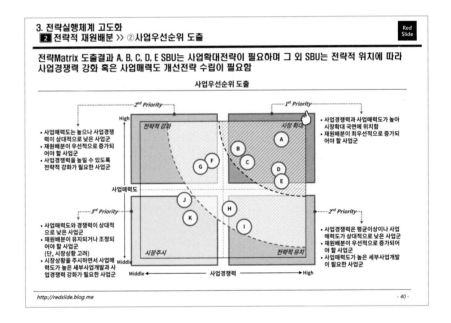

예시의 매트릭스처럼 꾸미는 방법을 알아보겠습니다.

01 기본 2×2 매트릭스 위에 사각형을 하나 그립니다. 사각형의 색은 [흰색, 35% 더 어둡게]로 설정하고, 테두리 선의 색은 [흰색, 50% 더 어둡게], 선 두께는 2.25pt로 설정합니다.

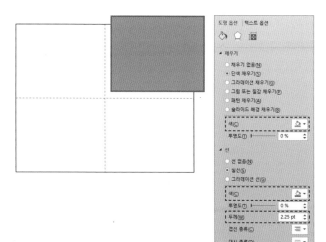

02 명도만 조절한 사각형 세 개를
더 만들어서 2×2 매트릭스 위에 각
각 위치시킵니다.

[채우기]
(흰색, 25% 더 어둡게)

[채우기]
(흰색, 35% 더 어둡게)

[채우기]
(흰색, 15% 더 어둡게)

[채우기]
(흰색, 5% 더 어둡게)

03 그런데 최종 결과의 매트릭스
와 기본 형태에서 미묘한 차이가 있
습니다. **02**에서는 추가로 그려 넣은
사각형이 기존 매트릭스보다 위에 있
는데 최종 결과에서는 기존 매트릭스
보다 아래에 있습니다. 추가한 사각
형들을 Shift를 누른 상태에서 각각
클릭하여 전부 선택합니다.

[채우기]
(흰색, 25% 더 어둡게)

[채우기]
(흰색, 35% 더 어둡게)

[채우기]
(흰색, 15% 더 어둡게)

[채우기]
(흰색, 5% 더 어둡게)

04 [그리기 도구] → [서식] 탭 → [정렬] 그룹에서
개체를 앞으로 가져오거나 뒤로 보낼 수 있습니다.
[뒤로 보내기▼]를 클릭하고 [맨 뒤로 보내기]를 선
택합니다. ❶

❶ 도형을 선택한 후 마우스 오른
쪽 버튼을 클릭하여 나타나는 바로
가기 메뉴에서 [맨 뒤로 보내기]를
선택해도 같은 결과가 나타납니다.

05 매트릭스 위에 추가한 도형들이
맨 뒤로 보내져 최종 결과와 일치하
는 기본 형태가 만들어집니다.

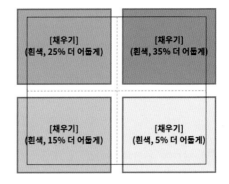

06 1/4원호를 추가해 보겠습니다. 파워포인트에서 1/4원호는 별도로 없고 [기
본 도형]을 보면 3/4원호 모양의 도형이 있습니다. 이 도형을 그린 후 선택하면 원
호 끝부분에 노란색 점이 두 개 보입니다. 이 점을 클릭하고 원호 모양을 따라 드
래그하면 1/2원호, 1/4원호도 그릴 수 있습니다.

07 1/4원호를 그리고 원호 안을 [밝은 상향 대각선] 패턴으
로 채우고 전경색은 연한 파랑으로 설정합니다. 선 색은 진한
빨강, 선 두께는 1.5pt, 대시는 파선으로 설정합니다.

08 여러 개의 도형을 겹쳐서 그릴 때에는 어떤 도형이 가장 앞에 있어야 하고, 가장 뒤에 있어야 하는지 개체의 순서를 잘 판단해야 합니다. 나머지 세부적인 내용은 예시로 제시한 파워포인트를 보고 따라해도 충분히 할 수 있을 것입니다.[1]

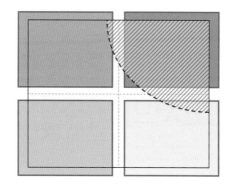

[1] 개체 순서 또한 보고서 작성에 많이 사용되는 기능이므로 빠른 실행 도구 모음에 두는 것이 좋습니다.

VISUAL UP 04

그래프를 활용한
보고서의 비주얼

❗ 파워포인트나 엑셀에서는 우리가 흔히 말하는 '그래프' 대신 '차트'라는 용어를 사용합니다. 이 책에서는 차트와 그 밖의 비슷한 성격의 구성 요소들을 통틀어서 '그래프'라고 지칭하겠습니다.

파워포인트로 만든 보고서에서 그래프❶는 텍스트 상자만큼 자주 사용하는 구성 요소입니다. 그러나 그래프를 활용한 보고서 작성이 익숙하지 않은 사용자가 생각보다 많습니다.

먼저 그래프의 종류를 살펴봅시다. 그래프는 크게 막대 그래프, 선 그래프, 원 그래프 등으로 나눌 수 있습니다. 그 종류에 따라서 쓰임도 조금씩 다릅니다. 그러므로 다양한 예시를 통해 상황별로 적합한 그래프를 선택하고 비주얼적으로 완성도가 높은 그래프를 그리는 방법은 보고서 작성의 기술 중 매우 중요한 부분입니다.

적합한 그래프를 선택했다면 이 그래프를 어떻게 그리는 것이 편리할까요? 파워포인트에서 그릴 수도 있지만 필자는 엑셀에서 기본 그래프를 그린 후 이를 복사하여 파워포인트에 붙여 넣습니다. 다양한 그래프를 그리기 위해서는 많은 데이터를 관리하고 활용해야 하는데, 엑셀이 파워포인트보다 관련 기능이 뛰어나 그래프 작업의 효율성이 훨씬 좋기 때문입니다.

❗ 예시들은 설명을 위해 필자가 임의로 설정한 데이터를 기반으로 작성된 그래프입니다. 기본적으로 파워포인트나 엑셀에서 그래프를 그리고 활용하기 위해서는 엑셀로 작성된 원본 데이터가 필요합니다. 그러므로 자신이 이해하기 쉬운 기본 엑셀 데이터를 만들어 놓고 그 데이터를 기반으로 이 책의 설명을 따라 해 보는 것을 추천합니다.

이 책에 예시로 제시된 그래프 역시 기본적으로 엑셀에서 그린 것입니다.❶ 그 후 이를 복사해서 파워포인트에 붙여넣기 한 뒤 가독성을 높이기 위한 세부적인 비주얼 작업을 진행했습니다. 그러면 지금부터 좀 더 전문가스러운 비주얼의 그래프는 어떻게 만들 수 있는지 다양한 예시를 통해 알아보겠습니다.

첫 번째로 기본적인 막대 그래프에 대해서 알아보겠습니다.

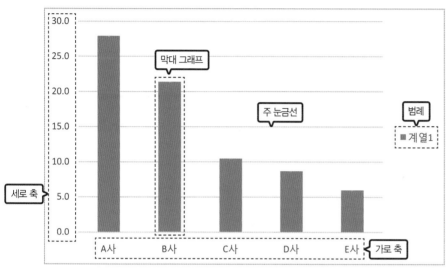

막대 그래프의 구성 요소

먼저 구성 요소를 보면 막대 그래프에는 '가로 축'과 '세로 축'이 있습니다. 또 막대 그래프가 의미하는 바를 알려주는 '범례'가 있고, 각 막대 그래프의 위치를 알려주는 '주 눈금선'이 있습니다.

막대 그래프를 꾸미는 방법을 단계별로 알아보겠습니다.

01 보고서에서 사용하는 그래프는 많은 정보를 제공하므로 깔끔한 것이 좋습니다. 특별한 경우가 아니면 세로 축과 주 눈금선을 삭제합니다. 예시는 막대 그래프가 한 가지라서 범례도 딱히 필요 없습니다. 삭제하

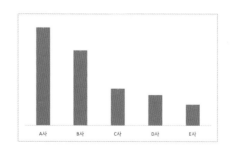

고 싶은 부분을 선택하고 Del 을 누릅니다.

02 막대 그래프의 데이터 값을 표시해 보겠습니다. 엑셀과 파워 포인트에서는 그래프의 데이터 값을 표시하는 다양한 데이터 레이블 옵션을 제공합니다. 막대 그래프를 선택한 상태에서 [차트 도구] → [디자인] 탭 → [차트 요소 추가▼]를 클릭하면 다양한 옵션을 설정할 수 있습니다. 각 메뉴에는 직관적인 아이콘이 있어서 어떤 옵션인지 쉽게 알 수 있습니다. [차트 요소 추가▼]에서 [데이터 레이블]을 선택합니다.

03 막대 그래프의 어느 위치에 데이터 레이블을 추가할지 설정할 수 있습니다. [바깥쪽 끝에]를 선택합니다. 아이콘처럼 막대 그래프 위쪽에 데이터 레이블이 표시됩니다.

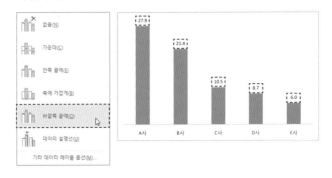

04 데이터 레이블 중 하나를 클릭하면 모든 데이터 레이블의 테두리에 사각형이 표시됩니다. 즉, 모든 데이터 레이블이 선택됩니다. 이 상태에서 글꼴, 글씨 크기, 색상 등을 수정할 수 있습니다.[1]

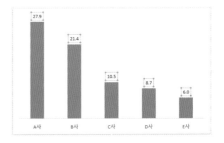

❗ 특정 데이터 레이블만 수정하고 싶으면 이 상태에서 원하는 레이블을 한 번 더 클릭합니다.

예시의 글꼴은 [본고딕]으로 설정하
고 [기울임꼴(Ctrl + I)]을 적용했습
니다. 'A사'의 값만 14pt로 크게 했
고 나머지는 10pt로 설정했습니다.

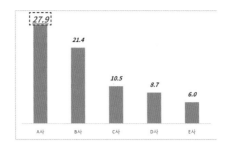

05 막대 그래프를 수정해 보겠습니다. 데이터 레이블
과 마찬가지로 그래프 하나를 클릭하면 전체 그래프가
선택됩니다.● 막대 그래프는 일종의 사각형입니다. 즉, 수
정하는 방법은 도형과 같습니다. 막대 그래프가 선택된 상
태에서 마우스 오른쪽 버튼을 클릭합니다. 나타나는 바로
가기 메뉴에서 [데이터 계열 서식]을 선택합니다. [채우기
및 선]의 [채우기]를 통해서 색상을 설정할 수 있고, [테두
리]에서 테두리 선을 설정할 수 있습니다.

❶ 특정 막대 그래프만 수정하고
싶으면 역시 이 상태에서 원하는 막
대 그래프를 한 번 더 클릭합니다.

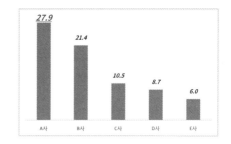

06 전체 보고서의 비주얼에 어울리도록 막대 그래프를 꾸밉니다. 예시에서는 [채우기]의 [색]을 [흰색, 35% 더 어둡게], [테두리]를 [선 없음]으로 설정했습니다.

세로 축의 범위 조절하기

엑셀에서 막대 그래프를 그릴 때 주의해야 할 사항이 하나 있습니다. 다음의 두 예시를 보면 금방 이해가 될 것입니다.

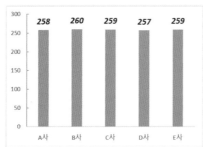 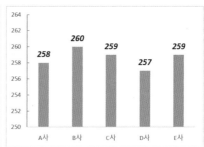

예시의 데이터 값은 257에서 260까지입니다. 1의 차이가 가지는 의미가 상당히 클 수 있는데, 왼쪽 그래프의 경우 그 차이를 눈으로 확인하기 어렵습니다. 엑셀에서 데이터를 입력하면 자동으로 지정되는 세로 축의 범위 때문입니다.

이런 경우에는 세로 축의 범위를 상황에 맞게 임의대로 설정합니다. **❶**

❶ 이 방법은 엑셀과 파워포인트 모두 사용할 수 있고 그 과정이 같습니다.

세로 축을 선택하고 마우스 오른쪽 버튼을 클릭합니다. 나타나는 바로가기 메뉴에서 [축 서식]을 선택합니다. [축 서식] 작업창의 [축 옵션]에서 [최소값]과 [최대값]을 조절하여 세로 축의 범위를 설정할 수 있습니다.

막대 그래프의 두께 조절하기

막대 그래프가 너무 넓거나 얇아서 어색하게 보일 때가 있습니다. 이때는 그래프의 두께를 조절할 수 있습니다.

막대 그래프를 선택한 상태에서 마우스 오른쪽 버튼을 클릭합니다. 나타나는 바로가기 메뉴에서 [데이터 계열 서식]을 선택합니다. [계열 옵션]을 보면 [간격 너비]가 있습니다. 이 [간격 너비]의 설정을 통해서 막대 그래프의 두께를 조절할 수 있습니다.

다음 예시들을 보면 이해를 돕기 위해 두께를 넓게 (50%), 좁게(500%) 조절했습니다.[1]

막대 그래프에 데이터 계열이 많다면 폭을 가늘게 하는 것이 깔끔하게 보입니다. 반대로 데이터 계열이 적으면 폭을 넓게 조절하는 것이 좀 더 보기 좋습니다.

❗ 이 방법 또한 엑셀과 파워포인트 모두 사용할 수 있고 그 과정이 같습니다.

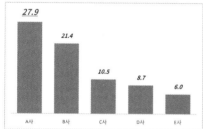

[간격 너비] 50%

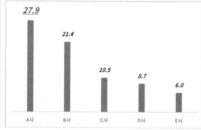

[간격 너비] 500%

SECTION 02 누적 막대 그래프 ① : 기본

다음 예시는 'Military', 'Industrial', 'Commercial', 'Personal' 4가지 분야의 연도별 변화량을 직관적으로 알 수 있는 누적 막대 그래프입니다. 예시처럼 그래프를 그리는 방법을 알아보겠습니다.

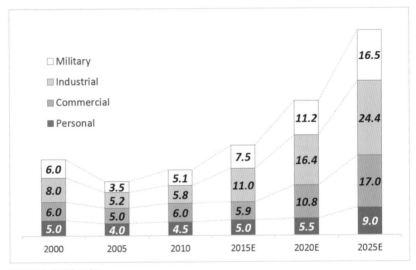

기본적인 누적 막대 그래프

01 엑셀에서 관련 데이터를 입력하고 [삽입] 탭 → [차트] 그룹에서 [세로 막대형 차트 삽입]을 클릭합니다. 그 후에 [2차원 세로 막대형] → [누적 세로 막대형]을 선택하면 다음과 같은 누적 막대 그래프가 생성됩니다.

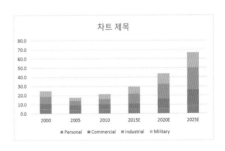

02 범례가 가로로 길게 되어 있으므로 누적 막대 그래프 순서와 같이 상하로 변환합니다. 누적 막대 그래프를 선택한 상태에서 [차트 도구] → [디자인] 탭 → [차트 레이아웃] 그룹의 [차트 요소 추가▼]를 클릭합니다. 그 다음 [범례] → [오른쪽]

을 선택합니다. 누적 막대 그래프의 순서와 동일한 범례가 오른쪽에 생성됩니다. 이 범례는 위쪽, 왼쪽, 아래쪽 등 다른 위치로도 설정할 수 있습니다.

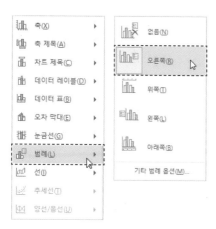
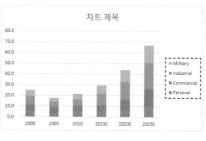

03 차트 제목, 세로 축 및 주 눈금선을 삭제합니다. 오른쪽에 있던 범례를 왼쪽 상단으로 이동시켰습니다. 범례는 클릭해서 드래그하면 그래프 내의 어느 위치로도 이동시킬 수 있습니다.

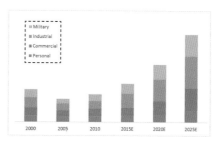

04 모든 계열 그래프에 데이터 레이블을 표시합니다. 가장 상단의 계열 그래프를 선택한 후 마우스 오른쪽 버튼을 클릭합니다. 나타나는 바로가기 메뉴에서 [데이터 레이블 추가] → [데이터 레이블 추가]를 선택

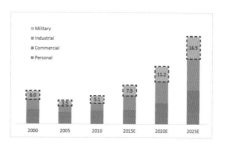

하면 데이터 레이블이 표시됩니다. 같은 방식으로 다른 계열 그래프에도 데이터 레이블을 표시합니다.

05 각 계열 그래프의 비중 변화를 좀 더 쉽게 알아볼 수 있도록 계열선을 넣습니

다. 그래프를 선택한 상태에서 [차트 도구] → [디자인] 탭 → [차트 레이아웃] 그룹의 [차트 요소 추가▼]를 클릭합니다. 그 다음 [선] → [계열선]을 선택합니다.

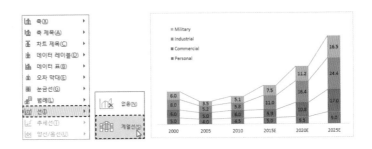

06 계열선을 좀 더 간결하게 보이도록 점선으로 바꾸겠습니다. 계열선을 선택한 상태에서 마우스 오른쪽 버튼을 클릭합니다. 나타나는 바로가기 메뉴에서 [계열선 서식]을 선택합니다. [계열선 서식] 작업창에서 [실선]을 선택하고 [색]은 [흰색, 30% 더 어둡게], [두께]는 [0.5pt], [대시 종류]는 [파선]으로 설정합니다.

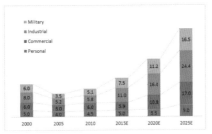 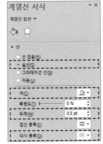

07 엑셀에서는 기본적으로 다양한 색상을 각 계열 그래프에 자동으로 지정합니다. 보고서를 컬러로 인쇄했을 경우에는 이를 그대로 사용해도 되지만 흑백으로 인쇄했을 경우에는 오히려 범례의 색상과 누적 막대 그

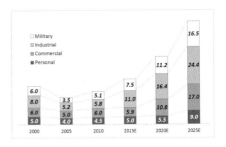

래프의 색상들을 구별하기 어려울 수 있습니다. 그러므로 색상을 예시처럼 회색 계열 색상으로 설정하는 것이 좋습니다. 프레젠테이션을 해도 깔끔하게 보이고

흑백으로 인쇄해도 문제가 없기 때문입니다.

색상을 바꾸는 방법은 앞에서 언급한 막대 그래프에서 색상을 바꾸는 방법과 같습니다. 색상을 바꾼 후 글꼴, 크기 등을 조절해서 가독성을 높이는 작업을 추가로 진행합니다.❶

❶ 예시의 그래프는 글꼴은 [본고딕], 크기는 11pt로 설정하고, [기울임꼴(Ctrl + I)]을 적용했습니다.

범례의 순서 바꾸기

다음 예시처럼 누적 막대 그래프의 순서와 범례의 상하 순서가 서로 달라서 범례의 순서를 조절해야 할 때가 있습니다.

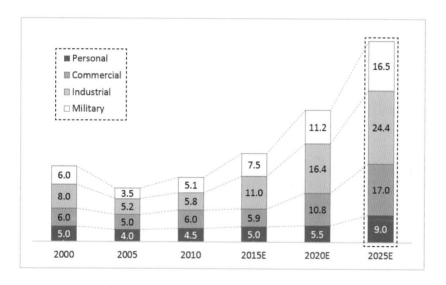

그 근본적인 이유부터 이해하면 이런 상황을 피할 수 있습니다. 누적 막대 그래프를 만드는 방법의 처음으로 돌아가 보겠습니다.

01 엑셀에서 관련 데이터를 입력하고 [삽입] 탭 → [차트] 그룹에서 [2차원 세로 막대형] → [누적 세로 막대형]을 선택합니다. 예시와 같은 누적 막대 그래프가 생성됩니다.

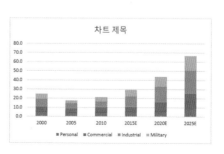

02 앞에서도 언급했듯이 범례를 클릭하여 드래그하면 위치를 옮길 수 있습니다. 또한, 클릭하고 나타난 조절점을 드래그하여 텍스트 상자처럼 모양과 크기를 조절할 수도 있습니다.

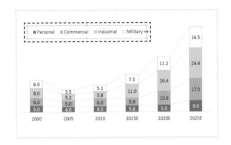

03 가로로 긴 범례를 세로로 배열하기 위해 조절합니다. 범례가 수직으로 배열되지만 그래프와 역순으로 배열됩니다. 이것은 최초에 가로로 되어 있던 범례를 세로로 배열하기 위해 텍스트 상자처럼 수동으로 조절하면서 발생한 현상입니다.

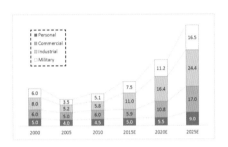

04 이때 범례 옵션의 설정을 통해 간단하게 해결할 수 있습니다. [차트 도구] → [디자인] 탭 → [차트 레이아웃] 그룹에서 [차트 요소 추가▼]를 클릭합니다. [범례] → [왼쪽]이나 [오른쪽]을 선택하면 범례의 순서가 누적 막대 그래프의 순서와 같아집니다.

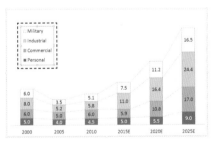

데이터 계열의 순서 바꾸기

다음 예시의 누적 막대 그래프는 'Military' 계열이 가장 위에 'Personal' 계열이 가장 아래에 있습니다. 필요에 따라 이 상하 순서를 바꾸는 방법을 알아보겠습니다.

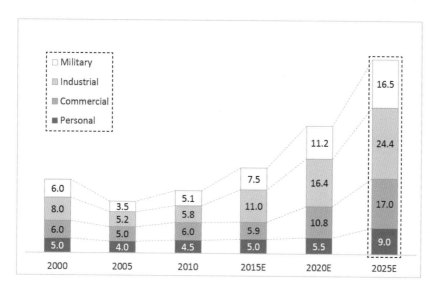

01 아무 그래프나 선택한 상태에서 마우스 오른쪽 버튼을 클릭합니다. 나타나는 바로가기 메뉴에서 [데이터 선택]을 선택합니다.

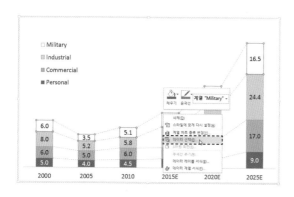

02 [데이터 원본 선택] 대화상자가 열립니다. 대화상자의 [범례 항목(계열)]에서 순서를 조절할 수 있습니다. 현재는 'Personal'~'Military' 순서로 되어 있습니다.

[범례 항목(계열)]에서 보이는 순서와 실제 누적 막대 그래프의 순서는 상하가 반대입니다. 즉, 'Personal' 데이터 계열이 누적 막대 그래프의 가장 아래에 있습니다.

03 'Personal' 데이터 계열을 가장 위로 옮기기 위해서 [범례 항목(계열)]에서 'Personal'을 클릭한 뒤 [▼]을 클릭하여 가장 아래로 이동시킵니다. [확인]을 클릭합니다.

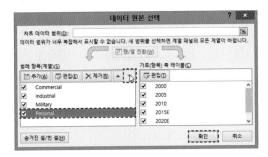

04 'Personal' 데이터 계열이 누적 막대 그래프의 가장 위로 이동했습니다. 이런 방식으로 범례와 누적 막대 그래프의 상하 순서를 얼마든지 조절할 수 있습니다.

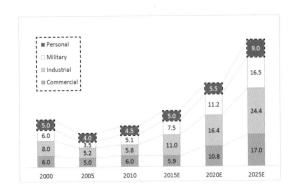

다음 예시는 통계청에서 제공하는 '1인 가구'부터 '7인 가구'까지의 통계 데이터를 1990년부터 2010년까지 시계열로 추이 분석한 것입니다. 전체 가구 수의 변화와 가구원 수별 가구 수의 변화를 동시에 보여주고 시사점을 도출하려면 예시처럼 누적 막대 그래프가 가장 적절합니다. 예시의 그래프를 단계별로 만들고 꾸미는 과정을 통해 보고서에서 누적 막대 그래프를 사용하는 방법에 대해서 알아보겠습니다.

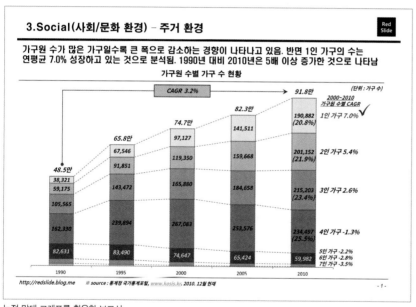

누적 막대 그래프를 활용한 보고서

01 엑셀에서 데이터를 입력하고, 누적 막대 그래프를 만듭니다. 차트 제목, 범례, 세로 축 및 주 눈금선을 삭제하고 계열선을 넣습니다. 가구 수를 보니 1인에서 4인 가구까지에 비해 5인 가구 이상은 그 비율이 상당히 적습니다. 그러므로 5인 가구까지만 데이터 레이블을 표시합니다. 엑셀로 만든 그래프를 복사해서 파워포인트에 붙여 넣습니다.

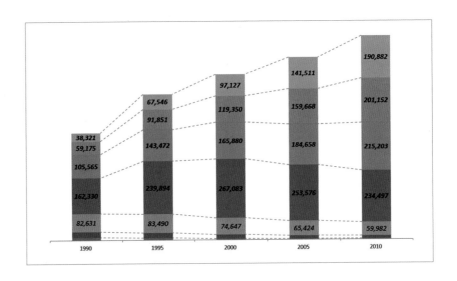

02 그래프 안에 텍스트 상자를 넣어서 관련 정보를 입력합니다.

- 1990년부터 2010년까지 시계열 데이터를 분석하니, 1인 가구의 연평균증가율 은 7.0%로 가장 높고, 4인 가구 이상은 오히려 줄어들고 있는 추세라는 것을 확 인할 수 있습니다.

- 각 계열 그래프에 대한 정보를 쉽게 확인하기 위해서 2010년 그래프 오른쪽에 텍스트 상자를 이용해서 관련 정보를 입력합니다. 그래프들이 계열선으로 연결 되어 있어서 비교적 쉽게 확인할 수 있습니다.

- 연도별로 총가구 수의 합을 누적 막대 그래프 위쪽에 텍스트 상자를 이용해서 넣습니다.

- 원래 범례는 7개(1인 가구~7인 가구)가 만들어지지만 범례가 많은 경우 누적 막대 그래프와 범례를 매칭시켜서 보기가 헷갈립니다. 그래서 기본 제공 범례 를 삭제하고 그래프 옆에 관련 정보를 텍스트로 직접 입력한 것입니다.

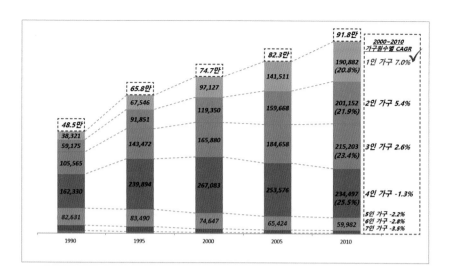

03 그래프의 색상도 회색 계열로 변경합니다. 마지막으로 그래프의 단위와 데이터 출처 등을 표시합니다. 이런 요소들은 보고서에 그래프를 넣을 때 잊지 말아야 합니다.

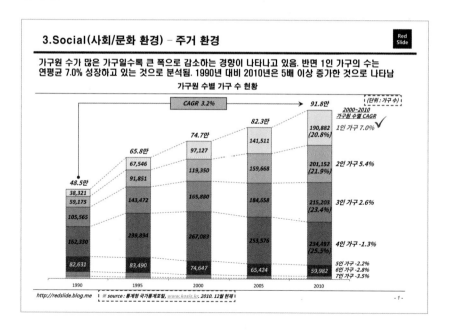

SECTION 04 선 그래프 ① : 기본

이번에는 선 그래프에 대해서 알아보겠습니다. 다음 예시는 엑셀의 기본 옵션으로 그려진 선 그래프입니다. 예시에서 알 수 있듯이 선 그래프에서 데이터 값으로 표시되는 부분을 '표식'이라고 합니다. 즉 예시처럼 5개의 데이터 값으로 이루어진 선 그래프는 5개의 표식이 있습니다. 몇 가지 옵션을 조절해서 기본 선 그래프를 비주얼적으로 아주 깔끔하게 만들어 보겠습니다.

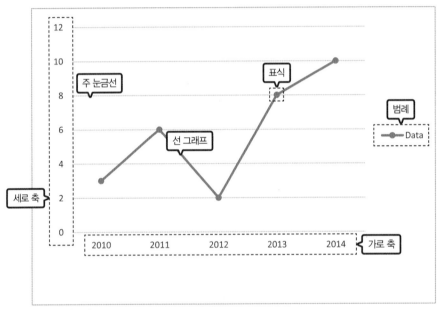

선 그래프의 구성 요소

01 세로 축, 주 눈금선, 범례 등을 삭제해서 가로 축과 선 그래프만 남깁니다.

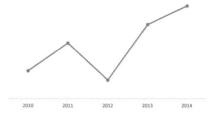

02 선 그래프를 선택한 뒤 마우스 오른쪽 버튼을 클릭합니다. 나타나는 바로가기 메뉴에서 [데이터 계열 서식]을 선택합니다. [데이터 계열 서식] 작업창이 열리고 [채우기 및 선] → [선]을 클릭하면 선 그래프를 수정할 수 있는 다양한 옵션이 있습니다. 색, 모양(대시 종류), 굵기 등을 수정할 수 있습니다. 선 그래프도 선으로 이루어져 있기 때문에 수정하는 방법은 일반적인 선과 같습니다.❶

❶ 다만 일반적인 선 수정과 다른 옵션이 하나 있습니다. 맨 밑에 있는 [완만한 선]에 체크 표시하면 직선 형태로 되어 있는 선이 부드럽고 완만한 형태의 선으로 바뀝니다.

03 [데이터 계열 서식] 작업창에서 선 그래프의 [색]은 [검정], [두께]는 [1pt]로 설정합니다.

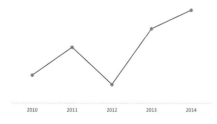

04 [데이터 계열 서식] 작업창의 [채우기 및 선] → [표식]에는 표식을 수정할 수 있는 다양한 옵션이 있습니다. [표식 옵션]에서는 표식의 모양과 크기를, [채우기]에서는 표식 안의 색을 바꿀 수 있습니다. [테두리]에서는 표식을 둘러싸고 있는 테두리 선의 색과 두께 등을 조절할 수 있습니다.

05 [표식 옵션]에서 [기본 제공]에 체크 표시하고 [형식]은 [원형], [크기]는 [10]으로 설정합니다. 그 후 [채우기]에서 [단색 채우기]에 체크 표시하고 [색]은 [흰색]으로 설정합니다. 마지막으로 [테두리]에서 [실선]에 체크 표시하고 [색]은 [검정], [두께]는 [2pt]로 설정합니다.

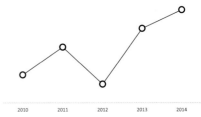

06 선 그래프를 선택하고 [차트 도구] → [디자인] 탭 → [차트 레이아웃] 그룹의 [차트 요소 추가▼]를 클릭합니다. 그 후 [데이터 레이블] → [위쪽]을 선택합니다. 데이터 레이블의 글꼴은 [맑은 고딕], 글자 크기는 11pt로 설정하고 [기울임꼴(Ctrl+I)]을 적용합니다.

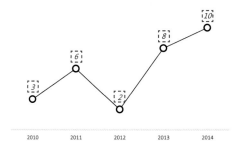

07 참고로 앞에서도 언급했듯이 [데이터 계열 서식] 작업창의 [선]에서 [완만한 선]에 체크 표시하면 표식과 표식 사이를 연결하는 직선이 말 그대로 완만하게 변합니다. 직선이 논리적, 이성적인 느낌을 준다면 완만한 선은 좀 더 감각적인 느낌을 줍니다.

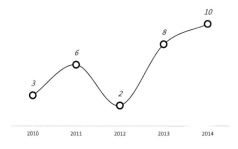

여러 개의 선 그래프를 같이 사용해서 복잡하지더라도 다음 예시처럼 표식을 다르게 설정하면 쉽게 구분할 수 있습니다. 또한 예시를 보면 실제 데이터인 2014년까지는 실선으로 하고, 예측 데이터인 2014년~2018년 구간은 점선으로 표현했습니다. 이렇게 선 그래프의 구간별로 대시 종류, 선 두께, 색상 등을 변경하는 방법을 알아보겠습니다.

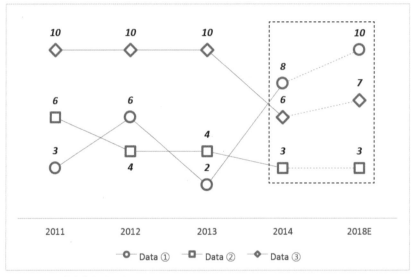

표식과 선의 설정을 활용한 선 그래프

01 변경이 필요한 구간의 선을 클릭하면 해당 선 그래프 전체가 선택됩니다. 여기에서 한 번 더 클릭하면 해당 구간의 선만 선택됩니다.

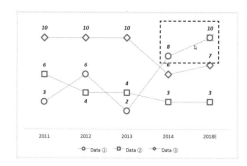

02 원하는 구간의 선을 선택한 후 마우스 오른쪽 버튼을 클릭합니다. 나타나는 바로가기 메뉴에서 [데이터 요소 서식]을 선택하면 [데이터 요소 서식] 작업창이 열립니다. 혹은 원하는 구간의 선을 더블클릭해도 열립니다. [채우기 및 선] → [선]에서 [대시 종류]를 파선으로 선택합니다.

03 원 모양 표식의 선 그래프에서 2014년~2018년 구간의 선이 점선(파선)으로 변경됩니다. 이렇게 상황에 따라 선 그래프의 구간별로 설정을 변경할 수 있습니다.

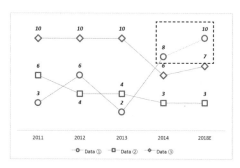

데이터 레이블이 표식과 겹치지 않게 하기

다음 예시는 데이터 레이블을 표식의 위쪽에 표시하도록 설정한 선 그래프입니다. 일부 구간의 데이터 레이블이 인접하는 그래프의 표식과 겹쳐져서 보기가 불편합니다. 이런 경우에는 상황에 따라서 데이터 레이블이 선 그래프 아래쪽, 혹은 오른쪽 등으로 표시되도록 설정합니다.

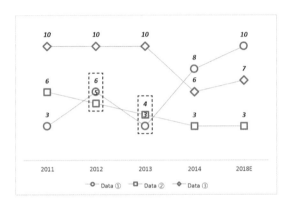

또는 일부만 겹치는 경우 해당 데이터 레이블만 겹치지 않게 이동시킬 수도 있습니다. 이동시킬 데이터 레이블을 클릭해서 원하는 위치로 드래그합니다.

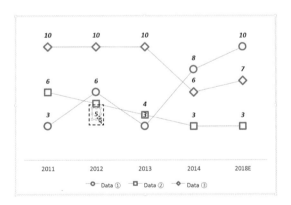

필요에 따라서는 두 가지 그래프가 혼합된 이중축 그래프도 사용할 수 있습니다. 예를 들어 연도별 매출액은 막대 그래프로, 영업이익률은 선 그래프로 표현되는 것입니다. 다음 예시처럼 Data ①은 막대 그래프로, Data ②는 선 그래프로 표현되는 이중축 그래프를 만들어 보겠습니다.

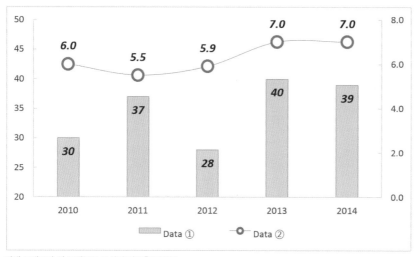

막대 그래프와 선 그래프로 구성된 이중축 그래프

01 엑셀에서 연도별 데이터를 입력합니다. 그 후에 '구분'부터 '7.0'까지 전부 블록 지정합니다.

구분	Data ①	Data ②
2010	30	6.0
2011	37	5.5
2012	28	5.9
2013	40	7.0
2014	39	7.0

드래그

02 [삽입] 탭 → [차트] 그룹에서 [세로 막대형 차트 삽입▼]을 클릭하고 [누적 세로 막대형]을 선택합니다.

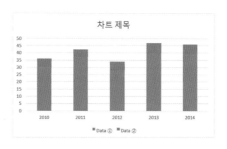

03 누적 막대 그래프에서 Data ②
그래프를 선택합니다. 마우스 오른
쪽 버튼 클릭 후 나타나는 바로가기
메뉴에서 [계열 차트 종류 변경]을
클릭합니다.

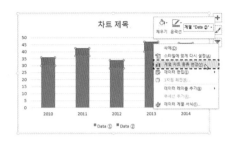

04 [차트 종류 변경] 대화상자가 열립니다. Data ②의 [차트 종류]를 [표식이 있
는 꺾은선형]으로 선택합니다. Data ②에 해당하는 [보조 축]에 체크 표시하고 [확
인]을 클릭합니다. **❶**

❶ 두 개의 그래프가 같이 사용되
므로 각 그래프에 대한 축을 설정
하기 위해서 그래프 왼쪽에 있는
'주 축' 외에 그래프 오른쪽에 '보조
축'을 생성합니다.

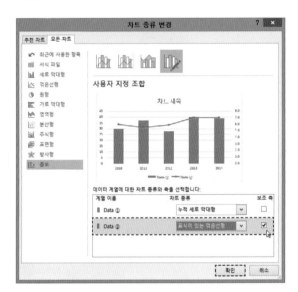

05 왼쪽과 오른쪽에 축이 만들어
지고 막대와 선 그래프가 만들어졌
습니다. 각 그래프를 보고서에 맞
게 꾸미고 데이터 레이블을 삽입하
는 것 등은 이미 앞에서 다루었으므
로 자세한 설명은 생략하겠습니다.

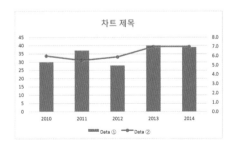

두 그래프의 데이터 레이블이 겹치지 않게 하기

이중축 그래프를 그릴 때는 비주얼적으로 주의해야 할 점이 있습니다. 양쪽 축의 최대값과 최소값을 적절히 설정하여 두 그래프의 데이터 레이블이 서로 겹치지 않도록 해야 한다는 것입니다. 이와 관련해서 다음 예시들을 비교해 봅시다.❶

❶ 이렇게 축의 눈금 설정이 바뀐 것만으로도 그래프의 비주얼 특성이 달라집니다. 보고서에서 그래프를 사용할 때는 해당 그래프가 표현하고자 하는 바를 가장 잘 보여줄 수 있는 설정 방법을 항상 고민해야 합니다.

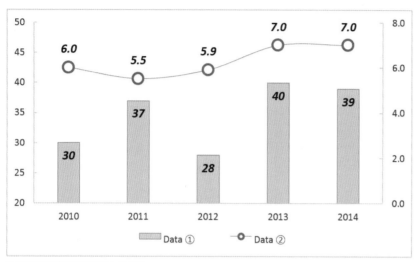

두 그래프를 완전히 떨어뜨려 놓은 경우

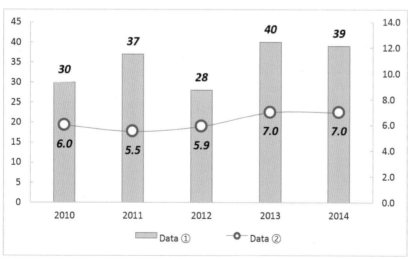

두 그래프는 겹치되 데이터 레이블은 서로 겹치지 않게 한 경우

이중축 그래프는 서로 축이 다르기 때문에 주 축과 보조 축을 표시하는 것이 좋습니다. 보통 비주얼을 위해서 주 눈금선만 삭제합니다. 그러나 이 경우 옆의 예시처럼 주 축과 보조 축에 숫자만 남아서 그래프가 너무 허전하게 보일 수 있습니다.

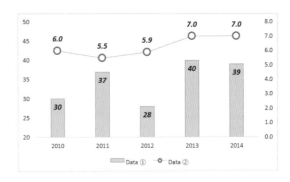

이때 축의 안쪽으로 눈금을 작게 넣으면 좀 더 밀도있게 보입니다. 주 축을 선택하고 마우스 오른쪽 버튼을 클릭합니다. 나타나는 바로가기 메뉴에서 [축 서식]을 선택합니다. [축 서식] 작업창이 열리면 [축 옵션] → [눈금] → [주 눈금]에서 [안쪽]을 선택합니다. 보조 축도 같은 방법으로 축 안쪽으로 눈금을 넣습니다. 주 축과 보조 축의 안쪽으로 작은 눈금이 만들어집니다.

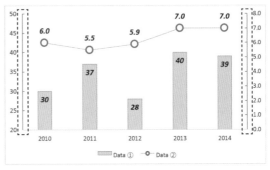

이중축 그래프를 응용하면 좀 더 다양한 그래프를 만들 수 있습니다. 다음 예시처럼 누적 막대 그래프와 선 그래프로 이중축 그래프를 구성하는 방법을 알아보겠습니다.

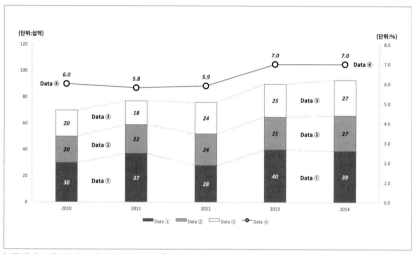

누적 막대 그래프와 선 그래프로 구성된 이중축 그래프

01 엑셀에서 연도별 데이터를 입력합니다. 그 후 예시처럼 전부 블록 지정합니다.

02 [삽입] 탭 → [차트] 그룹에서 [세로 막대형 차트 삽입▼]을 클릭하고 [누적 세로 막대형]을 선택합니다.

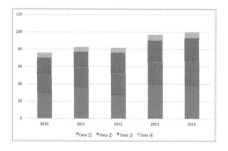

03 누적 막대 그래프를 선택한 상태에서 [차트 도구] → [디자인] 탭 → [차트 종류 변경]을 클릭합니다. Data ④의 [차트 종류]를 [표식이 있는 꺾은선형]으로 선택하고 [보조 축]에 체크 표시합니다. [확인]을 클릭합니다.

04 Data ①~Data ③ 계열 그래프는 누적 막대 그래프로 유지되면서 Data ④ 계열 그래프만 선 그래프로 바뀝니다. 이 방법으로 다중 선 그래프와 다중 누적 막대 그래프, 혹은 두 가지 그래프를 섞어서 목적에 맞는 다양한 형태를 만들 수 있습니다.

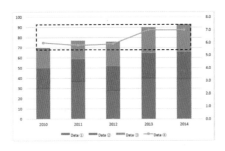

05 왼쪽과 오른쪽의 세로 축 값을 조절하여 그래프 간의 상하 위치를 맞추고, 데이터 레이블을 추가합니다. 선 그래프의 표식과 누적 막대 그래프의 색상을 변경합니다. 또한, 누적 막대 그래프의 계열선도 추가합니다.[!]

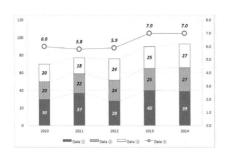

[!] 이렇게 그래프를 비주얼하게 꾸미는 작업은 앞에서 다루었기에 자세한 설명은 생략하겠습니다. 물론 짧은 시간에 이런 기능을 모두 숙지하는 것은 어렵습니다. 자주 사용해봐야 익숙해질 것입니다. 혼동되는 부분은 앞으로 돌아가서 다시 한번 관련 내용을 찾아보기 바랍니다.

06 그래프를 파워포인트에 붙여 넣은 후 상하좌우 여백을 고려하여 그래프 크기를 조절하고 추가적으로 필요한 정보는 텍스트 상자를 넣어서 관련 정보를 입력합니다. 특히 왼쪽 주 축과 오른쪽 보조 축 위에 단위를 입력합니다.[!] 또한 범례가 혼동될 여지가 있으므로 2010년과 2014년 그래프 근처에 범례를 알 수 있도록 텍스트 상자를 넣어서 필요한 정보를 추가로 입력합니다. 예시는 범례를 그대로 두었지만 좀 더 깔끔하게 보이도록 삭제해도 좋습니다.

[!] 막대 그래프와 선 그래프의 단위가 다를 수 있습니다. 그런 경우에는 주 축과 보조 축 상단에 단위를 반드시 표시해야 합니다.

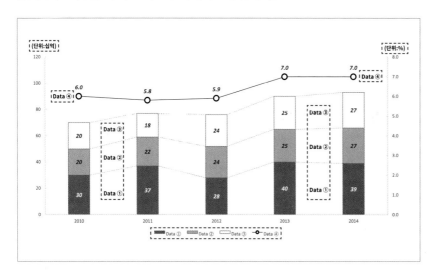

누적 막대 그래프에서 총합계 표시하기

다음 예시처럼 누적 막대 그래프 위에 총합계 표시는 어떻게 해야 할까요?

기본적으로 엑셀에서 누적 막대 그래프를 사용하면서 자동으로 합계가 표시되게 하는 옵션은 없습니다. 이때 이중축 그래프를 응용하면 누적 막대 그래프에 총합계를 표시할 수 있습니다. 합계를 표시하는 데 사용할 수 있는 두 가지 방법을 알아보겠습니다.

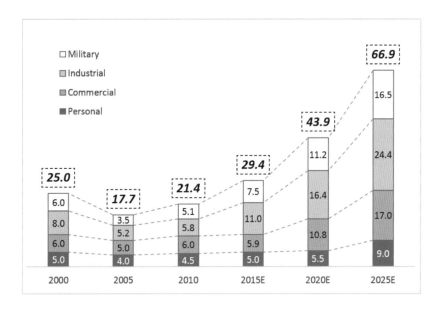

① 직접 합계를 입력하는 방법

가장 손쉬운 방법입니다. 엑셀로 작업한 그래프를 파워포인트에 붙여 넣은 뒤 텍스트 상자를 이용해서 합계를 입력하는 방법입니다. 보고서에 합계를 넣어야 하는 그래프가 많지 않다면 필자는 거의 이 방법을 사용합니다.

② 합계 계열을 추가하여 그래프 종류를 바꾸는 방법

보고서에 합계를 넣어야 하는 그래프가 여러 개라면 처음에는 조금 번거롭더라도 이 두 번째 방법으로 그래프를 하나 만들어 두고 복사해서 활용하면 편리합니다.

01 엑셀에서 데이터를 입력할 때 합계 데이터도 같이 입력해서 누적 막대 그래프를 만들겠습니다. 기존 데이터 오른쪽 끝에 연도별 합계인 'Sum' 열을 만들어서 추가합니다.

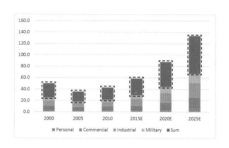

Part	Personal	nmercial	ndustrial	Military	Sum
2000	5.0	6.0	8.0	6.0	25.0
2005	4.0	5.0	5.2	3.5	17.7
2010	4.5	6.0	5.8	5.1	21.4
2015E	5.0	5.9	11.0	7.5	29.4
2020E	5.5	10.8	16.4	11.2	43.9
2025E	9.0	17.0	24.4	16.5	66.9

02 누적 막대 그래프를 만듭니다. 연도별로 가장 상단에 합계에 해당하는 그래프가 만들어집니다.

03 누적 막대 그래프를 선택한 상태에서 [차트 도구] → [디자인] 탭 → [차트 종류 변경]을 클릭합니다. Sum의 [차트 종류]를 [꺾은선형]으로 선택하고 [확인]을 클릭합니다.

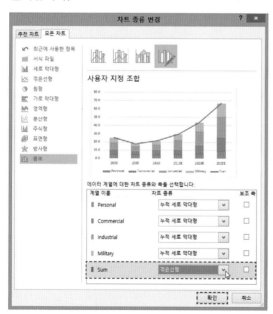

04 Sum 계열 그래프만 선 그래프로 변합니다. 선 그래프에 데이터 레이블을 표시하고 그래프 색상을 흰색으로 바꿉니다.

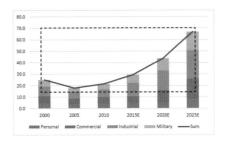

05 그래프가 보이지 않게 되어서 선 그래프의 데이터 레이블, 즉 누적 막대 그래프의 합계만 보입니다.

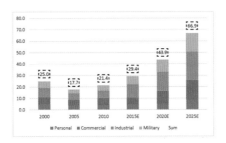

06 모든 계열 그래프에 데이터 레이블을 표시하고 그래프 색상을 조절합니다. 계열선을 추가하고 범례를 적정한 위치로 이동시키는 등 비주얼적으로 꾸미는 작업을 거쳐서 그래프를 완성합니다. 보고서에서 합계가 들어가는 다른 그래프가 필요한 경우 이 그래프를 복사한 뒤 변경해서 사용합니다.

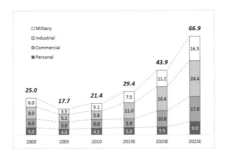

SECTION 08 이중축 그래프 ③ : 응용

이번에는 좀 더 전문성이 돋보이는 이중축 그래프를 살펴보겠습니다. 다음 예시는 2004년부터 2013년 5월까지의 ○○대출 금액 및 대출 인원 현황을 그래프로 나타낸 것입니다.

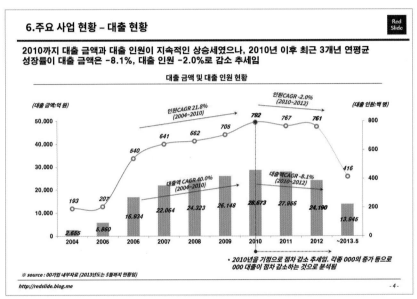

이중축 그래프를 활용한 보고서

그래프를 보면 대출 금액과 대출 인원 간에 상관관계가 있는 것을 금방 확인할 수 있습니다. 또한 2005년~2006년 사이 대출이 급격히 증가한 것을 확인할 수 있고, 2010년을 기점으로 대출 금액이 점차 감소하는 것을 알 수 있습니다. 이렇듯 이중축 그래프는 두 개의 정보를 한번에 직관적으로 보여줄 수 있습니다.

이 그래프를 만드는 과정을 간단하게만 소개하겠습니다.❶

❶ 기술적인 부분은 앞에서 충분히 설명했으므로 생략하겠습니다.

- 대출 금액은 막대 그래프로, 대출 인원은 선 그래프로 표현했습니다. 2004년에서 2012년까지의 데이터는 각각 1년치 합계이지만 2013년 데이터는 5월까지의 값이기 때문에 점선으로 표시했습니다. 그렇지 않으면 2013년이 대폭 하락

한 것으로 오해할 수 있기 때문입니다.

- 엑셀에서 그린 이중축 그래프를 파워포인트에 붙여넣기 한 뒤, 관련 정보를 텍스트 상자와 선으로 그래프 위에 표현했습니다. 보고서에서 사용하는 그래프는 이렇게 그래프 위에 다양한 추가 정보를 입력해야 되는 경우가 많습니다.

- 다양한 추가 정보를 입력해야 하므로 보통은 깔끔하게 보이도록 세로 축을 삭제하지만 이번 예시는 삭제하지 않았습니다. 이중축 그래프를 구성하는 막대 그래프와 선 그래프의 축 값이 서로 다르기 때문입니다. 이런 경우에는 서로 구분이 되도록 세로 축을 표시해야 합니다.

- 앞에서도 언급했듯이 이중축 그래프의 경우 왼쪽 축과 오른쪽 축의 최대값과 최소값의 범위를 주의해서 설정해야 합니다. 그래야 그래프의 가독성이 높아집니다. 예시에서는 두 그래프를 적절히 떨어뜨려 놓았습니다.

- 선 그래프의 데이터 레이블은 표식 위에 배치했고, 막대 그래프의 데이터 레이블은 CAGR❶을 그 위에 표시하기 위해서 가운데에 배치했습니다. 마지막으로 그래프의 단위와 데이터의 출처를 넣는 것을 잊지 말아야 합니다.

❶ CAGR(Compound Annual Growth Rate, 연평균 성장률)은 수 년간의 성장률을 평균으로 환산한 지표입니다. 이때의 평균은 단순한 산술 평균이 아니라 복리 개념이 들어간 기하 평균입니다.

이번에는 방사형 그래프에 대해서 알아보겠습니다. 방사형 그래프는 마치 거미줄과 같은 모양으로 보고서에서 설문 조사 결과 등을 표현할 때 자주 사용합니다. 방사형 그래프는 비주얼상 기본적으로 선 그래프와 같은 속성을 지니고 있습니다. 그러므로 같은 데이터로 방사형 그래프 대신 선 그래프를 만들어도 큰 문제는 없습니다. 다만 어떤 그래프가 해당 데이터를 가장 잘 설명할 수 있는지, 비주얼적으로 어느 그래프가 보고서에 더 잘 어울리는지 등을 판단하는 감각이 보고서 작성자에게는 꼭 필요합니다.

다음 예시는 직급별 인사제도의 만족도 차이를 알아보기 위해서 5점 척도[1]로 설문 조사를 실시하고 그 결과를 방사형 그래프로 표현한 것입니다. 이 그래프를 만드는 방법을 순서대로 알아보겠습니다.

❶ 5점 : 매우 만족, 3점 : 보통, 1점 : 매우 불만족

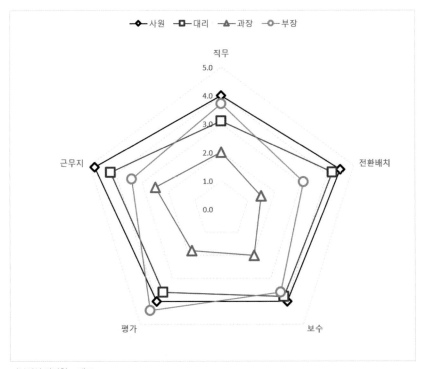

기본적인 방사형 그래프

01 엑셀에 설문 조사 결과를 입력하고 전체를 블록 지정합니다. 그후 [삽입] 탭 → [차트] 그룹에서 [주식형, 표면형 또는 방사형 차트 삽입▼]을 클릭하고 [표식이 있는 방사형]을 선택합니다.

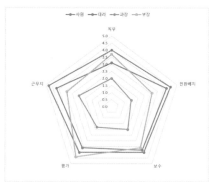

02 직급별 그래프의 표식과 선 그리고 주 눈금선을 수정하는 방법은 앞에서도 언급했듯이 선 그래프와 같습니다. 사원 그래프를 선택한 뒤 마우스 오른쪽 버튼을 클릭합니다. 나타나는 바로가기 메뉴에서 [데이터 계열 서식]을 선택합니다. [데이터 계열 서식] 작업창이 열리면 [채우기 및 선] → [선]에서 [실선]을 선택하고 [색]은 [검정], [두께]는 [1pt]로 설정합니다.

03 그 다음으로 표식의 옵션을 설정합니다. [표식] → [표식 옵션]에서 [기본 제공]을 선택하고 [형식]은 원 모양으로, [크기]는 [10]으로 설정합니다. [채우기]에서는 [단색 채우기]를 선택한 뒤 [색]은 [흰색]으로 설정합니다. [테두리]에서는 [실선]을 선택하고 [색]은 [검정], [두께]는 [2pt]로 설정합니다.

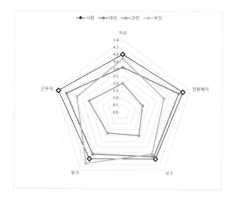

04 대리에서 부장까지도 같은 방법으로 표식의 옵션을 설정합니다. 처음보다 훨씬 가독성이 좋아졌습니다.

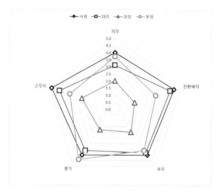

05 마지막으로 좀 더 가독성을 높이기 위해서 그래프 안에 있는 주 눈금선을 조절합니다. 주 눈금선을 선택한 상태에서 마우스 오른쪽 버튼을 클릭합니다. 나타나는 바로가기 메뉴에서 [축 서식]을 선택합니다. [축 서식] 작업창이 열리면 [축 옵션] → [경계]의 [단위]에서 [주]를 [1.0]으로 바꿉니다. 원래 0.5 단위로 주 눈금선을 표시하던 것을 1.0 단위로 바꾸는 옵션입니다. 방사형 그래프 안의 눈금선이 줄어들어서 한결 깔끔해 보입니다.

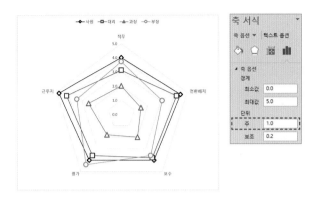

방사형 그래프의 가독성 향상시키기

다음 예시는 조직 진단을 위하여 OO기관의 5급에서 8급 공무원까지를 대상으로 설문 조사한 결과와 이를 방사형 그래프로 표현한 보고서입니다.

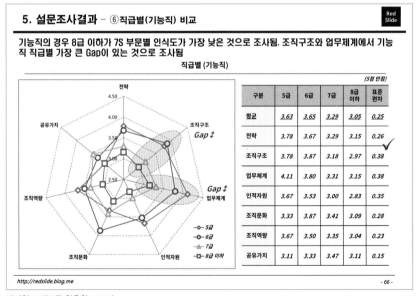

방사형 그래프를 활용한 보고서

이처럼 다양한 데이터 계열로 이루어진 방사형 그래프는 선이 많이 들어가 있어서 그래프 안에 데이터 레이블을 전부 넣으면 가독성이 낮아집니다. 그러므로 예시처럼 방사형 그래프 옆에 세부 데이터를 별도로 넣는 것이 좋습니다. 그래프에는 이슈가 있는 결과만 별도로 표시하고 그 시사점을 슬라이드의 헤드라인에 적습니다.

그래프의 주 눈금선을 보면 이 예시의 설문 조사 역시 5점 척도로 조사 결과는 3, 4점대가 주를 이루고 있습니다. 그에 맞춰서 주 눈금선의 최소값을 2.5, 최대값을 4.5로 설정하여 그래프의 간격도 조절합니다. 간격을 조절하지 않으면 방사형 그래프가 서로 중첩되고 가독성이 낮아지기 때문입니다.

이렇듯 방사형 그래프는 그 형태의 특성상 데이터 계열이 많을수록 가독성에 문제가 생기기 쉬우므로 작성자의 주의가 필요합니다. 다만 기본적으로 만들고 꾸미는 방식은 선 그래프와 같으므로 어렵지 않습니다.

원 그래프는 상대적인 비율을 직관적으로 파악하기 좋은 그래프입니다. 보고서에서 경쟁사와의 판매량 비교, 제품별 매출 비중 등 다양하게 활용할 수 있습니다. 원 그래프라고 하면 흔히 왼쪽 예시의 그래프를 생각하는데 비주얼적으로는 오른쪽 도넛형 모양의 그래프가 좀 더 세련된 느낌을 줍니다. 원 그래프를 만들고 꾸미는 방법을 알아보겠습니다.

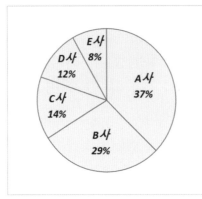

원형 원 그래프   도넛형 원 그래프

01 엑셀에 원본 데이터를 입력하고 데이터 전체를 블록 지정합니다. 그후 [삽입] 탭 → [차트] 그룹에서 [원형 또는 도넛형 차트 삽입▼]을 클릭하고 [도넛형]을 선택합니다.

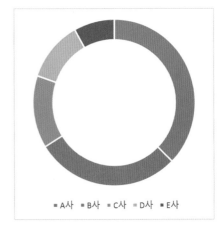

02 도넛형 원 그래프는 가운데 구멍 크기를 조절할 수 있습니다. 그래프를 선택한 상태에서 마우스 오른쪽 버튼을 클릭합니다. 나타나는 바로가기 메뉴에서 [데이터 계열 서식]을 선택합니다. [데이터 계열 서식] 작업창이 열리면 [계열 옵션]에서 [도넛 구멍 크기]를 조절할 수 있습니다.

03 [도넛 구멍 크기]를 0%로 조절하면 기본적인 원형 원 그래프가 되고 [도넛 구멍 크기]를 90%로 조절하면 아주 얇은 도넛형 원 그래프가 됩니다.

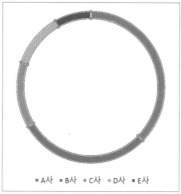

04 다른 그래프와 다르게 별도의 범례 없이 각각의 원호에 범례, 데이터 레이블, 백분율 등을 함께 표시해 보겠습니다. 먼저 범례를 삭제한 뒤 데이터 레이블을 표시합니다. 데이터 레이블을 선택한 상태에서 마우스 오른쪽 버튼을 클릭한 후 나타나는 바로가기 메뉴에서 [데이터 레이블 서식]을 선택합니다.

❶ 원 그래프에서는 범례를 별도로 표시하는 것보다 데이터 레이블과 같이 표시하는 것이 좀 더 직관적으로 알아볼 수 있기 때문입니다.

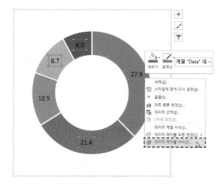

05 [데이터 레이블 서식] 작업창이 열리면 [레이블 옵션]에서 각각의 원호에 들어간 데이터 레이블의 다양한 옵션을 선택할 수 있습니다. [항목 이름], [값], [백분율]에 체크 표시하고 [구분 기호]를 [(줄 바꿈)]으로 선택합니다.

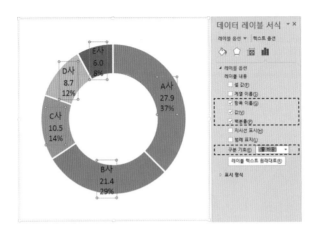

06 그래프가 거의 완성되었습니다. 보고서에 어울리도록 비주얼적으로 꾸미는 작업을 진행합니다. 도넛형 원 그래프도 다른 그래프와 같은 방법으로 색상, 크기, 글꼴 등을 변경할 수 있습니다.

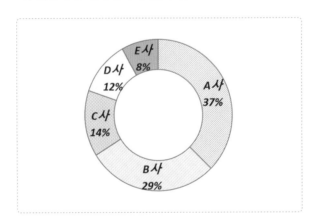

원 그래프 ② : 응용

다음 예시는 필자가 가상으로 만든 설문조사 결과를 도넛형 원 그래프로 만든 것입니다. 보고서에서 남성과 여성의 설문조사 결과가 극명하게 다르다는 점을 부각하기 위해서 도넛형의 그래프를 서로 대비하여 넣었습니다.

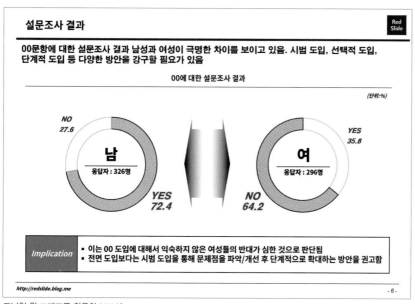

도넛형 원 그래프를 활용한 보고서

앞에서도 언급했듯이 도넛형 원 그래프는 속이 꽉찬 원형 원 그래프보다 좀 더 세련미가 있습니다. 또한 예시처럼 도넛 내에 비어있는 공간을 활용하여 총계, 시사점, 구분 표시 등을 다양하게 넣을 수 있는 장점이 있습니다.

도넛형 원 그래프를 만드는 방법과 옵션을 적용하는 방법은 앞에서 설명했기에 본 예시에 적용한 설정만 설명하겠습니다.

01 [도넛 구멍 크기]는 [75%]로 설정했습니다.

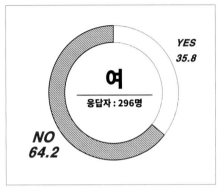
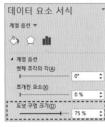

02 'NO' 원호는 [채우기]에서 [패턴 채우기]를 선택하고 [패턴]은 [어두운 하향 대각선], [전경색]은 [흰색, 50% 더 어둡게]로 설정했습니다. [테두리]에서는 [실선]을 선택하고 [색]은 [검정], [두께]는 [1pt]로 설정했습니다.

'YES' 원호는 [채우기]에서 [채우기 없음]을 선택했습니다. [테두리]에서는 [실선]을 선택하고 [색]은 [흰색, 25% 더 어둡게], [두께]는 [1pt]로 설정했습니다.

'NO' 원호 설정

'YES' 원호 설정

모든 그래프 중에서 '그래프의 꽃'이라고 불릴 수 있는 것이 바로 다음과 같은 매트릭스 그래프입니다.❶ X축과 Y축으로 이루어진 평면에 다양한 크기의 원이 자리잡고 있는 형태로 보고서에 '경쟁사 비교', '제품 포트폴리오 분석' 등을 넣을 때 자주 활용합니다.

매트릭스 그래프를 만들기 위해서는 X축과 Y축을 비롯해 원의 크기까지 고려하여 총 세 가지 데이터가 필요합니다. 다음 예시는 경쟁사들의 해외매출비중, ROIC,❶ 매출액의 세 가지 데이터를 바탕으로 만든 경쟁사 비교 및 분석을 위한 매트릭스 그래프입니다. 이 그래프를 만드는 과정을 한번 살펴보겠습니다.

❶ 파워포인트나 엑셀에서는 이런 그래프를 '분산형 차트'라고 정의합니다. 그러나 현장에서는 이런 그래프를 '매트릭스'라고 부르는 경우가 많습니다. 여기에서는 '매트릭스 그래프'라고 정의하겠습니다.

❶ ROIC(Return On Invested Capital. 투하자본수익률)은 생산 및 영업 활동에 투자한 자본으로 어느 정도 이익을 거두었는지를 나타내는 지표입니다.

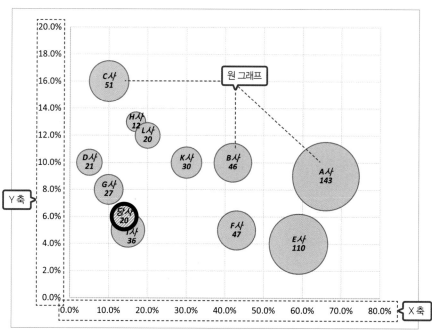

매트릭스 그래프의 구성 요소

01 해외매출비중은 X축으로, ROIC는 Y축으로, 매출액은 원의 크기로 표현합니다. 데이터를 모두 엑셀에 입력하고 데이터 부분을 블록 지정합니다. [삽입] 탭 → [차트] 그룹에서 [분산형(X, Y) 또는 거품형 차트 삽입▼]을 클릭한 뒤 [거품형]을 선택합니다.

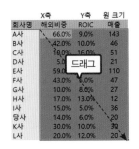

02 매트릭스 그래프의 눈금선은 지우지 않는 것이 좋습니다. X축과 Y축의 값이 중요한 정보를 제공하기 때문입니다. 다만 눈금선이 너무 진하고 두꺼운 선으로 되어 있으면 복잡해 보이므로 색은 회색 계열, 두께는 0.5pt~1pt정도로 설정하는 것이 비주얼적으로 깔끔합니다.

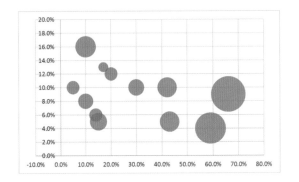

03 X축 최소값을 0으로 설정합니다. 그 후 원을 선택하고 마우스 오른쪽 버튼을 클릭합니다. 나타나는 바로가기 메뉴에서 [데이터 레이블 추가]를 선택합니다. 원의 안쪽에 데이터 레이블을 위치시키기 위해 데이터 레이블을 선택한 상태에서 [차트 도구] → [디자인] 탭 → [차트 레이아웃] 그룹에서 [차트 요소 추가▼]를 클릭합니다. [데이터 레이블] → [가운데]를 선택합니다.

이때 X축과 Y축은 제대로 설정되었지만 데이터 레이블을 보면 매출액이 아닌 ROIC 값이 들어가 있습니다. 또한 원의 이름이 없으니 어떤 원이 어떤 회사인지 확인이 어렵습니다.

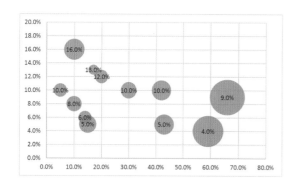

04 원 안에 들어가 있는 데이터 레이블을 선택한 뒤 마우스 오른쪽 버튼을 클릭합니다. 나타나는 바로가기 메뉴에서 [데이터 레이블 서식]을 선택하면 [데이터 레이블 서식] 작업창이 열립니다. [레이블 옵션]에서 [Y 값]의 체크 표시를 해제하고 [거품 크기]에 체크 표시합니다. 그 후 [셀 값]에 체크 표시하면 [데이터 레이블 범위] 대화상자가 열립니다. 이 상태에서 원본 데이터의 회사명 부분을 드래그해서 선택합니다. 대화상자의 입력란에 해당 값이 자동으로 입력됩니다. [확인]을 클릭하고 마지막으로 [구분 기호]를 [(줄 바꿈)]으로 선택합니다.

05 기본적인 그래프가 만들어졌습니다. 매트릭스 그래프를 꾸미는 방법은 앞에서 배운 다른 그래프와 같습니다. 원의 색상, 데이터 레이블의 글꼴, 크기 및 색상 등을 조절해서 가독성을 높일 수 있습니다.

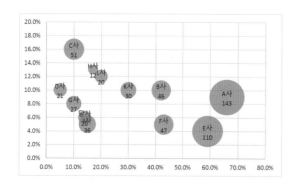

보고서 자체의
완성도를
높이는
MAKE UP

지금까지 파워포인트 기본 기능과 보고서의 비주얼에 관련된 스킬을 배웠습니다. 이 정도
의 스킬만으로도 파워포인트로 작성하는 보고서의 비주얼을 한층 업그레이드 할 수 있습니
다. 하지만 그보다 더 중요한 것은 보고서 자체의 완성도를 높이는 것입니다.

PART 04에서는 구체적으로 어떤 자료나 데이터를 보고서화하기 위해 콘텐츠를 배치하는
방법과 표, 도형, 그래프의 세 가지 보고서 패턴에 대해서 소개합니다. 다른 파트들과 더불
어 이 파트를 숙지하고 익힌다면 자료를 잔뜩 쌓아 두고 고민만 하는 것이 아니라 이를 가
공하여 완성도 높은 보고서를 작성할 수 있는 스킬을 얻을 것입니다.

보고서 목적에 맞는
유형과 패턴 고르기

사람들에게 '프레젠테이션의 명장' 하면 누가 떠오르냐고 묻는다면 어떤 대답이 가장 많이 나올까요? 많은 사람이 아이팟, 아이폰, 아이패드를 탄생시킨 애플의 스티브 잡스라고 답할 것입니다. 지금은 고인임에도 불구하고 여전히 그의 프레젠테이션 동영상은 세계 각국의 언어로 번역되어 유튜브에서 엄청난 조회 수를 기록하고 있습니다. 그의 프레젠테이션 스킬을 따라하고 싶은 사람들을 통해서 계속 회자되고 있는 것입니다. 많은 사람들이 훌륭하다고 하니 우리가 실무에서 사용하는 보고서도 잡스의 프레젠테이션처럼 만들면 어떨까요?

앞에서도 조금씩 언급해 왔지만, 여기서는 보고서의 밀도와 구성에 따른 다양한 유형과 파워포인트로 작성하는 보고서에서 가장 많이 사용하는 패턴을 이해한 후 목적에 맞는 보고서의 유형과 패턴을 고르는 안목을 길러 보도록 하겠습니다.

앞서 언급한 스티브 잡스의 프레젠테이션에는 어떤 특징이 있는지 살펴보겠습니다. 다음 그림을 보면 프레젠테이션에 사용하는 파일들은 전부 한 장의 슬라이드에 이미지 한두 컷, 혹은 몇 개의 단어로만 이루어져 있습니다. 핵심적인 이미지와 텍스트만 넣어서 보는 사람이 직관적으로 이해할 수 있도록 만든 것입니다.

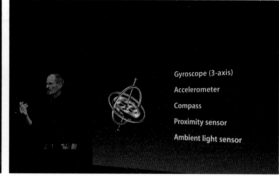

그러나 우리는, 우리의 보고서를 필요로 하는 모든 이에게 스티브 잡스처럼 충분히 설명할 수 있는 시간과 기회를 얻지 못할 수 있습니다. 그렇다면 몇 개의 이미지 컷과 단어로 구성된 파워포인트 자료만으로는 보고서의 내용을 이해시킬 수 없을 것입니다. 그러므로 실무에서 사용하는 보고서는 프레젠테이션을 보지 못한 사람들이 보고서 자체만으로도 그 내용을 이해할 수 있도록 정리해야 합니다. 또한 모든 문서가 그렇듯이 보고서도 그 목적과 용도에 따라서 작성하는 양식이 달라져야 합니다.

먼저 보고서의 일반적인 특징을 고려하여 파워포인트로 작성하는 보고서의 유형을 '보고서 밀도'와 '보고서 구성'을 기준으로 분류해 보겠습니다.

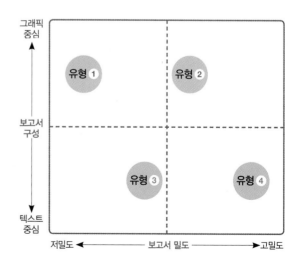

여기에서 '보고서 밀도'는 한 장의 슬라이드에 들어가는 텍스트를 포함한 콘텐츠의 양을 뜻하고, '보고서 구성'은 콘텐츠의 비주얼적인 구성 형식이 그래픽 중심인지 텍스트 중심인지를 뜻하는 것입니다.

❶ 보고서 출처 : 산업통상자원부 2014년 1/4분기 수출입 동향 관련 인포그래픽 보고서. http://www.korea.kr

유형 ① : 밀도가 낮고 구성이 그래픽 중심인 보고서❶

다양한 그래픽 요소가 들어가 있는 보고서입니다. 파워포인트에서 기본적으로 제공되는 클립아트를 사용하지 않고 포토샵 등의 그래픽 전문 프로그램을 활용했습니다.

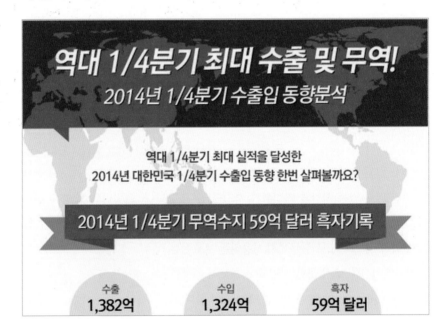

이렇게 낮은 밀도의 보고서는 프레젠테이션을 주목적으로 하며 대체로 빔 프로젝터로 스크린에 비추며 발표자가 말로 설명합니다. 글자 수가 적으므로 글꼴의 크기가 큰 것이 특징입니다. 기업에서는 통상 'CEO용 보고서'라고 하며 경영진 보고용이나, 기업 소개 자료 등 홍보용일 때 이런 낮은 밀도와 그래픽 중심의 구성으로 보고서를 작성합니다.

· **글꼴 종류** : 2~3가지

· **글꼴 크기** : 제목 30pt 이상, 본문 20pt 이상

유형 ①의 일반적인 글꼴 설정

유형 ② : 밀도가 보통이고 구성이 그래픽 중심인 보고서 ❶

유형 ①보다 보고서의 밀도가 높고 다양한 그래픽적 요소를 통해서 일종의 인포그래픽으로 표현한 보고서입니다.❶

❶ 보고서 출처 : GS칼텍스 인포그래픽 보고서. http://www.insightofgscaltex.com/?p=55476

❶ 본 도서에서는 '그래픽적 요소'를 '포토샵 등의 그래픽 전문 프로그램을 사용하여 일반적인 파워포인트의 기능을 뛰어넘는 비주얼을 가진 요소'라고 정의하겠습니다.

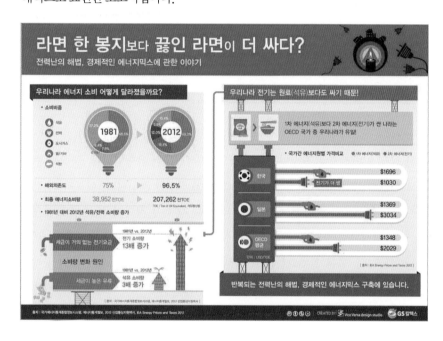

유형 ③ : 밀도가 보통이고 구성이 텍스트 중심인 보고서

유형 ①, ②와 가장 다른 점은 그래픽적 요소가 거의 없다는 것입니다. 예시의 경우 파워포인트에서 기본적으로 사용할 수 있는 요소들만 활용했습니다.

2.정부정책환경 (Political)

정부에서는 관계부처 합동으로 창조경제 구현을 위한 중소기업 생산성 향상대책을 마련하여 안정적이고 지속적인 지원
방안을 내놓고 있음

중소기업 지원책 확대

기술개발 및 생산현장 역량강화	• 출연(연)의 중소기업 R&D 지원 확대 및 업종별 중소기업 기술개발 지원센터 지정/운영 • 중소기업형 스톡옵션제 도입으로 우수 기술인력의 중소기업 유치 및 장기재직 유도 등 -일정기간(5년 이상) 장기재직한 기술인력에 대해 주식 대신 중소기업과 근로자가 공동으로 적립한 납입금을 인센티브로 지급
사업화 및 시장개척 지원	• 우수 제품의 초기시장 정착을 위한 공공구매 제도 개선 • 대기업 등의 수요를 전제로 하는 기술개발 지원 확대 • 기업별 역량에 따른 맞춤형 해외진출 지원 / 적정기술 보급 통한 현지진출로 틈새시장 개척 등
융합과 협력을 통한 시너지 창출	• 기술유출 방지 및 보호를 위한 법/제도적 기반 마련 -기술자료 임치금고 확충 및 임치대상 확대 / 기술유출 고위험 기업군에 보안솔루션 구축 지원 • 원부자재 공동구매 센터 설치로 생산비용 절감 지원 등

※ source : 창조경제 구현을 위한 중소기업 생산성 향상 대책. 2013. 6. 관계부처 합동

http://redslide.blog.me

- 2 -

유형 ③은 일반적으로 직장인들이 가장 많이 작성하는 유형입니다. 출력을 주목적으로 하되 프레젠테이션용도 겸할 수 있도록 작성한 것입니다. 이보다 더 작은 글자는 빔 프로젝터를 통해 스크린에 나타났을 때 너무 작아서 잘 보이지 않습니다. 이런 특징으로 경영진이나 관리자, 실무자에 이르기까지 골고루 어필할 수 있는 유형입니다. 물론 실무자들은 더 자세한 내용의 문서를 원하지만 글이 많아져서 밀도가 높아지면 바쁜 관리자들은 미처 다 읽지 못합니다. 밀도를 높이기보다 별첨 자료를 붙여서 자세한 사항은 따로 설명하는 것이 좋습니다.

· 글꼴 종류 : 2~3가지

· 글꼴 크기 : 제목 20pt, 헤드라인 16pt, 본문 14~16pt

유형 ③의 일반적인 글꼴 설정

유형 ④ : 밀도가 높고 구성이 텍스트 중심인 보고서

앞의 보고서들에 비해서 상당히 많은 양의 정보가 들어있습니다. 데이터를 기반으로 작성한 각종 그래프 및 예시 사진 등을 사용하여 객관적인 정보를 제공하기 위해 노력한 보고서입니다.

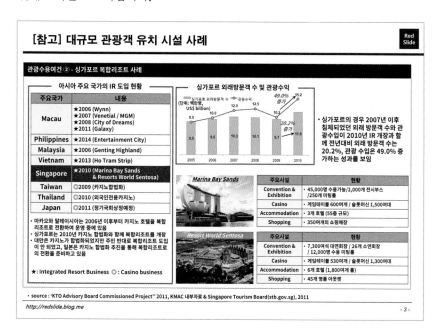

이렇게 높은 밀도의 보고서는 주로 출력을 목적으로 하므로 프레젠테이션용으로는 적절하지 않습니다. 빔 프로젝터를 통해 볼 때 본문의 글꼴 크기가 12pt 이하로 작을 경우 대부분의 글꼴은 찌그러져 보이기 시작해서 가까이 있는 사람도 내용을 파악하기가 어렵습니다. 만약 프레젠테이션용으로도 사용하려면 이런 점을 고려해서 파워포인트에 기본으로 설치된 글꼴을 사용하고 12pt이하의 글자는 미리 스크린에서의 가독성을 확인해야 합니다.

· **글꼴 종류** : 2~3가지

· **글꼴 크기** : 제목 18pt, 헤드라인 14pt, 본문 12pt 이하

유형 ④의 일반적인 글꼴 설정

이러한 유형의 구분은 어떤 보고서가 더 좋다, 나쁘다를 정하려는 것이 아닙니다. 파워포인트 보고서의 일반적인 형태를 유형화해서 어떤 상황에서 어떤 유형이 알맞은지를 알기 위한 것입니다. 얼핏 보기에도 유형 ①, ② 보고서와 유형 ③, ④ 보고서가 구분될 것입니다.

유형 ①, ② 보고서는 프레젠테이션용, 혹은 홍보용으로 맞춰서 편집된 보고서입니다. 한눈에 봐도 핵심만 파악할 수 있도록 만든 보고서로, 보통 이런 형태는 세부적인 자료와 데이터를 담은 별첨 보고서가 있습니다.

이에 반해 유형 ③, ④ 보고서는 핵심은 물론이고 그에 기반이 되는 객관적인 데이터, 세부적인 사항까지 같이 담아서 본 보고서 하나만 있는 것입니다. 실무에서 사용하는 보고서는 이와같이 프레젠테이션용과 출력용으로 동시에 활용할 수 있는 밀도로 작성하는 것이 좋습니다. 그래서 일반적으로 파워포인트 보고서는 유형 ③과 ④ 사이의 밀도가 가장 많습니다.

· **글꼴 종류 : 2~3가지 (3가지를 넘지 않음. 기본 글꼴 중에서 선택)**

· **글꼴 크기 : 제목 16~18pt, 헤드라인 15~16pt, 본문 12pt (10~14pt)**

파워포인트 보고서에서 가장 많이 사용하는 글꼴 설정

파워포인트는 본래 프레젠테이션을 주목적으로 개발된 프로그램으로 다양한 도형과 그래프를 그리고 편집하는 작업이 워드 프로그램보다 훨씬 편리합니다.

파워포인트로 작성하는 보고서에는 이 장점을 최대한 활용하면서 자주 사용하는 일관된 형태 즉, 패턴이 있습니다. 가장 많이 사용하는 패턴으로는 ① 표 중심, ② 도형 중심, ③ 그래프 중심 이렇게 세 종류가 있습니다. 간단하게 말해서 어떤 자료나 데이터를 기반으로 보고서를 작성할 때 표를 이용할 수도 있고, 도형을 이용할 수도 있고, 그래프를 이용할 수도 있다는 것입니다.

파워포인트로 작성하는 보고서에서 가장 많이 사용하는 패턴의 구분을 3차원 그래프로 표현해 보겠습니다.

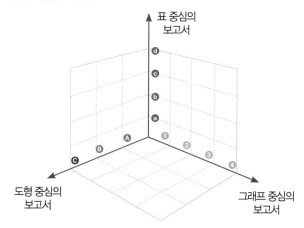

파워포인트 보고서에서 슬라이드 한 장을 놓고 볼 때 시간의 흐름별, 항목별 비교/분석을 위한 표 중심으로 이루어진 슬라이드는 '표 중심의 보고서 패턴'입니다.

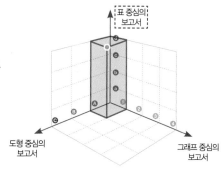

다양한 도형을 활용해서 구조적인 형태를 띈 슬라이드는 '도형 중심의 보고서 패턴'입니다.

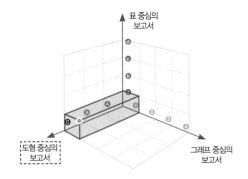

많은 데이터를 분석하기 위해 다양한 그래프가 들어간 슬라이드는 '그래프 중심의 보고서 패턴'입니다.

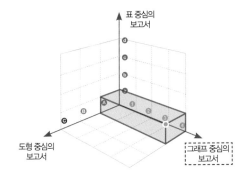

한 장의 슬라이드에 데이터를 종합 요약하여 그래프로 표현하고, 그래프에 대한 분석 결과와 시사점에 대해서 표와 도형을 함께 사용해서 표현할 수도 있습니다. 이런 식으로 표, 도형, 그래프가 두 가지씩, 혹은 전부 혼합된 패턴도 가능합니다.

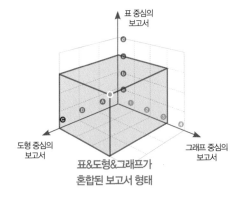

표&도형&그래프가 혼합된 보고서 형태

즉, 각 슬라이드의 패턴은 어떤 요소가 더 많이 들어갔느냐에 따라서 앞의 그림처럼 표, 도형, 그래프를 x축, y축, z축으로 가지는 3차원 그래프상의 어느 한 점에 위치합니다. 파워포인트로 보고서를 작성할 때는 슬라이드별 구성에 대한 가이드 라인으로 이러한 패턴의 선택이 필요합니다.

그럼 어떤 상황에서 어떤 패턴으로 보고서를 구성하는 것이 좋을까요?

필자가 내린 결론은 '정답은 없다'입니다. 자료의 종류, 보고서의 목적에 따라서 수많은 상황이 있고 그 상황마다 최적의 보고서 패턴이 다르기 때문입니다. 예를 들어서 각종 데이터를 요약하여 설명할 때 표를 이용할 수도, 도형을 이용할 수도, 그래프를 이용할 수도 있습니다. 또한 각각의 패턴을 이용하더라도 구성의 수준 에 따라 보고서 품질과 비주얼이 다르게 나타납니다. 데이터의 경우는 그래프로 표현하는 것이 일반적이지만 어설픈 그래프보다는 표로 깔끔하게 정리하는 것이 가독성이 더 높을 수 있습니다.

결국 보고서를 작성할 때 어떤 형태로 표현해야 좋을지를 끊임없이 고민하면서 다양한 상황에 대해서 계속 연습하고 경험하는 것이 보고서 작성의 정도(正道)입 니다.

그 연습에 도움이 되도록 보고서 작성시 많이 발생하는 상황들 중 어떤 상황에 어 떤 패턴을 이용해서 보고서를 작성하는 것이 좋을지 사례를 중심으로 소개하겠습 니다. 예시가 정답이라고 생각하지 말고 어떻게 바꾸면 더욱 좋을 것 같다는 생각 을 끊임없이 하면서 보기 바랍니다. 그러한 과정이 보고서 작성의 기술 향상에 큰 도움을 줄 것입니다.

표를 활용한 보고서 패턴

ℹ️ 정의 출처 : 네이버 사전

표는 '어떤 내용을 일정한 형식과 순서에 따라 보기 쉽게 나타낸 것'을 말합니다.[9] 여기에서 일정한 형식은 표의 세로 줄인 '열'과 가로 줄인 '행'을 의미합니다.

파워포인트에서는 [삽입] 탭 → [표] 그룹의 [표▼]를 클릭하면 표를 쉽게 그릴 수 있습니다. 표를 그리기 전에 가장 먼저 해야 하는 것은 열과 행의 수를 결정하는 것입니다. 그리기 위해서는 '어떤 묶음(카테고리)'으로 분류할 것인지를 결정해야 합니다. 이 묶음을 일정한 순서로 나열하면 표가 만들어집니다. 즉, 표는 열과 행을 구성할 때 어떤 묶음을 어떤 순서로 할 것인지 기준을 결정하는 것이 가장 중요합니다. 그리고 그 기준에 따라서 보고서의 품질이 달라집니다.

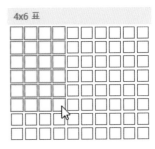

어떤 묶음을 어떤 순서로?

구분			

어떤 상황에서 표를 활용한 보고서 패턴을 사용하는 것이 좋을까요? 필자의 경우 다음 세 가지 상황에서는 우선적으로 이 패턴을 고려합니다.

바로 ①키워드에 대한 설명이 필요한 상황 ②비교나 평가가 필요한 상황 ③시계열적 표현이 필요한 상황입니다. 이 상황별 사례들을 [CASE STUDY]를 통해 살펴보겠습니다.

키워드에 대한 설명이
필요한 상황

다음 문서는 조직 내 협력을 방해하는 네 가지 장벽에 대해서 정리한 텍스트 형태의 보고서입니다. [●] 만약 이 문서를 파워포인트 형태의 보고서로 정리한다면 어떻게 해야 할까요? 천천히 읽으면서 생각해 봅시다.

[●] 보고서 출처 : '조직 내 협력, 과정보다 결과가 중요하다', LG경제연구원, 2014.11.19.

> 내부 협력을 제대로 실행하는 것은 말처럼 쉬운 것이 아니다. 조직 간에 협력을 방해하는 여러 가지 내부 장벽들이 존재하기 때문이다.
>
> 첫째는 타 부문으로부터 정보, 조언이나 도움을 구하려 하지 않는 NIH(Not Invented Here) 장벽 때문에 협력이 잘 이루어지지 않는다. NIH 장벽이 발생하는 주요 원인으로는 부문 중심의 폐쇄적인 조직 문화, 타 부문에 문제나 약점을 보이는 것에 대한 두려움, 자신의 문제는 남의 도움 없이 스스로 해결해야 한다는 고정 관념 등을 들 수 있다.
>
> 둘째는 보유하고 있는 정보나 지식을 타 부문에 제공하는 것을 꺼리는 독점(Hoarding) 장벽 때문에 협력이 잘 이루어지지 않는다. 독점 장벽이 발생하는 주요 원인은 부문 간의 과도한 경쟁, 부문이나 개인 성과 중심의 평가/보상 제도, 파워 상실에 대한 두려움, 과중한 업무로 인한 시간 부족 등을 들 수 있다.
>
> 셋째는 필요한 정보나 적합한 사람을 찾지 못하는 검색(Searching) 장벽 때문에 협력이 잘 이루어지지 않는다. 검색 장벽이 발생하는 주요 원인으로는 큰 조직 규모, 부문 간에 멀리 떨어져 있는 물리적인 거리, 정보의 과부하, 타 부문 구성원들과의 빈약한 인적 네트워크 등을 들 수 있다. 특히, 검색 장벽은 중소기업보다는 대기업일수록, 로컬 기업보다는 글로벌 기업일수록 크게 나타날 가능성이 높다.
>
> 넷째는 자기 부문에서 타 부문으로 지식이나 기술을 제대로 넘겨주지 못하는 이전(Transfer) 장벽 때문에 협력이 잘 이루어지지 않는다. 이전 장벽이 발생하는 주요 원인으로는 명시적으로 표현하기 어려운 암묵적 지식, 공통 언어(Common language)의 부재, 부문 간의 유대감 부족 등을 들 수 있다.

- 필자의 경우 텍스트 형태의 보고서를 보면 우선적으로 핵심 키워드를 찾는 데 주력합니다. 핵심 키워드는 텍스트로 이루어진 문서를 표로 정리할 때 구분 기준이 되기 때문입니다. 문서의 첫 번째 줄을 보면 '여러 가지 내부 장벽들이 존재한다'고 되어 있으며 그 뒤로 '첫째~넷째'까지 '네 가지 내부 장벽'에 대한 각

각의 의미와 발생 원인에 대해서 정리되어 있습니다. 이 네 가지 내부 장벽이 바로 핵심 키워드입니다.

- 먼저 표를 활용한 보고서 전체의 모습을 생각하면서 네 가지 내부 장벽을 구분의 기준으로 사용하여 표를 하나 그립니다. 그 다음 '의미'와 '발생 원인'을 요약해서 표를 채웁니다.

- 보고서의 문장은 주어, 목적어, 서술어 중심으로 요약하고 다듬어서 간결하게 표현합니다. 본문 내용을 요약한 중요 시사점을 헤드라인 메시지로 적습니다. 또한 이렇게 외부 자료나 데이터를 이용한 경우는 출처를 명시하는 것을 잊지 말아야 합니다. 이렇듯 텍스트 기반의 보고서는 키워드를 잘 도출하여 각각의 해당 내용을 표로 정리하기만 해도 논리적이고 구조적으로 보입니다.

- 이러한 과정을 통해 완성한 다음 예시는 표를 활용한 보고서 중 가장 기본적인 패턴입니다. 구분으로 나눈 키워드를 중심으로 그에 대한 세부적인 설명을 통해서 정보 전달의 목적으로 주로 사용합니다.

협력을 가로막는 내부 장벽

내부 협력을 제대로 실행하는 것은 쉽지 않음. 조직간에 협력을 방해하는 여러 가지 내부 장벽들이 존재하기 때문임. 이를 극복하기 위한 노력이 필요함

4대 내부 장벽

구분	의미	발생 원인
NIH 장벽 (Not Invented Here)	• 타 부문으로부터 정보, 조언이나 도움을 구하려 하지 않는 것	• 부문 중심의 폐쇄적인 조직문화 • 타 부문에 문제나 약점을 보이는 것에 대한 두려움 • 남의 도움없이 스스로 해결해야 한다는 고정관념 등
독점 장벽 (Hoarding)	• 보유하고 있는 정보 및 지식을 타 부문에 제공하는 것을 꺼리는 것	• 부문간 과도한 경쟁 • 부문 및 개인 중심의 평가/보상 제도 • 파워 상실에 대한 두려움 및 과중한 업무 등
검색 장벽 (Searching)	• 필요한 정보나 적합한 사람을 찾지 못하는 것	• 큰 조직 규모 및 부문간의 물리적인 거리 • 정보의 과부하 • 타 부문과의 빈약한 인적 네트워크 등
이전 장벽 (Transfer)	• 자기 부문에서 타 부문으로 지식이나 기술을 제대로 넘겨주지 못하는 것	• 암묵적 지식 및 공통 언어의 부재 • 부문간의 유대감 부족 등

Source : '조직내 협력, 과정보다 결과가 중요하다', 2014.11.19, LG경제연구원

http://redslide.blog.me

- 1 -

비교나 평가가 필요한 상황 ①

최근 들어 국내/외 주요 IT업체들이 다양한 스마트 워치를 경쟁적으로 출시하고 있습니다. 그에 따라서 시장에는 스마트 워치에 대한 긍정적이거나 부정적인 반응들이 있기 마련인데, 이와 같이 상대적인, 혹은 절대적인 기준에 의한 비교나 평가를 통해 시사점을 도출해야 하는 상황에서 다음 예시와 같이 표를 이용한 보고서 패턴을 많이 활용합니다.❶

 자료 출처 : '스마트 워치 여전히 존재의 이유가 필요하다', LG경제연구원, 2014.10.08.

- 우선 비교/평가의 기준이 있어야 합니다. 스마트 워치의 기능 측면, 디자인 측면, 가격 측면에서 장점과 단점을 비교하는 표를 이용했습니다.
- 정성적, 정량적 데이터를 기반으로 한 설명이 있어야 합니다.

스마트 워치

Red Slide

스마트 워치만의 [존재의 이유]가 절실했던 시장 상황을 고려할 때, 00 스마트 워치 역시 모두가 공감할 만한 그 무언가를 보여주지 못함. 시장이 00 스마트 워치를 냉정한 기준으로 다시 평가하기 시작하면서 스마트 워치 자체의 유효성에 대한 논란도 점차 확산되고 있음

| 00 스마트 워치에 대한 시장 반응 (요약) |

비교기준	긍정적	부정적
기능 측면	•운동 이외에 세부적 일상 생활까지 모니터링 가능 •실용적 기능 중심	•짧은 배터리 수명에 비해 불필요한 다수의 기능
디자인 측면	•다양한 화면 디자인과 시계줄을 통한 고급스러운 디자인 •스마트 워치 중 가장 진보적	•평상시 복장과 어울리기 힘든 디자인 •셔츠 소매에 들어가지 않는 두께
가격 측면	•브랜드, 기능, 디자인 등 대부분 요소에서 기대 충족 •적절한 가격대	•이전 모델과 호환불가 •효용 가치 대비 불필요하게 높은 가격

Source : 스마트 워치 여전히 '존재의 이유'가 필요하다, LG경제연구원, 2014.10.08, http://www.lgeri.com/industry/electronic/article.asp?grouping=01030200&seq=558&srchtype=0&srchword=

http://redslide.blog.me

- 21 -

비교나 평가가 필요한 상황 ②

OO기업의 중장기 전략 수립을 위해 외부 환경을 분석하고 외부 환경별로 기업에 미치는 기회 요인과 위협 요인을 비교 및 평가하고자 합니다.

- 정성 판단은 정량 판단에 비해 객관적인 비교와 평가가 어렵습니다.
- 정성적인 결과를 정량적으로 보이도록 하기 위해 문차트Moon chart를 이용합니다. 문차트는 보름달부터 초승달까지 달의 모양을 본떠서 상대적인 의미를 부여한 차트입니다.
- 각각의 요인과 그 시사점을 분석하여 표로 요약했습니다. 이를 기업에 미치는 기회 요인과 위협 요인으로 분류하고 문차트를 이용해서 비교 및 평가했습니다.

5. 외부환경분석 종합 시사점

상대적으로 강함 ← ●◗◐◑◒◓◔○ → 상대적으로 약함   **Red Slide**

PEST	시사점	기회	위협
정책	• 전력산업 컨트롤 타워 설치를 통해 전력산업 확대	◐	
	• 에너지분야 수출 및 국가에너지원 다양화(신재생에너지) 추진을 위한 정책 확대	◔	
	• 발전설비 확충을 통한 예비전력 확보	●	
	• RPS 도입을 통한 신재생에너지 공급확대 추진	◑ 장기	◑ 단/중기
경제	• 경제성장률 둔화 및 전력수요 증가율 점차 둔화 (전력수요는 점차 증가할 것으로 예상되나, 증가율은 점차 둔화)	◔	
	• 전반적인 경기침체에 따라 전방산업인 건설산업에 대한 신규투자 둔화		◐
	• 해외의존도가 높은 에너지 자원 (97%를 해외에서 수입)		●
사회 / 문화	• 에너지원단위 일인당 소비가 늘어가고 있는 추세로 가정 에너지에 관심과 대책이 높아짐	◑	
	• 전체적인 가구수 증가, 1인 가구 확대, 전자기기 확대 등에 따라 전력소비량 증가	◑	
기술	• 스마트 그리드를 중심으로 한 IT기술과 접목된 전력기반 기술 개발 가속화	◔	
	• 신재생에너지 활용을 위한 다양한 기술개발 가속화	◔	
	• 에너지 ESS(Energy Storage System)시장은 전력공급 안정화, 신재생 에너지 보급 확산 등의 부가가치 창출로 폭발적 시장 성장이 예측		◑

비교나 평가가 필요한 상황 ③

OO기업은 통합 리스크 관리 체계를 구축하고자 다양한 분석을 실시하고 있습니다. 관련 자료에 대한 검토와 내부 인터뷰를 통해 기업 경영에 영향을 미치는 요인을 도출하고, 4대 리스크 유형 중 어디에 해당하는지 파악해서 가장 큰 영향을 미치는 요인을 찾고자 합니다. 다음 예시는 기업에 미치는 영향 요인별로 어떤 리스크에 해당하는지 비교할 수 있도록 표로 정리한 것입니다.

- 표의 상단 행에는 4대 리스크 유형과 관련 내용으로 구분했고, 왼쪽 열에는 내/외부 주요 영향 요인으로 구분하여 분석하였습니다.

❓ PART 01의 [WARM UP 02 컨설턴트가 작성한 여러 가지 보고서]에서 소개했던 사례입니다.

3.사업 진단 - 4)사후 관리

Red Slide

기업에 영향을 미치는 4대(신용/금리/시장/유동성) 리스크가 존재함. 4대 리스크에 대한 모니터링 및 대응 방안 마련이 필요한 시점임. 특히 유동성 리스크가 기관에 가장 큰 영향을 미치는 것으로 대응 방안 마련의 중요성과 시급성이 가장 높음

기업에 영향을 미치는 4대 리스크 유형 정의

분석 관점	영향요인	❶신용	❷금리	❸시장	❹유동성	관련내용
정부 정책	정책 일관성				★	• 정부 정책 변화에 따른 유동성, 운영 리스크
외부 환경	연체율	★			★	• 연체율 상승으로 인한 신용 리스크
	취업율	★			★	• 원리금 상환 유예에 따른 신용, 유동성 리스크
	금리 인상율	★			★	• 금리 인상 시 연체율 상승 및 그에 따른 신용, 유동성 리스크
	가계 부채	★			★	• 가계 부채 증가로 인한 부도율 상승으로 신용, 유동성 리스크
	금리 인상		★	★	★	• 금리 인상에 따른 운용 유가증권 가치 하락에 따른 시장 리스크
내부 환경	대위변제 이행율	★			★	• 대위변제로 인한 신용 리스크 및 현금 유출에 따른 유동성 리스크
	구상 채권 회수율				★	• 구상 채권 회수 감소에 따른 현금 유입 감소로 인한 유동성 리스크
	조달 비용 증가		★		★	• 고정 금리 대출로부터 발생하는 유동성, 금리 리스크
	대출금리 감소		★			• 대출 금리가 조달 금리보다 낮아질 경우 금리 리스크 발생
	재단채 발행 규모 증가				★	• 대출 재원 확보의 어려움으로부터 발생하는 유동성 리스크
	금리 만기 불일치		★			• 금리민감부 자산 계정과 부채 계정의 금리 개정일 차이로 인한 금리 리스크
	자금 만기 불일치				★	• 현금 유입과 현금 유출

http://redslide.blog.me

- 5 -

비교나 평가가 필요한 상황 ④

표를 활용한 비교나 평가가 필요한 상황이 하나 더 있습니다. 바로 대안을 찾아야 하는 상황입니다. 예를 들어 규모가 아주 작은 중소기업에서 마케팅팀을 별도로 두고 사업을 추진하는 것은 인력과 자원의 제약으로 어려울 수 있습니다. 이런 경우 여러 가지 대안을 설정한 뒤 대안별로 검토하고 비교나 평가를 통해서 최적의 대안을 찾는 노력이 필요합니다. 표를 활용해서 그 내용을 정리할 수 있습니다.

4.마케팅 역량 제고 – 통합마케팅 추진방안 검토

3안으로 추진하는 것이 효과성/효율성 측면에서 가장 바람직하나, 인력과 자원이 제한된다면 2안을 우선 추진하는 방안을 권고함

통합마케팅 추진조직 구성방안

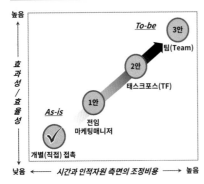

검토 가능 대안		운영방안
1안	전임 마케팅 매니저 (Manager)	• 통합마케팅 추진을 위한 전임 마케팅 매니저 운영(1명) • 각 사업별(부서별) 추진되고 있는 마케팅을 통합 추진할 수 있는 방안 마련(계획 수립) • 또한, 사업별(부서별) 직접적인 접촉을 증진하기 위한 전문적 마케팅 연결역할 수행
2안	태스크포스 (TF)	• 총 4명의 마케팅 TFT구성 -TF팀장 : 1명, 팀원 : 3명 • 통합마케팅 추진계획을 수립하고, 분기 단위 통합마케팅 추진 • 경영전략회의시 전략적 의사결정을 통해 구체적 방법론 모색
3안	팀제 (Team)	• 정식 팀제로 운영(마케팅팀) • 3~4명으로 구성된 마케팅 전담팀을 구성 • 분기 단위 통합마케팅 추진

현재	내용
개별접촉	• 마케팅과 관련이 있는 관리자와 직원 간에 직접적 접촉을 통해 추진

시계열적 표현이 필요한 상황 ①

보고서에서 시간의 흐름을 표현해야 하는 경우에도 표를 활용합니다. 사업이나 업무 등이 시계열적으로 어떻게 추진되는지 설명하는 것입니다. 대표적인 시계열적 구분으로는 단기/중기/장기, 연간/반기/분기, 월/주/일, 시간별 등이 있습니다. 다음 예시는 기업의 중장기 전략을 수립하는 프로젝트가 추진되는 과정을 표현한 슬라이드입니다.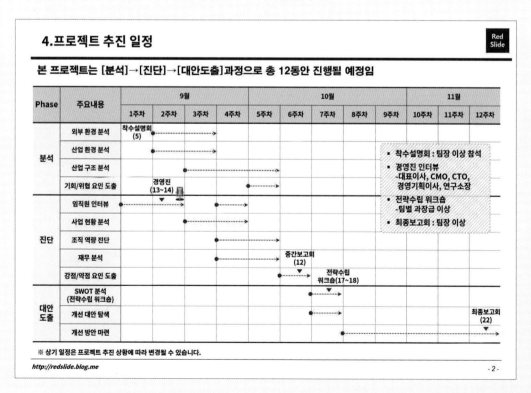 보통 이런 프로젝트는 상당히 많은 과업을 체계적으로 추진해야 하기에 일정 계획 및 관리가 중요합니다.

❶ PART 01의 [WARM UP 02 컨설턴트가 작성한 여러 가지 보고서]에서 소개했던 사례입니다.

- 프로젝트에서 수행해야 할 과업을 나열한 뒤 주간 단위까지 구분하여 과업별 세부적인 추진 일정을 표의 셀에 화살표로 표시하였습니다.

4. 프로젝트 추진 일정

본 프로젝트는 [분석]→[진단]→[대안도출]과정으로 총 12동안 진행될 예정임

Phase	주요내용	9월				10월					11월		
		1주차	2주차	3주차	4주차	5주차	6주차	7주차	8주차	9주차	10주차	11주차	12주차
분석	외부 환경 분석	착수설명회 (5)											
	산업 환경 분석												
	산업 구조 분석												
	기회/위험 요인 도출		경영진 (13~14)										
진단	임직원 인터뷰												
	사업 현황 분석												
	조직 역량 진단												
	재무 분석						중간보고회 (12)						
	강점/약점 요인 도출							전략수립 워크숍(17~18)					
대안 도출	SWOT 분석 (전략수립 워크숍)												
	개선 대안 탐색												
	개선 방안 마련											최종보고회 (22)	

- 착수설명회 : 팀장 이상 참석
- 경영진 인터뷰
  -대표이사, CMO, CTO, 경영기획이사, 연구소장
- 전략수립 워크숍
  -팀별 과장급 이상
- 최종보고회 : 팀장 이상

※ 상기 일정은 프로젝트 추진 상황에 따라 변경될 수 있습니다.

http://redslide.blog.me

- 2 -

시계열적 표현이 필요한 상황 ②

C A S E
S T U D Y **35**

시계열적 표현은 과업을 중심으로 각 과업의 기간을 표시할 수도 있고, 기간을 중심으로 기간별 과업 내용을 넣을 수도 있습니다. 다음 예시는 기업의 홍보 전략을 연도별로 어떻게 추진할 것인지 표를 활용하여 시계열적으로 표현한 것입니다.❶

❶ PART 01의 [WARM UP 02 컨설턴트가 작성한 여러 가지 보고서]에서 소개했던 사례입니다.

- 기존에 수립했던 계획과 추진했던 과제들을 검토해서 4개년 추진 계획을 수립했습니다.

- 상단 행을 시계열적으로 연도를 표시했고, 왼쪽 열을 3대 과제로 넣었습니다. 3대 과제별 세부 추진 과제를 연도별로 넣었습니다.

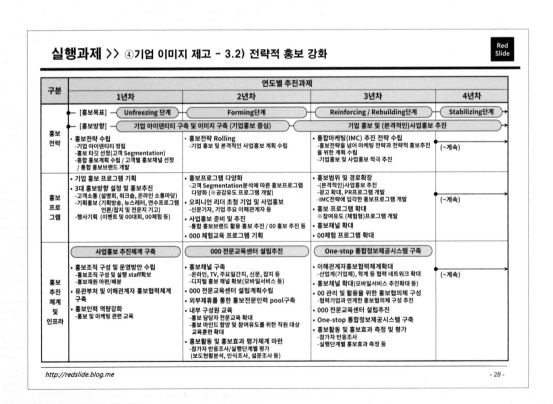

실행과제 >> ④기업 이미지 제고 - 3.2) 전략적 홍보 강화

Red Slide

구분	연도별 추진과제			
	1년차	2년차	3년차	4년차
홍보 전략	[홍보목표] **Unfreezing 단계** [홍보방향] **기업 아이덴티티 구축 및 이미지 구축 (기업홍보 중심)** • 홍보전략 수립 -기업 아이덴티티 정립 -홍보 타깃 선정(고객 Segmentation) -종합 홍보계획 수립 / 고객별 홍보채널 선정 / 통합 홍보브랜드 개발	**Forming단계** • 홍보전략 Rolling -기업 홍보 및 본격적인 사업홍보 계획 수립	**Reinforcing / Rebuilding단계** **기업 홍보 및 (본격적인)사업홍보 추진** • 통합마케팅(IMC) 추진 전략 수립 -홍보전략을 넘어 마케팅 전략과 전략적 홍보추진을 위한 계획 수립 -기업홍보 및 사업홍보 적극 추진	**Stabilizing단계** (~계속)
홍보 프로 그램	• 기업 홍보 프로그램 기획 • 3대 홍보방향 설정 및 홍보추진 -고객소통 (설명회, 워크숍, 온라인 소통마당) -기획홍보 (기획방송, 뉴스레터, 연수프로그램 언론/잡지 및 전문지 기고) -행사기획 (이벤트 및 00대회, 00체험 등)	• 홍보프로그램 다양화 -고객 Segmentation분석에 따른 홍보프로그램 다양화 (※공감유도 프로그램 개발) • 오피니언 리더 초청 기업 및 사업홍보 -신문기자, 기업 주요 이해관계자 등 • 사업홍보 준비 및 추진 -통합 홍보브랜드 활용 홍보 추진 / 00 홍보 추진 등 • 000 체험교육 프로그램 기획	• 홍보범위 및 경로확장 -(본격적인)사업홍보 추진 -광고 확대, PR프로그램 개발 -IMC전략에 입각한 홍보프로그램 개발 • 홍보 프로그램 확대 ※참여유도 (체험형)프로그램 개발 • 00체험 프로그램 확대	(~계속)
홍보 추진 체계 및 인프라	**사업홍보 추진체계 구축** • 홍보조직 구성 및 운영방안 수립 -홍보조직 구성 및 실행 staff확보 -홍보재원 마련/배분 • 유관부처 및 이해관계자 홍보협력체계 구축 • 홍보인력 역량강화 -홍보 및 마케팅 관련 교육	**000 전문교육센터 설립추진** • 홍보채널 구축 -온라인, TV, 주요일간지, 신문, 잡지 등 -디지털 홍보 채널 확보(모바일서비스 등) • 000 전문교육센터 설립계획수립 • 외부제휴를 통한 홍보전문인력 pool구축 • 내부 구성원 교육 -홍보 담당자 전문교육 확대 -홍보 마인드 함양 및 참여유도를 위한 직원 대상 교육훈련 확대 • 홍보활동 및 홍보효과 평가체계 마련 -참가자 반응조사/실행단계별 평가 (보도현황분석, 인식조사, 설문조사 등)	**One-stop 통합정보제공시스템 구축** • 이해관계자홍보협체계계획확대 -산업계(기업체), 학계 등 협력 네트워크 확대 • 홍보채널 확대(모바일서비스 추진확대 등) • 00 관리 및 활용을 위한 홍보협의체 구성 -협력기업과 연계한 홍보협의체 구성 추진 • 000 전문교육센터 설립추진 • One-stop 통합정보제공시스템 구축 • 홍보활동 및 홍보효과 측정 및 평가 -참가자 반응조사 -실행단계별 홍보효과 측정 등	(~계속)

http://redslide.blog.me

- 28 -

시계열적 표현이 필요한 상황 ③

시계열적 데이터를 모아서 분석할 때도 표를 사용합니다. 다음 예시는 주요 IT 기술이 어떻게 변화했는지 분석한 보고서입니다.[9]

- 신문 기사를 통해서 관련된 4개년의 자료를 찾은 뒤 연도별 변화 추이를 한눈에 볼 수 있도록 표를 이용해서 정리했습니다.
- 표의 상단 행에는 2011년부터 2014년까지 연도의 변화를 시계열적으로 표시했고 표의 왼쪽 열에는 순위를 표시했습니다.
- 2014년도에 주목해야 할 10대 전략 기술을 강조하기 위해서 셀의 선과 색상에 변화를 주었습니다.

> ❗ PART 01의 [WARM UP 02 컨설턴트가 작성한 여러 가지 보고서]에서 소개했던 사례입니다.

2014년 10대 전략기술

Red Slide

시장조사전문업체 가트너가 2014년 주목할 만한 10대 전략 기술을 발표함. 가트너는 매년 10월, 향후 기업들이 비즈니스를 하는 데 있어 중요한 영향을 끼칠지 모르는 잠재력을 가진 **전략기술 10가지**를 소개함

| 2011년부터 2014년까지 가트너가 선정한 10대 전략기술 |

구분	2011	2012	2013	2014
1	클라우드 컴퓨팅	미디어 태블릿 그 이후	모바일 대전	다양한 모바일 기기 관리
2	모바일 앱과 미디어 태블릿	모바일 중심 애플리케이션과 인터페이스	모바일 앱&HTML5	모바일 앱과 애플리케이션
3	소셜 커뮤니케이션 및 협업	상황인식과 소셜이 결합된 사용자 경험	퍼스널 클라우드	만물인터넷
4	비디오	사물인터넷	사물인터넷	하이브리드 클라우드와 서비스 브로커로서의 IT
5	차세대 분석	앱스토어와 마켓 플레이스	하이브리드IT & 클라우드 컴퓨팅	클라우드/클라이언트 아키텍쳐
6	소셜 분석	차세대 분석	전략적 빅데이터	퍼스널 클라우드의 시대
7	상황인식 컴퓨팅	빅데이터	실용분석	소프트웨어 정의
8	스토리지급 메모리	인메모리 컴퓨팅	인메모리 컴퓨팅	웹스케일 IT
9	유비쿼터스 컴퓨팅	저전력 서버	통합 생태계	스마트 머신
10	패브릭 기반 컴퓨팅 및 인프라스트럭처	클라우드 컴퓨팅	엔터프라이즈 앱스토어	3D 프린팅

Source : '가트너 선정 2014년 10대 전략기술', 2013.10.11, 블로터닷넷, http://www.bloter.net/archives/166671

http://redslide.blog.me

- 29 -

도형을 활용한 보고서 패턴

파워포인트에서 사용할 수 있는 도형은 굉장히 다양합니다. 그러나 보고서에서 자주 사용하는 도형은 제한적입니다. 구조적이고 논리적인 형태로 작성해야 하므로 사각형, 오각형, 원 등 몇 가지 도형과 선의 조합만 사용하는 경우가 많습니다. 너무 여러 가지의 도형을 사용하면 시각적으로는 화려하지만 구조적으로 허술하기 쉽습니다.

도형을 활용한 보고서 패턴의 사용을 우선적으로 고려하는 상황 역시 세 가지가 있습니다. ①구조적 표현이 필요한 상황, ②절차적 표현이 필요한 상황, ③비교를 위한 표현이 필요한 상황입니다.

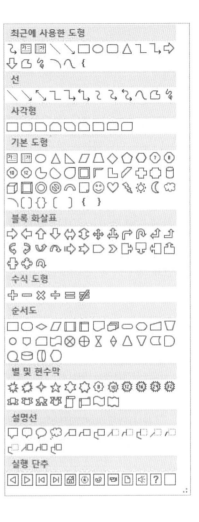

구조적 표현이 필요한 상황 ①

이론적 배경에 기초한 프레임을 활용하여 전략적 사고를 구조적으로 표현하고 싶을 때 도형 패턴을 사용합니다. 예를 들어 SWOT, BCG/GE 매트릭스 분석, 4P, 7S, Value chain 등의 프레임이 있습니다. 이렇듯 수많은 전략적 사고 프레임을 활용하여 분석하고 대안을 도출할 때 파워포인트의 도형을 사용하면 구조적이고 논리적으로 표현할 수 있습니다. 다음 예시는 SWOT 프레임을 통해서 기업의 강점과 약점, 기회와 위협 요인을 도출하고 분석한 보고서입니다.

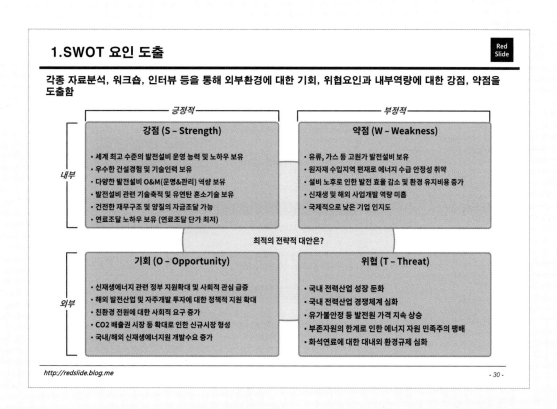

CASE STUDY | 38

구조적 표현이 필요한 상황 ②

OO발전사는 비전 2020 달성을 위한 중장기 전략 수립을 위해 여러 진단과 분석을 실시하고 있습니다. 다음 예시는❶ 전력 산업에 대한 체계적인 분석을 하기 위해 산업 구조 분석 모델5 Force Model❶을 활용했습니다.

• 산업 구조 분석 모델에서 정의한 5가지 요인을 도형을 활용하여 표현했습니다.

❶ PART 01의 [WARM UP 02 컨설턴트가 작성한 여러 가지 보고서]에서 소개했던 사례입니다.

❶ 산업 구조 분석 모델은 하버드 대학교 교수인 마이클 포터가 제안한 프레임으로 산업에 대한 이해와 분석에 유용하게 사용되는 분석 틀입니다.

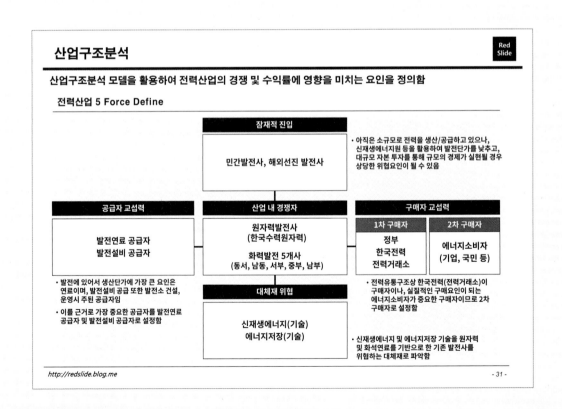

산업구조분석

Red Slide

산업구조분석 모델을 활용하여 전력산업의 경쟁 및 수익률에 영향을 미치는 요인을 정의함

전력산업 5 Force Define

잠재적 진입

민간발전사, 해외선진 발전사

• 아직은 소규모로 전력을 생산/공급하고 있으나, 신재생에너지원 등을 활용하여 발전단가를 낮추고, 대규모 자본 투자를 통해 규모의 경제가 실현될 경우 상당한 위협요인이 될 수 있음

공급자 교섭력

발전연료 공급자
발전설비 공급자

• 발전에 있어서 생산단가에 가장 큰 요인은 연료이며, 발전설비 공급 또한 발전소 건설, 운영시 주된 공급자임
• 이를 근거로 가장 중요한 공급자를 발전연료 공급자 및 발전설비 공급자로 설정함

산업 내 경쟁자

원자력발전사
(한국수력원자력)

화력발전 5개사
(동서, 남동, 서부, 중부, 남부)

대체재 위협

신재생에너지(기술)
에너지저장(기술)

구매자 교섭력

1차 구매자	2차 구매자
정부 한국전력 전력거래소	에너지소비자 (기업, 국민 등)

• 전력유통구조상 한국전력(전력거래소)이 구매자이나, 실질적인 구매요인이 되는 에너지소비자가 중요한 구매자이므로 2차 구매자로 설정함

• 신재생에너지 및 에너지저장 기술을 원자력 및 화석연료를 기반으로 한 기존 발전사를 위협하는 대체재로 파악함

http://redslide.blog.me

- 31 -

- 내부 역량 분석을 진행하기 위해서 가치 사슬 모델$^{Value\ chain\ Model}$❶을 활용해서 본원적 활동과 지원 활동을 정의했습니다.
- 가치 사슬 모델의 전체적인 모습을 다양한 도형을 사용해서 한눈에 파악할 수 있도록 표현했습니다.

❶ 가치사슬 모델은 역시 마이클 포터 교수가 정립한 프레임으로 기업에서 부가가치를 창출하기 위해서 직접적(본원적)과 간접적(지원)으로 나눠지는 일련의 활동의 연계를 의미합니다.

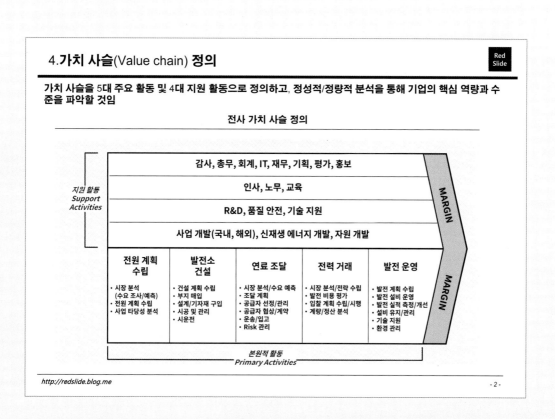

4.가치 사슬(Value chain) 정의

Red Slide

가치 사슬을 5대 주요 활동 및 4대 지원 활동으로 정의하고, 정성적/정량적 분석을 통해 기업의 핵심 역량과 수준을 파악할 것임

전사 가치 사슬 정의

지원 활동 Support Activities	감사, 총무, 회계, IT, 재무, 기획, 평가, 홍보				MARGIN
	인사, 노무, 교육				
	R&D, 품질 안전, 기술 지원				
	사업 개발(국내, 해외), 신재생 에너지 개발, 자원 개발				

전원 계획 수립	발전소 건설	연료 조달	전력 거래	발전 운영	MARGIN
• 시장 분석 (수요 조사/예측) • 전원 계획 수립 • 사업 타당성 분석	• 건설 계획 수립 • 부지 매입 • 설계/기자재 구입 • 시공 및 관리 • 시운전	• 시장 분석/수요 예측 • 조달 계획 • 공급자 선정/관리 • 공급자 협상/계약 • 운송/입고 • Risk 관리	• 시장 분석/전략 수립 • 발전 비용 평가 • 입찰 계획 수립/시행 • 계량/정산 분석	• 발전 계획 수립 • 발전 설비 운영 • 발전 실적 측정/개선 • 설비 유지/관리 • 기술 지원 • 환경 관리	

본원적 활동
Primary Activities

http://redslide.blog.me

- 2 -

구조적 표현이 필요한 상황 ③

❗ 보고서 출처 : '2014 지속가능 경영보고서', 삼성전자.

OO기업은 태스크 포스 팀을 중심으로 약 3개월간의 중장기 비전 및 전략 수립 프로젝트를 수행했습니다. ❶

- 프로젝트 수행결과 비전 달성을 위한 2020년 목표를 수립하였습니다. 이를 달성하기 위해 3대 전략 방향을 설정했고 비즈니스 모델을 정립하였습니다.

- 비전/미션 및 비전 달성을 위한 목표, 전략 방향, 사업 영역 등을 차례로 배치하여 비전 달성을 위한 전략체계를 구조적으로 표현했습니다.

- 전략 체계는 기업마다 다르므로 구조적인 프레임이 정형화되기 어렵습니다. 이런 경우에는 보고서 작성자가 창의력과 디자인 감각을 발휘해야 합니다.

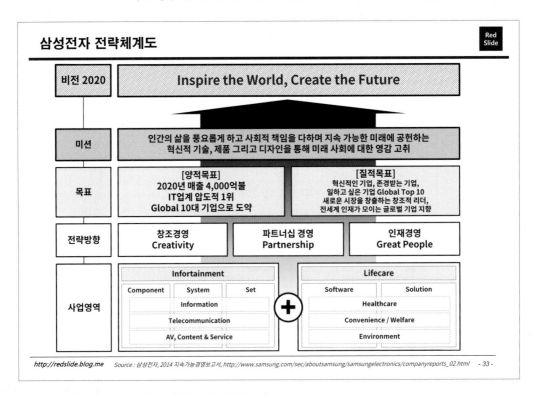

삼성전자 전략체계도

비전 2020 — **Inspire the World, Create the Future**

미션 — 인간의 삶을 풍요롭게 하고 사회적 책임을 다하며 지속 가능한 미래에 공헌하는 혁신적 기술, 제품 그리고 디자인을 통해 미래 사회에 대한 영감 고취

목표
[양적목표]
2020년 매출 4,000억불
IT업계 압도적 1위
Global 10대 기업으로 도약

[질적목표]
혁신적인 기업, 존경받는 기업,
일하고 싶은 기업 Global Top 10
새로운 시장을 창출하는 창조적 리더,
전세계 인재가 모이는 글로벌 기업 지향

전략방향
창조경영 Creativity | 파트너십 경영 Partnership | 인재경영 Great People

사업영역
Infotainment
Component | System | Set
Information
Telecommunication
AV, Content & Service

＋

Lifecare
Software | Solution
Healthcare
Convenience / Welfare
Environment

http://redslide.blog.me   Source : 삼성전자, 2014 지속가능경영보고서, http://www.samsung.com/sec/aboutsamsung/samsungelectronics/companyreports_02.html   - 33 -

구조적 표현이 필요한 상황 ④

OO기업은 추진하고 있는 사업에 대해서 한정된 자원을 어떻게 배분할 것인지 전략적 의사 결정을 하려 합니다. ❶

❶ PART 01의 [WARM UP 02 컨설턴트가 작성한 여러 가지 보고서]에서 소개했던 사례입니다.

- 자사의 11개 사업에 대해서 '사업 매력도'와 '사업 경쟁력'을 10점 척도로 평가하여 결과를 2×2 매트릭스로 도식화했습니다. 그 결과 A, B, C, D, E 사업에 우선적으로 재원을 투입해야 하는 것으로 나타났습니다.

- 텍스트나 표를 활용해서는 이런 내용을 표현하기가 상당히 어렵습니다. 파워포인트의 장점은 이럴 때 극대화됩니다. 몇 개의 도형과 선을 조합하여 구조적이고 가독성이 우수한 보고서를 작성할 수 있습니다.

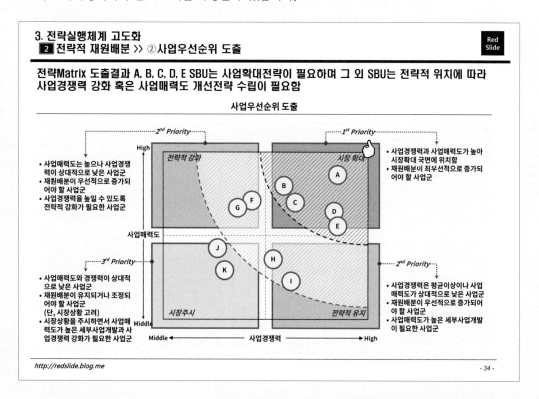

구조적 표현이 필요한 상황 ⑤

OO기업은 재도약을 꿈꾸며 새로운 비전과 전략을 수립하려고 합니다. 현재 매출 규모로는 글로벌 30위권에 해당하는데 2025년에는 글로벌 TOP 10에 들어가기 위해서 가칭 '비전 2025 글로벌 TOP 10' 프로젝트를 진행하고 있습니다.❶

❶ PART 01의 [WARM UP 02 컨설턴트가 작성한 여러 가지 보고서]에서 소개했던 사례입니다.

- 글로벌 TOP 10에 들어가기 위해서 산업 분석, 내부 역량 분석, 경쟁사 분석 및 글로벌 기업들의 벤치마킹을 통해서 선도 기업들의 핵심 성공 요인인 두 가지 변수를 도출하였습니다.
- 변수를 도출하는 과정을 도형으로 구조화하고 가장 중요한 핵심 변수는 다른 도형과 구분되도록 표현했습니다.

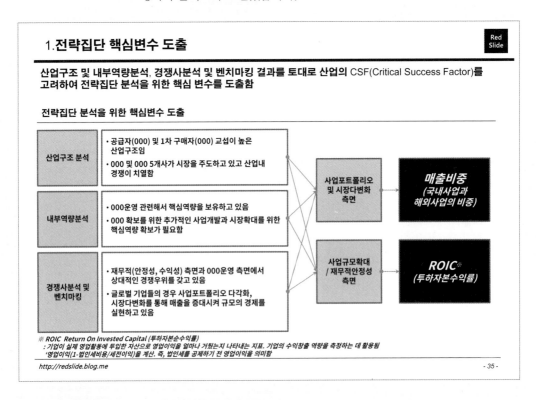

1.전략집단 핵심변수 도출

Red Slide

산업구조 및 내부역량분석, 경쟁사분석 및 벤치마킹 결과를 토대로 산업의 CSF(Critical Success Factor)를 고려하여 전략집단 분석을 위한 핵심 변수를 도출함

전략집단 분석을 위한 핵심변수 도출

| 산업구조 분석 | · 공급자(OOO) 및 1차 구매자(OOO) 교섭이 높은 산업구조임
· OOO 및 OOO 5개사가 시장을 주도하고 있고 산업내 경쟁이 치열함 |

| 내부역량분석 | · OOO운영 관련해서 핵심역량을 보유하고 있음
· OOO 확보를 위한 추가적인 사업개발과 시장확대를 위한 핵심역량 확보가 필요함 |

| 경쟁사분석 및 벤치마킹 | · 재무적(안정성, 수익성) 측면과 OOO운영 측면에서 상대적인 경쟁우위를 갖고 있음
· 글로벌 기업들의 경우 사업포트폴리오 다각화, 시장다변화를 통해 매출을 증대시켜 규모의 경제를 실현하고 있음 |

사업포트폴리오 및 시장다변화 측면 → **매출비중** (국내사업과 해외사업의 비중)

사업규모확대 / 재무적안정성 측면 → **ROIC** (투하자본수익률)

※ ROIC Return On Invested Capital (투하자본순수익률)
: 기업이 실제 영업활동에 투입한 자산으로 영업이익을 얼마나 거뒀는지 나타내는 지표. 기업의 수익창출 역량을 측정하는 데 활용됨
'영업이익(1-법인세비용/세전이익)'을 계산. 즉, 법인세를 공제하기 전 영업이익을 의미함

http://redslide.blog.me

- 35 -

절차적 표현이 필요한 상황 ①

보고서에 절차적 표현, 즉 일의 순서를 설명해야 할 때 간단한 순서는 표를 사용할 수 있지만 다양한 방법으로 연결되어 있는 경우 표만으로는 표현에 한계가 있습니다. 이때 도형을 이용하면 좀 더 쉽게 표현할 수 있습니다. 다음 예시는 프로젝트가 어떤 프로세스로 추진되는지를 설명하기 위한 보고서입니다.❶

❶ PART 01의 [WARM UP 02 컨설턴트가 작성한 여러 가지 보고서]에서 소개했던 사례입니다.

- 큰 프로젝트는 다양한 업무가 별개로 진행되는 것처럼 보이지만 실제로는 논리적이고 구조적으로 연계되어 추진됩니다. 이런 과정을 도형과 선을 활용해서 표현한 것입니다.

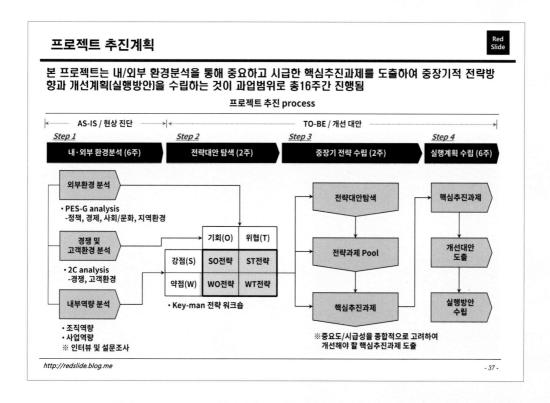

절차적 표현이 필요한 상황 ②

OO기업은 계획하고 있는 대규모 신규 사업의 소요 인력을 예측하고자 합니다.
필요한 인력에 대해서 신규로 채용할지 기존 인력의 배치를 조정할지 검토가 필요
한 상황입니다.

- 기존의 자료와 외부 전문가 의견을 바탕으로 인력 산정에 대한 절차적 프레임
  을 설계했습니다.
- 단기적으로 신규 사업에 대한 인력 투입이 우선시되어야 하므로 단기와 중장
  기의 인력 산정 방법을 구분하여 설계하였습니다.
- 이처럼 구조적 형태를 띤 절차를 설명하기 위해서는 도형과 선을 사용합니다.

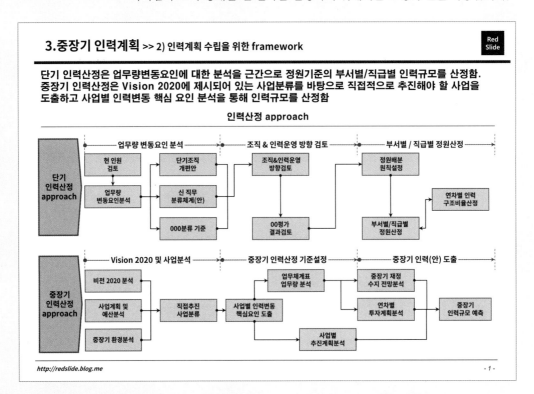

비교나 평가가 필요한 상황

비교나 평가가 필요한 상황은 표를 이용할 수도 있고 도형을 이용할 수도 있습니다. 이번에는 도형을 활용해서 비교나 평가를 표현한 사례를 소개하겠습니다. ❶ OO기업은 비전 2025 달성을 위한 중장기 성장 전략에 대한 탐색과 그에 맞는 최적의 대안을 선택하려 합니다.

❶ 비교나 평가가 필요한 상황을 표로 정리한 사례는 [CASE STUDY 30~33]을 참조하세요.

- 표보다 도형을 활용해서 전략 대안별로 비교할 수 있도록 배치하는 것이 좀 더 비주얼적인 완성도를 높이리라 판단했습니다.

- 현재 전략과 대안으로 검토할 전략을 요약한 후 도형을 이용해서 전략 체계를 직관적으로 보일 수 있도록 편집했습니다.

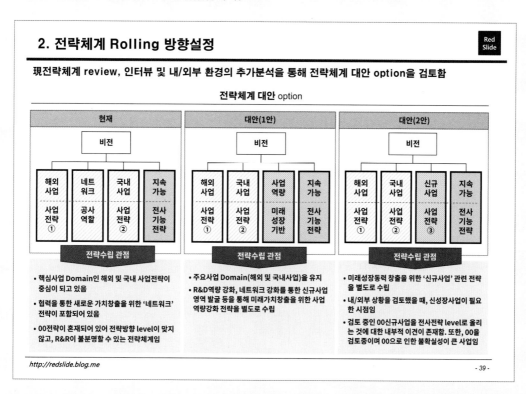

그래프를 활용한 보고서 패턴

보고서에서 그래프는 데이터를 분석하여 시사점을 도출하고자 할 때 사용됩니다. 그러므로 그래프를 활용한 보고서 패턴에서는 그래프의 종류별로 어떤 특징이 있는지 알고 사용해야 합니다. 또한 데이터를 관리하고 그래프를 만들기 위해서는 엑셀 프로그램을 다룰 줄 아는 것이 좋습니다. 앞에서도 언급했듯이 필자는 기본적으로 엑셀에서 그래프를 만들고 복사하여 파워포인트에 붙여 넣습니다. 그리고 일부 수정과 보완을 거쳐 최종 보고서에 어울리도록 비주얼화합니다.

우선 엑셀을 통해서 만들 수 있는 그래프는 어떤 것이 있을까요? 크게 ①세로 막대형, ②꺾은 선형, ③원형, ④가로 막대형, ⑤영역형, ⑥분산형, ⑦주식형, ⑧표면형, ⑨방사형, ⑩콤보형의 10가지 종류가 있습니다. 그 안에서도 세부적으로 다양한 형태의 그래프가 있습니다.

이 섹션에서는 보고서에서 가장 많이 사용하는 막대 및 선 그래프, 방사형 그래프, 분산형 그래프(매트릭스 그래프)를 중심으로 그래프를 활용한 보고서 패턴을 살펴보겠습니다.

①막대 및 선 그래프

막대 그래프와 선 그래프는 그래프 중 기본적인 모양이며 가장 많이 사용됩니다. 엑셀에서 만들 수 있는 막대 그래프는 모양에 따라서 세로 막대 그래프와 가로 막대 그래프가 있습니다.

세로 막대 그래프는 특정 기간 동안의 데이터 변동이나 항목 간 비교가 필요할 때 주로 사용합니다. 누적 막대 그래프를 사용하면 항목별 비율의 변화 추세까지 파악할 수 있습니다.

다양한 세로 막대 그래프

가로 막대 그래프는 항목을 세로로 나타내고 값을 가로로 나타내므로 시간보다는 값 비교에 주로 사용합니다. 또한 항목 이름이 긴 경우에 가로 막대 그래프가 비주얼적으로 좀 더 보기 좋습니다. 막대 그래프에 입체감을 주는 3차원 막대 그래프를 사용할 수도 있습니다. 그러나 겉보기엔 화려하더라도 텍스트 상자나 도형을 이용해서 추가적인 정보를 표시하면 가독성이 낮아지므로 추천하지 않습니다.

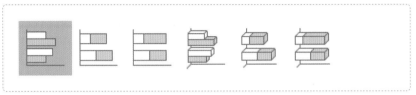

다양한 가로 막대 그래프

선 그래프는 데이터의 시계열적 추세를 보여주는 대표적인 그래프입니다. 세로 막대 그래프와 용도는 비슷하지만 변화의 추세를 가장 직관적으로 파악할 수 있습니다.

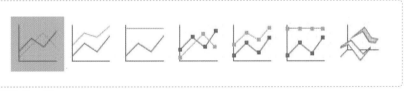

다양한 선 그래프

만약 연도별 매출액을 그래프로 그리려면 어떤 그래프가 좋을까요? 세로 막대 그래프도 괜찮고 선 그래프도 괜찮지만 필자라면 세로 막대 그래프를 선택하겠습니다.

다음 페이지의 예시처럼 하나의 데이터를 시계열적으로 표현할 때 선 그래프는 x축과 y축 위에 오로지 선 한 줄만 들어가므로 상대적으로 허전해 보이고 막대 그래프는 좀 더 꽉 차 보이기 때문입니다. 이렇듯 같은 결과를 표현하더라도 상황에 적합하고 더 보기 좋은 그래프를 선택하는 것이 중요합니다.

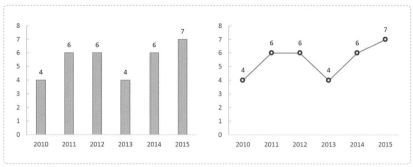

세로 막대 그래프와 선 그래프의 비교

②방사형 그래프

방사형 그래프는 마치 거미줄처럼 보이는 형태입니다. 각 항목별로 중간 지점에서 방사형으로 뻗은 축에 데이터가 표시되는 구조입니다. 선으로 같은 계열의 모든 값이 연결되므로 여러 데이터 계열의 합계 값을 비교할 때 유용합니다.

다양한 방사형 그래프

③분산형 그래프(매트릭스 그래프)

분산형 그래프는 보고서용 그래프의 꽃이라고 할 수 있습니다. 비즈니스 포트폴리오, 경쟁 기업 및 선도 기업에 대한 비교나 분석 시 자주 사용되는 그래프입니다. 이 그래프를 활용하면 각 데이터 간의 간격과 관계, 비슷한 요소끼리의 그룹화 상태 등의 다양한 정보를 알 수 있습니다.

다양한 분산형 그래프

막대 그래프를 활용한 패턴

CASE STUDY | 45

OO기업은 조직 문화를 점진적으로 개선하는 데 참고 자료로 활용하고자 전사적으로 조직 진단을 실시하였습니다.[1]

PART 01의 [WARM UP 02 컨설턴트가 작성한 여러 가지 보고서]에서 소개했던 사례입니다.

- 근무지별, 업무 분야별, 직급별, 연령별, 근무 기간별 등 차이를 종합 요약했습니다.
- 각각의 항목을 직관적으로 비교하기 위해 막대 그래프를 이용했습니다.
- 슬라이드 한 장에 이렇게 많은 그래프가 들어갈 때는 전체적인 배치를 고려하여 디자인해야 합니다.

1.조직역량 - 설문조사 결과(요약)

Red Slide

조직역량 평균점수로 비교했을 때, 업무 분야별-R&D, 직급별-4급, 연령별-30세 이하, 근무기간별-3~7년차 미만이 전반적인 인식도가 낮은 것으로 조사됨. 그러나, 이러한 점은 정보접근의 제한성 등의 이유로 통상 다른 기업에서도 일반적으로 나타나는 현상임

인구통계학적 변수로 분석한 표준편차 Gap

(5점 만점)

표준편차 평균 비교

소속국별	0.07
업무분야별	0.21
직급별	0.28
연령별	0.22
직렬별	0.17
근무기간별	0.22

[사업소별 평균]

본사	지사
3.23	3.33

[업무분야별 평균]

기획	마케팅	재무/회계	R&D	인사/총무
3.53	3.41	3.58	3.04	3.44

[직급별 평균]

1급	2급	3급	4급
3.63	3.66	3.35	3.07

[직급별 평균-일반직]

1급	2급	3급
3.66	3.52	3.32

[직급별 평균-기능직]

1급	2급	3급	4급
3.63	3.65	3.29	3.05

[직렬별 평균]

일반직	기능직
3.52	3.19

[연령별 평균]

30세 이하	30~39세	40~49세	50세 이상
2.96	3.17	3.22	3.51

[근무기간별 평균]

3년 미만	3~5년	6~7년	8~10년	11~15년	16년 이상
3.39	2.92	3.01	3.13	3.27	3.43

http://redslide.blog.me

- 40 -

MAKE UP 01 보고서 목적에 맞는 유형과 패턴 고르기　293

누적 막대 그래프를 활용한 패턴

시계열적 데이터 분석이더라도 다음 예시처럼 1인 가구부터 7인 가구까지 총 7개의 다양한 요소로 이루어진 경우에는 가독성 측면에서 선 그래프보다 누적 막대 그래프가 더 효과적입니다. ❸

❶ PART 01의 [WARM UP 02 컨설턴트가 작성한 여러 가지 보고서]에서 소개했던 사례입니다.

- 그래프를 통해서 전체 가구 수와 각 가구의 증감, 연도별 분포 비율 등을 알 수 있습니다.
- 지난 20년간 1인, 2인 가구가 눈에 띄게 증가한 것이 보입니다. 신제품 타깃을 고민하고 있다면 이 부분을 주목해야 할 것입니다.

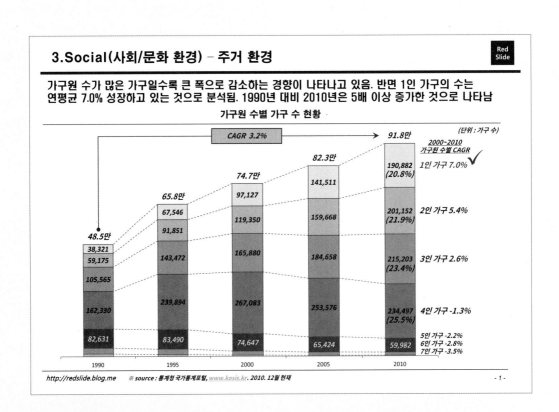

3.Social(사회/문화 환경) - 주거 환경

Red Slide

가구원 수가 많은 가구일수록 큰 폭으로 감소하는 경향이 나타나고 있음. 반면 1인 가구의 수는 연평균 7.0% 성장하고 있는 것으로 분석됨. 1990년 대비 2010년은 5배 이상 증가한 것으로 나타남

가구원 수별 가구 수 현황

(단위 : 가구 수)

	1990	1995	2000	2005	2010
합계	48.5만	65.8만	74.7만	82.3만	91.8만

2000~2010 가구원 수별 CAGR

CAGR 3.2%

1인 가구 7.0% ✓

- 38,321 → 67,546 → 97,127 → 141,511 → 190,882 (20.8%) / 2인 가구 5.4%
- 59,175 → 91,851 → 119,350 → 159,668 → 201,152 (21.9%) / 3인 가구 2.6%
- 105,565 → 143,472 → 165,880 → 184,658 → 215,203 (23.4%) / 4인 가구 -1.3%
- 162,330 → 239,894 → 267,083 → 253,576 → 234,497 (25.5%)
- 82,631 → 83,490 → 74,647 → 65,424 → 59,982 / 5인 가구 -2.2% / 6인 가구 -2.8% / 7인 가구 -3.5%

http://redslide.blog.me   ※ source : 통계청 국가통계포털, www.kosis.kr. 2010. 12월 현재   - 1 -

막대 및 선 그래프를 활용한 패턴

대출 금액과 대출 인원을 한번에 표현하기 위해서 대출 금액은 막대 그래프, 대출 인원은 선 그래프인 이중축 그래프를 활용했습니다.❶

- 시사점이 많은 그래프의 경우 텍스트 상자 및 도형과 선을 이용해서 부가적인 설명을 넣는 것이 필요합니다.
- 연도를 기준으로 시계열적인 변화를 나타내는 그래프에서는 보통 연평균 성장률CAGR을 표시합니다. 또한 그래프상 특이한 변곡점이 있는 위치에는 상황 설명을 덧붙이는 것도 좋습니다.

❶ PART 01의 [WARM UP 02 컨설턴트가 작성한 여러 가지 보고서]에서 소개했던 사례입니다.

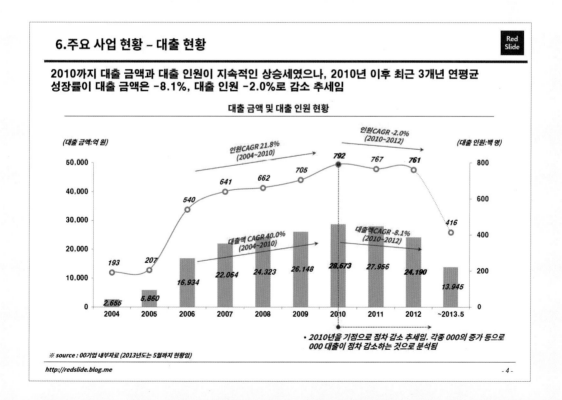

CASE STUDY | 48

방사형 그래프를 활용한 패턴

❶ PART 01의 [WARM UP 02 컨설턴트가 작성한 여러 가지 보고서]에서 소개했던 사례입니다.

조직 진단을 위해서 총 20문항의 설문을 실시하여 결과를 종합 분석하였습니다.❶

- 방사형 그래프는 다수의 문항에 대해서 상대적인 비교치가 있을 때 자주 사용합니다. 설문 결과가 바람직한 수준 대비 문항별로 얼마만큼의 차이가 있는지 직관적으로 비교할 수 있습니다.

- 그래프에 데이터까지 함께 표시하면 너무 복잡하므로 세부 데이터는 별도로 제시하였습니다.

1.조직 역량 – 설문 조사 결과(요약)

Red Slide

7S 모델의 21개 세부 문항별로 보면 조직구조 적절성과 탄력성, 필요인재 확보 및 합리적 인사관리 항목에서 가장 낮은 수준을 보임

7s 모델 분석 – 세부 문항별

(5점 만점)

7S	세부 문항	000	바람직한 수준	Gap
전략 Strategy	중장기전략 보유	3.38	4.00	0.62
	자원의 효과적 배분	3.18	4.00	0.82
	환경변화 대응전략	3.28	4.00	0.72
조직구조 Structure	기본규정 보유	3.56	4.00	0.44
	조직구조 적절성	2.94	4.00	1.06
	조직구조 탄력성	2.99	4.00	1.01
업무체계 System	업무체계성	3.35	4.00	0.65
	업무수행 효율성	3.36	4.00	0.64
	신속한 의사결정	3.34	4.00	0.66
인적자원 Staffs	필요인재 확보	2.74	4.00	1.26
	합리적 인사관리	2.97	4.00	1.03
	효과적 교육훈련	3.34	4.00	0.66
조직문화 Style	우호적 인간관계	3.47	4.00	0.53
	관리자 리더십	3.45	4.00	0.55
	수평적 커뮤니케이션	3.23	4.00	0.77
조직역량 Skill	전문성/역량보유	3.40	4.00	0.60
	능력발휘여건	3.16	4.00	0.84
공유가치 Shared value	존재목적 설정	3.39	4.00	0.61
	전통적 가치공유	3.30	4.00	0.70
	일치된 판단기준	3.32	4.00	0.68

http://redslide.blog.me

- 1 -

분산형 그래프를 활용한 패턴

OO기업은 BCG 매트릭스를 통해서 자사의 비즈니스 포트폴리오를 어떻게 변화시킬지 정의하였습니다. 현재는 화력발전 중심으로 사업을 추진하고 있으나 2025년도까지 사업을 다각화하기로 하였습니다. [●]

- 분산형 그래프는 보고서용 그래프의 꽃답게 다양한 정보를 제공합니다.
- 다양한 요소들의 현재 위치를 파악할 수 있습니다.
- 원의 크기를 통해 요소 간의 규모 차이를 비교할 수 있습니다.
- 현재와 미래의 요소를 동시에 표시하여 비교할 수 있습니다.

[●] PART 01의 [WARM UP 02 컨설턴트가 작성한 여러 가지 보고서]에서 소개했던 사례입니다.

3.비즈니스 포트폴리오

Red Slide

비즈니스 포지션의 변화에 따라 단기~중기~장기 사업포트폴리오 변화모습을 구체적으로 제시함. 또한, 전사 목표 달성을 위해 사업별 목표를 Cascading함

Business Portfolio (BCG Matrix)

(단위 : XX)

현재 (2012) · 미래 (2025)

high / Star / 태양광/연료전지 / Question

풍력/해양 / 신재생 에너지

바이오매스

사장성장률

해외화력 (아시아 중심→ 기타 개도국으로 확대) / 화력발전

국내화력 (노후설비 교체시장 포함)

low / Cash cow / Dog

high ─── (상대적)시장점유율 ─── low

Business		단기 (~2017)	중기 (~2020)	장기 (~2025)
매출액		00	00	00
국내 매출		00	00	00
해외 매출		00	00	00
화력발전		00	00	00
신재생에너지		00	00	00

사업별 목표 Cascading

화력발전	소계	00	00	00
	국내	0	0	0
	해외	0	0	0
신재생에너지 (국내)	소계	00	00	00
	태양광	0	0	0
	풍력/해양	0	0	0
	바이오	0	0	0
신재생에너지 (해외)	소계	00	00	00
	태양광	0	0	0
	풍력/해양	0	0	0
	바이오	0	0	0

http://redslide.blog.me

- 44 -

보고서 틀 만들기 :
목차 및 초안 구성

사람들이 자주 가는 등산로 입구에는 보통 큰 안내판이 있습니다. 거기에는 정상까지 등반하는 경로, 거리 및 소요시간 등이 표시되어 있습니다. 보고서에서 이 안내판과 같은 역할을 하는 것이 바로 목차입니다. 좋은 보고서는 목차 구조부터 탄탄하며, 목차만 봐도 대략적인 전체 내용과 그 핵심을 짐작할 수 있어야 합니다. 여기에서는 보고서 목차를 구성하고 목차별로 필요한 자료를 모아서 정리하는 방법에 대해서 알아보겠습니다.

SECTION 01 보고서 목차 구성

보고서는 전체적인 스토리텔링이 중요하며 이를 위해서 예상 목차를 작성하는 것이 필요합니다. 예상 목차를 정했다면 그 순서대로 빈 슬라이드를 전개합니다.[●]

일반적으로 파워포인트로 작성하는 보고서의 슬라이드는 표지, 간지(목차 및 별첨), 본문 이렇게 세 가지 형태로 구성됩니다. 표지와 간지를 만들고 예상 목차 순서에 맞게 본문 슬라이드를 전개합니다.

[●] '예상' 목차인 이유는 실무에서 보고서를 작성하다 보면 목차는 상황에 따라 수시로 추가 및 변경되기 때문입니다.

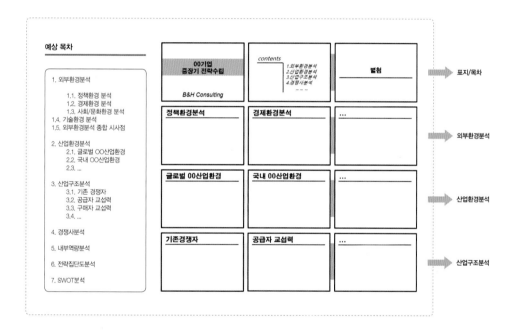

보고서를 본격적으로 작성하다 보면 처음에 생각했던 목차가 세분화되는 경우가 많이 있습니다. 그에 대비하여 처음부터 목차 레벨을 고려해서 목차를 어떻게 부여할지 생각해 놓아야 합니다.

보통 대목차는 간지로 처리하고, 본문에서는 해당 상세 목차를 오른쪽 상단에 표기하는 것이 일반적입니다. 또는 다음 예시처럼 목차를 두 줄로 처리하여 오른쪽 상단에 목차 레벨까지 파악할 수 있도록 표기하는 방법도 있습니다.

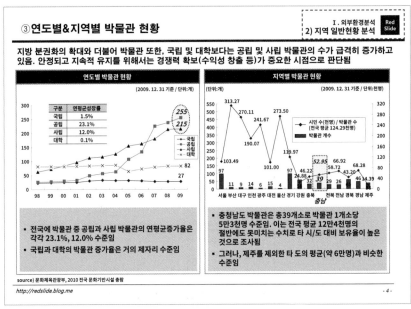

목차 레벨을 파악할 수 있는 목차 표기

SECTION 02 보고서 초안 구성

해당 목차별로 필요한 각종 자료를 수집합니다. 자료를 수집할 때마다 해당 데이터 그대로 사용할 것인지, 다른 데이터와 통합하여 가공해서 사용할 것인지, 아니면 아예 필요 없는 것인지 정확하게 판단하기 어렵습니다. 그러므로 정교하게 다듬는 작업은 나중에 하는 것이 좋습니다. 우선 각종 자료를 있는 그대로 모아 놓고 대략적인 시사점 및 이슈를 도출합니다.

이렇게 만들어진 문서를 '자료집'이라고 부릅니다. 다음 예시는 필자가 만들었던 자료집입니다. 자료가 충분히 모인 슬라이드가 있는가 하면 아직까지 빈약해 보이는 슬라이드도 눈에 띕니다. 슬라이드가 지저분하게 보일수록 해당 슬라이드를 채울 내용이 풍부하다는 의미입니다.

예시 정도의 자료집이라면 전체 보고서 완성까지 60~70% 정도 진행된 상태입니다. 이 상태에서 슬라이드 각각을 완성하는 것은 보고서 전체의 이야기를 구성하는 것보다 훨씬 쉽습니다.

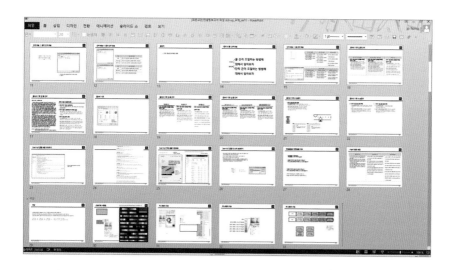

화면 캡처하기

보고서를 작성하다 보면 모니터상의 화면을 캡처하고 편집해야 할 일이 많이 발생합니다. 이럴 경우 손쉽게 캡처하여 원하는 부분에 삽입할 수 있는 방법에 대해서 소개합니다.

화면을 캡처하는 가장 단순한 방법은 키보드 오른쪽 상단에 위치한 Prt Sc 을 이용하는 것입니다. 'Prt Sc'은 'Print Screen'의 약자입니다. 말 그대로 모니터에서 보이는 화면을 그대로 인쇄한다는 의미입니다. 이 키를 누르면 현재 모니터에서 보이는 화면 전체가 캡처됩니다. 이를 원하는 슬라이드에 붙여 넣을 수 있습니다. 전체 화면이 필요할 때는 간단하면서도 유용합니다.

하지만 화면의 일부를 자유롭게 캡처하려면 캡처 전용 프로그램을 사용하는 것이 훨씬 편리합니다. 대표적으로 네이버 캡처, 포토스케이프 등이 있습니다. 조금씩 차이가 있지만 기능은 거의 비슷합니다.

네이버 캡처 다운로드 페이지

캡처 전용 프로그램만큼은 아니지만 파워포인트에서도 캡처한 그림의 원하는 부분만 사용할 수 있는 기본적인 기능을 제공합니다.

다음 그림은 Prt Sc 을 눌러서 필자의 컴퓨터 전체 화면을 캡처한 것입니다. 이 그림을 파워포인트에서 편집하는 방법에 대해서 알아보겠습니다.

01 캡처한 그림을 파워포인트에 붙여 넣고 선택합니다. [그림 도구] → [서식] 탭 → [크기] 그룹에서 [자르기]를 클릭합니다.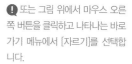 그림 테두리에 편집할 수 있는 표시가 나타납니다.

❶ 또는 그림 위에서 마우스 오른쪽 버튼을 클릭하고 나타나는 바로가기 메뉴에서 [자르기]를 선택합니다.

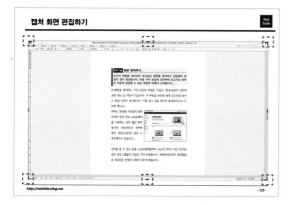

02 사진 자르기 표시를 클릭하여 원하는 만큼 드래그하면 검정색 영역이 생깁니다. 바로 이 부분이 잘려지는 것입니다.

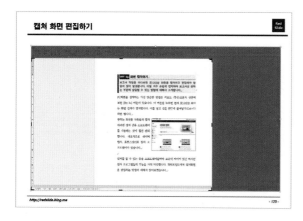

03 원하는 부분만 잘라서 깔끔하게 편집합니다.

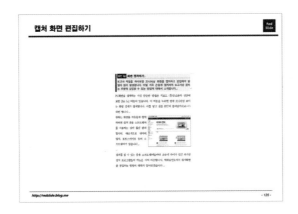

전문가의 노하우 **보고서 파일의 용량을 줄이는 방법**

파워포인트 파일에 사진이나, 캡처한 화면 등을 다수 포함시키면 파일 용량이 커집니다. 이럴 때 그림의 용량을 줄이는 방법이 있습니다. 용량을 줄이려는 그림을 선택하고 [그림 도구] → [서식] 탭 → [조정] 그룹에서 [그림 압축]을 클릭하면 [그림 압축] 대화상자가 나타납니다.

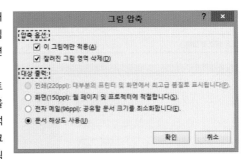

대화상자의 [압축 옵션]에서 [잘려진 그림 영역 삭제] 옵션은 그림을 파워포인트에서 잘라냈을 때 사실은 잘라진 게 아니고 보이지 않게 하는 것인데 그 부분을 삭제하는 옵션입니다. 체크 표시하면 파일 용량이 줄어듭니다. [이 그림에만 적용] 옵션은 체크 표시하면 현재 선택한 그림만 그림 압축이 적용됩니다. 이 체크 표시를 해제하면 모든 그림 파일에 적용됩니다. 마지막으로 [대상 출력]은 그림의 화질을 결정하는 것입니다. ppi, 즉 화소를 작게 할수록 파일 용량은 줄어듭니다. 대신 사진의 품질이 나빠진다는 점에 주의해야 합니다.

보고서 형태 갖추기 :
본문 콘텐츠 배치

일반적인 파워포인트 보고서의 본문 슬라이드 구성은 다음과 같습니다.

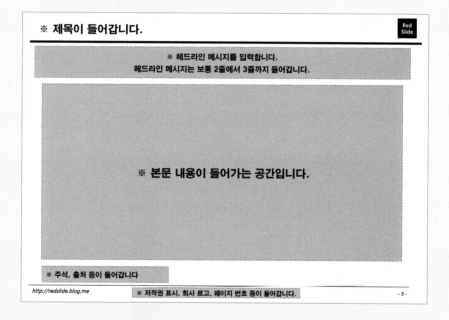

먼저 제목, 본문, 바닥글을 구분하는 선이 있습니다. 가장 상단에는 제목이 들어갑니다. 제목 아래에는 해당 슬라이드 본문의 내용을 요약하여 설명하는 헤드라인 메시지가 들어갑니다. 보통 2~3줄로 작성합니다. 가운데 가장 넓은 공간은 본문 내용이 들어갑니다. 마지막으로 슬라이드 하단 바닥글 영역은 주석, 출처, 페이지 번호, 회사 로고 등의 내용이 들어갑니다. 보고서의 형태를 갖출 때 가장 중요한 것은 이러한 슬라이드의 공간들을 어떻게 채울 것인지 그 구성 레이아웃을 정하는 것입니다.

SECTION 01 슬라이드 구성 레이아웃

경험이 많은 컨설턴트들은 기초 자료나 데이터를 보면 즉각적으로 이를 파워포인트에서 어떻게 구현할지, 즉 어떤 레이아웃을 사용할지가 머릿속에 그려집니다. 이러한 감각은 타고나는 것이 아니라 부단한 노력의 결과입니다. 기본적으로 필자가 자주 사용하는 레이아웃을 몇 가지로 정리해 보겠습니다. 이를 기초로 연습하고 경험을 쌓아서 자신만의 감각을 키우기를 바랍니다.

필자는 슬라이드 구성 레이아웃을 정할 때 머릿속으로 슬라이드에 가상의 선을 그어서 16조각으로 나누어서 생각합니다. 그후 가장 위의 네 조각은 제목 및 헤드라인 메시지를 적는 공간으로 비워둡니다.

즉, 실질적으로 활용할 수 있는 12조각을 조합해서 여러 가지 레이아웃을 구성합니다. 먼저 슬라이드를 가로로 나누는 '가로 분할 레이아웃'과 세로로 나누는 '세로 분할 레이아웃'으로 구분할 수 있습니다.

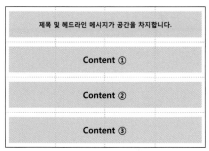

가로 분할 레이아웃

세로 분할 레이아웃

그 다음 분할을 얼마나 할지에 따라서 다양한 형태의 레이아웃을 구성할 수 있습니다. 그중 필자가 가장 많이 사용하는 레이아웃을 그림으로 정리하면 '기본 레이아웃'을 포함하여 대략 다섯 가지 레이아웃이 나옵니다. 필자가 파워포인트로 작성하는 보고서의 슬라이드 구성 레이아웃은 대부분 이 다섯 가지 레이아웃에 기초하고 있습니다.

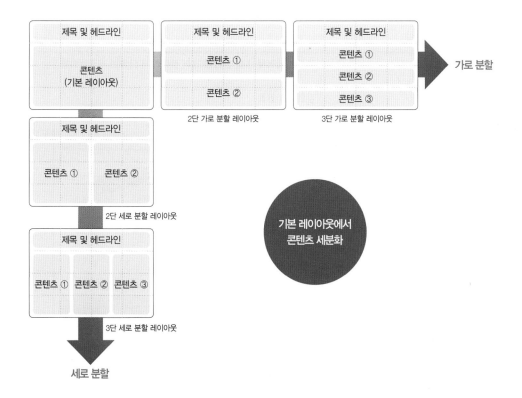

CASE STUDY | 50

기본 레이아웃

제목 및 헤드라인
콘텐츠 (기본 레이아웃)

기본 레이아웃은 슬라이드 본문 공간 전체를 활용하는 그래프, 표, 조직도, 그림 등을 넣을 때 사용됩니다. 많은 도형과 다양한 그림 혹은 텍스트가 들어가는 경우 자칫 가독성이 떨어질 수 있으므로 디자인 감각이 필요한 레이아웃입니다. 다음 예시처럼 기업의 연혁을 그래프나 도형으로 표현해야 하는 경우 많은 공간이 필요하므로 기본 레이아웃을 사용합니다.

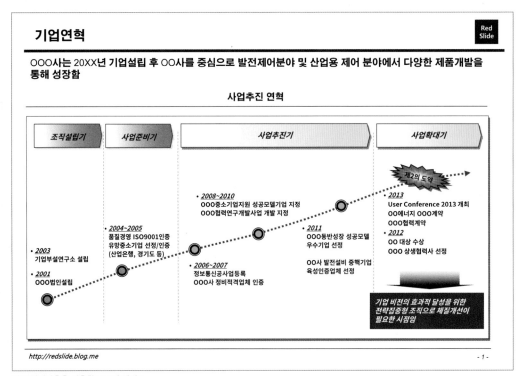

기본 레이아웃을 사용한 보고서 예시 1

다음 예시는 약 10년간의 데이터를 토대로 한 시계열 분석 결과입니다. 이 역시 다년간의 실적을 그래프로 한번에 파악할 수 있도록 슬라이드의 본문 공간 전체를 활용하는 기본 레이아웃을 선택한 것입니다.

❶ 시계열 분석이란 시간적인 흐름에 따라서 데이터의 변화를 분석하는 것입니다. 단기/중기/장기, 연간/반기/분기/월/주/일 등 다양한 시간 기준을 사용합니다.

기본 레이아웃을 사용한 보고서 예시 2

가로 분할 레이아웃

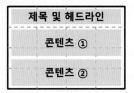

가로 분할 레이아웃은 슬라이드를 가로로 분할하여 각 콘텐츠에 대해서 분석과 시사점을 전개한 형태입니다.

다음 예시는 OO기업의 평가 체계에 대해서 분석한 내용을 2단 가로 분할 레이아웃으로 정리한 것입니다. 가로 분할은 2단 분할까지가 적당합니다. 필요한 경우 3단 분할까지 가능하지만 4단 이상은 너무 촘촘해 보이고 가독성이 떨어져서 사용에 주의를 기울여야 합니다.

7.성과관리체계 분석

Red Slide

전략실행을 위해 전략적 성과관리체계 고도화가 필요한 시점임

평가지표 체계

구분	내용
전사 KPI	• 전사목표 달성 및 역량집중을 위한 지표 -전사 KPI 중 관련된 팀에게 배분하는 지표 -2013년 : 매출 -전원 10% 가중치(단, 부서장 20%)
개인별 공통 KPI	• 모든 팀에게 동일하게 배분되는 지표 -지표명, 산식, 가중치가 동일하게 적용되는 지표를 의미함 -2013년 : 제안/Idea needs, 교육참석, 사내행사참석, 자기계발, 근태
팀 지표 KPI	• 전사 전략목표와 연계되어 도출 -각 팀의 고유성격을 반영하여 전략목표와 연계하여 개발 -영업(국내, 해외) : 수주, 매출, 고객확대/확장, 기술(정성치) -기술 : 원가절감, 납기, 자료화, 기술(정성치)

• 사실상 전사 KPI와 개인별 공통 KPI는 같은 의미임. 즉 모든 개인에게 배분되는 지표라는 측면에서 성격이 같음
• 팀 지표에서 일부 관리할 수 있으나, 전사차원에서 중요한 전략적 성과관리지표에 대한 관리/통제 방법이 미약함

구분	제출대상	작성내용
전사 KPI 설정	사장/인사위원회	• 2013년 전사 KPI : 매출
개인 BSC 목표설정서	팀장, 팀원 (부서장: 제출 없음)	• 2013년 연간 목표설정 -목표설정 대상 기간 : 2013.1.1~12.31 -BSC표(상/하반기 2회 작성)

• BSC Action plan은 전년도 12월에 작성/확정하여 1월1일 부로 시행하는 체계가 바람직 할 것으로 판단됨
• 차기년도 사업계획과 연동하여 작성필요

http://redslide.blog.me

- 1 -

2단 가로 분할 레이아웃을 사용한 보고서 예시

세로 분할 레이아웃

일반적인 시선의 흐름을 고려했을 때 2단 세로 분할이 가장 안정적인 느낌을 줍니다. 또한 파워포인트 슬라이드는 세로보다 가로가 긴 형태이므로 세로 분할을 했을 때 구조상 안정적인 배치가 가능합니다. 기초 자료를 왼쪽에 배치하고 분석 및 시사점을 오른쪽에 배치하는 형태나 다음 예시처럼 두 가지 분석을 동시에 볼 수 있게 나란히 배치하는 형태가 보고서에서 가장 많이 등장하는 레이아웃입니다. 세로 분할역시 4단 분할 이상은 가독성이 낮아질 수 있으니 주의해야 합니다.

제목 및 헤드라인	
콘 텐 츠 ①	콘 텐 츠 ②

---

③연도별&지역별 박물관 현황

I. 외부환경분석
2) 지역 일반현황 분석
Red Slide

지방 분권화의 확대와 더불어 박물관 또한, 국립 및 대학보다는 공립 및 사립 박물관의 수가 급격히 증가하고 있음. 안정되고 지속적 유지를 위해서는 경쟁력 확보(수익성 창출 등)가 중요한 시점으로 판단됨

연도별 박물관 현황

(2009. 12. 31 기준 / 단위:개)

구분	연평균성장률
국립	1.5%
공립	23.1%
사립	12.0%
대학	0.1%

255
215
82
27

98 99 00 01 02 03 04 05 06 07 08 09

- 국립 / 공립 / 사립 / 대학

- 전국에 박물관 중 공립과 사립 박물관의 연평균증가율은 각각 23.1%, 12.0% 수준임
- 국립과 대학의 박물관 증가율은 거의 제자리 수준임

지역별 박물관 현황

(단위:개)   (2009. 12. 31 기준 / 단위:천명)

313.27   270.11   273.50
241.67
190.07
103.49   101.00   119.97
52.95   66.92   68.28
24.88 46.22 58.72 43.20
32   39 29 26   46 14.39

97   11 9 14 6 15 4   97

시민 수(천명) / 박물관 수
(전국 평균 124.29천명)
박물관 개수

서울 부산 대구 인천 광주 대전 울산 경기 강원 충북 전북 전남 경북 경남 제주
충남

- 충청남도 박물관은 총39개소로 박물관 1개소당 5만3천명 수준임. 이는 전국 평균 12만4천명의 절반에도 못미치는 수치로 타 시/도 대비 보유율이 높은 것으로 조사됨
- 그러나, 제주를 제외한 타 도의 평균(약 6만명)과 비슷한 수준임

source) 문화체육관광부, 2010 전국 문화기반시설 총람

http://redslide.blog.me

- 13 -

2단 세로 분할 레이아웃을 사용한 보고서 예시

컨설턴트의
**보고서
작성 실무
A to Z**

지금까지 컨설턴트들이 실제로 사용하는 파워포인트 기반의 보고서 작성 기술을 설명했습니다. 많은 연습과 함께 자신의 것으로 만들어서 실무에서 다양하게 활용하기를 바랍니다. 마지막은 일종의 부록으로 필자가 실제로 보고서를 작성하는 과정 전체를 소개하겠습니다. 자신이 몸담고 있는 분야, 맡고 있는 직무에 따라서 어느 정도 차이는 있겠지만 컨설턴트가 하나의 프로젝트를 시작하면서 자료를 수집하고, 목차를 짜고, 그에 맞는 보고서를 구체화하는 과정을 전체적으로 보는 것도 보고서 작성 기술의 향상에 도움이 될 것입니다.

STEP 01 보고서 목차 설계

일반적으로 컨설턴트가 맡는 프로젝트는 고객사에서 발주하고 경쟁 입찰을 통해서 최적의 컨설팅 회사를 선정하여 계약이 성사되면 시작됩니다. 계약 이후 본격적으로 프로젝트가 추진되면서 만들어지는 보고서가 바로 컨설턴트가 작성하는 '컨설팅 보고서'입니다.

그럼 이 보고서 작성에서 가장 먼저 해야 하는 일은 무엇일까요?

맨 처음에는 프로젝트의 목적, 범위, 최종 결과물, 과업 기간, 투입 자원 등을 고려하여 추진 계획을 설계합니다. 진단과 분석부터 최종 결과물이 산출되기까지 어떤 식으로 진행될 것인가를 구체화하는 것입니다. 이 추진 계획이 곧 최종 목적지로 가는 지도 역할을 하며 이를 기초로 예상 목차를 구성합니다.

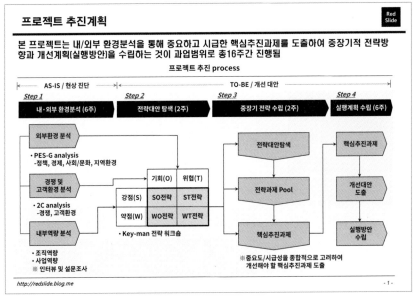

프로젝트 추진 계획 예시

예상 목차는 구체화할수록 좋습니다. 우선 예측 가능한 범위에서 대목차, 중목차, 소목차를 구성합니다. 물론, 상황에 따라서 어떤 챕터는 중목차까지 나올 수도 있고, 어떤 챕터는 소목차까지 나올 수도 있습니다.

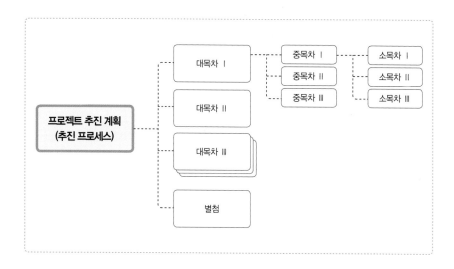

이렇게 예상 목차를 먼저 구성하는 이유는 기본적으로 보고서의 전개 방향을 정하기 위한 것 외에도 두 가지가 있습니다.

첫째, 추진 계획에서 정해진 기간과 비용 안에서 관련된 모든 자료의 수집과 내용 분석은 불가능할 뿐더러 비효율적이기 때문입니다. 핵심적인 변수를 찾고 분석하여 시사점을 도출하는 것이 중요한데 예상 목차를 통해 이런 과정을 효율적으로 관리할 수 있습니다.

둘째, 다수의 인원이 참가하여 보고서 작성이 이루어지는 경우 목차는 프로젝트 팀원에 대한 효율적인 업무 분장과 성과 측정의 기준이 될 수 있기 때문입니다.

다음 예시는 프로젝트 추진 계획을 바탕으로 예상 목차를 구성한 것입니다. 보고서 전체 전개 방향, 구조 등을 보여주고 있습니다. 대부분의 경우 이 예상 목차에서 보고서를 구체화하면서 대목차는 변경이 거의 없지만 중목차와 소목차는 수정이나 변경이 될 수 있습니다.

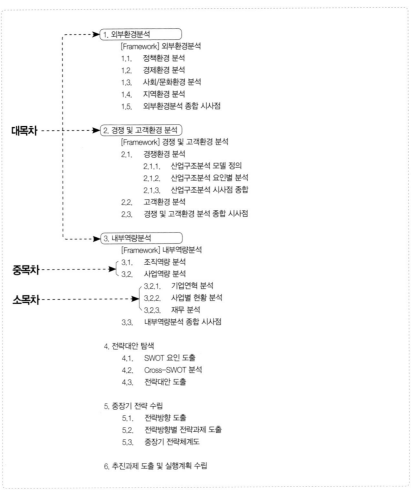

예상 목차 예시

STEP 02 보고서 레이아웃 설계

예상 목차가 구성되면 보고서의 통일성을 위해서 보고서 레이아웃을 만들어서 프로젝트 팀원들에게 배포하게 됩니다. 보고서 레이아웃은 앞에서 설명한 슬라이드 마스터 기능을 활용해서 만들며 보통 표지, 간지, 본문 슬라이드로 이루어집니다.

보고서의 표지는 다음 예시처럼 심플하게 만드는 것이 일반적입니다. '프로젝트 제목', '프로젝트 주관사', '기업 CI', '날짜' 등이 들어갑니다.

표지 예시

간지는 예시처럼 목차 슬라이드나 별첨 슬라이드 등을 구분할 때 사용됩니다.

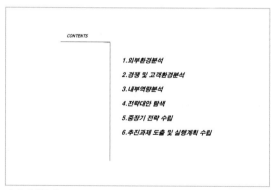

간지 예시(목차)

다음 예시는 가장 많이 사용되는 본문 슬라이드입니다. 제목과 헤드라인 메시지를 입력할 수 있게 만들며 보통 그 둘을 구분할 수 있는 구분선이 들어갑니다. 필요한 경우 적정한 위치에 기업 CI, 프로젝트 제목 등을 넣기도 합니다.

본문 예시

이렇게 만들어진 보고서 레이아웃을 기초로 예상 목차를 넣습니다. 다음 그림은 이렇게 만들어진 초기 상태 보고서의 전체 모습입니다. 예상 목차만 들어가 있으므로 본문은 당연히 빈 슬라이드만 있습니다. 이 상태에서 빈 슬라이드를 차곡차곡 자료로 채우고 어느 정도 자료가 정리된 슬라이드부터 보고서용으로 고도화 작업을 진행하는 것입니다.

전문가의 노하우 ▶ **목차 번호를 넣는 시점**

보고서 작성 단계에서는 목차 번호를 부여하지 않는 것이 좋습니다. 중간중간 목차가 변경되거나 추가되는 경우가 있기 때문입니다. 목차가 하나 추가되면 그 이후의 목차 번호를 일일이 수정해야 되는 번거로움이 있습니다. 전체 목차 관리는 다른 워드 프로그램을 이용해서 관리하고 보고서는 제목만 부여해서 작업하는 것이 좋습니다. 즉, 목차 번호는 보고서 작성을 마무리할 때 일괄적으로 부여하는 것이 편리하고 깔끔합니다.

프로젝트 업무 분장

앞에서 언급한대로 프로젝트는 다수의 팀원이 참가하여 자료를 검색하고 분석하는 작업이 동시에 이루어지는 경우가 많습니다. 그렇다 보니 팀원 간의 유기적인 협업이 상당히 중요합니다.

프로젝트 팀장은 전체 프로젝트의 품질 관리, 일정 관리를 맡습니다. 이를 위해서 팀원들의 전문성, 역량 등을 고려해서 업무 분장을 합니다. 업무 분장을 받은 팀원들은 관련 자료를 수집하고 서로 협조하거나 요청 자료 목록을 정리합니다. 인터뷰 및 설문 조사가 필요한 경우는 사전 준비가 필요하기 때문에 언제, 어떻게 진행할 것인지 미리 논의해야 합니다. 또한 분석에 필요한 자료가 충분하지 않은 경우에는 어떻게 분석 작업을 추진할지에 대해서도 논의해야 합니다.

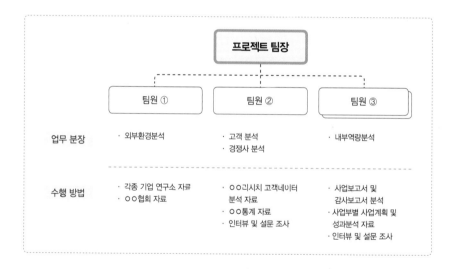

일일, 주간 단위로 진행 상황에 대해서 팀원들과 공유를 해야 하며 이 과정에서 중요한 시사점이 발견되면 실시간으로 공유해서 전체적인 방향성을 유지하는 것이 중요합니다. 자칫 맡은 부문에 대한 분석만 집중적으로 하다 보면 나무만 보고 전체 숲을 보지 못하는 우를 범할 수 있습니다. 프로젝트 팀장은 이런 상황에 대해서 수시로 체크하고 중요한 시사점을 종합해서 대안을 찾는 데 집중해야 합니다.

STEP 04 분석 프레임 설정

이 책의 맨 앞에서 컨설턴트의 보고서는 논리적이고 객관적인 분석을 바탕으로 이루어진 보고서라고 했습니다. 그러기 위해서는 해당 프로젝트의 목적에 맞게 어떠한 분석 프레임들을 사용할 것인지 결정해야 합니다.

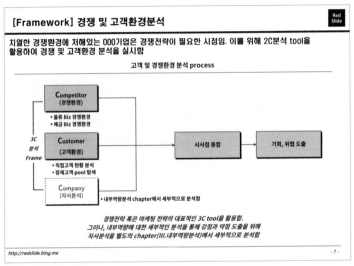

분석 프레임 설명 예시1

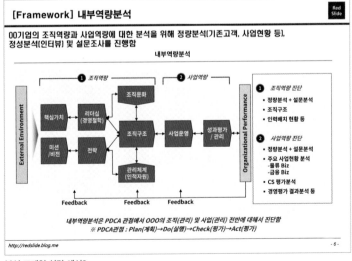

분석 프레임 설명 예시2

분석 프레임은 이론적 배경을 바탕으로 만들어진 프레임도 있고 컨설팅 회사별 고유의 진단 및 분석 프레임도 있습니다. 또는 필요에 의해서 프로젝트에 맞게 기존 모델을 변경하거나 응용해서 만드는 경우도 있습니다. 이렇게 보고서에서 사용한 각각의 분석 프레임에 대한 설명은 해당 분석이 시작되기 전에 제시되어야 합니다.

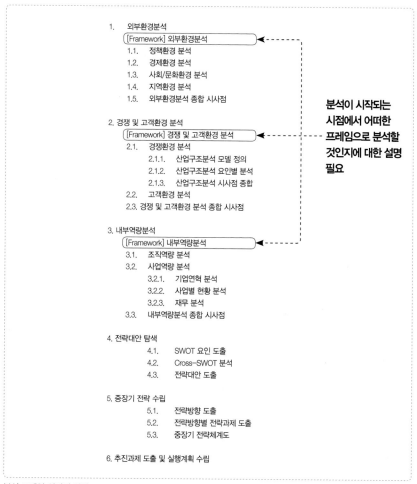

분석 프레임 설명의 위치

STEP 05 자료 수집 및 본문 콘텐츠 구성

앞에서 설정한 분석 프레임을 기초로 관련 데이터나 자료를 수집합니다. 자료를 찾다 보면 어떤 부분은 자료가 풍부하고 품질도 높은 경우가 있는가 하면, 어떤 부분은 자료 자체를 찾기가 어려운 경우도 있습니다. 그래서 보고서 작업은 처음부터 순서대로 슬라이드 한 장, 한 장을 완성하는 것이 아니라 보고서 전체의 논리적인 흐름을 먼저 고려해야 합니다.

먼저 찾은 자료를 예상 목차에 맞춰서 해당 슬라이드에 넣는 과정을 반복합니다. 슬라이드에서 설명하고자 하는 메시지가 분명하지 않다면 관련 자료를 좀 더 찾거나, 다른 슬라이드와 통합하는 등의 방법으로 메시지를 분명하게 해야 합니다. 또한 슬라이드의 현재 위치보다 다른 위치가 적합하다면 보고서의 전체적인 흐름을 고려하여 위치를 이동시키는 것도 필요합니다. 이 과정이 반복되면 점점 슬라이드 내용이 충실해집니다.

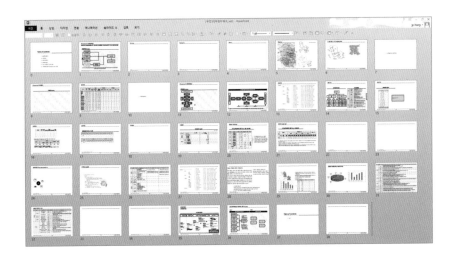

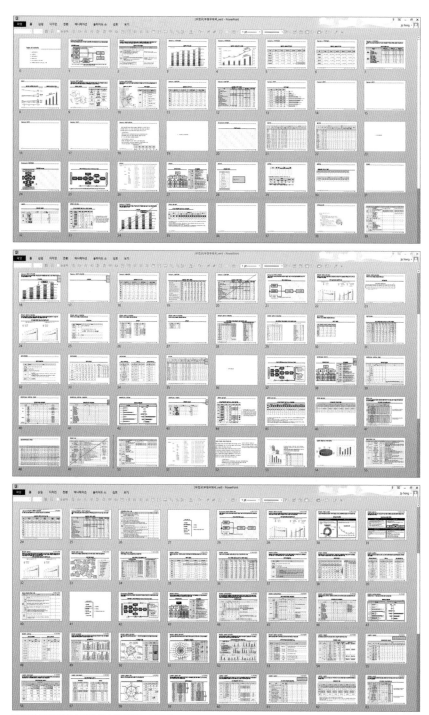

자료가 들어가면서 점차 모습을 갖추는 보고서

그 다음 어느 정도 자료의 완성도가 확보된 슬라이드는 'One Page, One Message 원칙'에 따라서 본문 콘텐츠 구성을 진행합니다.

슬라이드에서 전달하고자 하는 메시지에 텍스트, 표, 도형, 그래프 중 어떤 형태가 가장 적합할지 선택하고 이를 기반으로 슬라이드 구성 레이아웃을 결정합니다. 필자는 우선적으로 표를 사용합니다. 쉽게 자료를 정리할 수 있기 때문입니다. 그런 다음 도형을 추가하거나 그래프를 추가해서 고도화시킵니다.

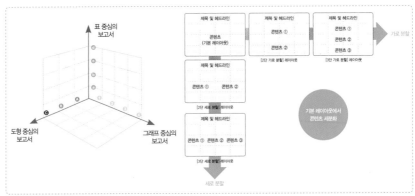

보고서의 패턴과 슬라이드 구성 레이아웃 결정

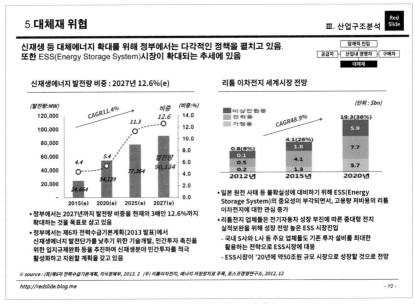

2단 세로 분할 레이아웃을 기반으로 그래프를 추가해 고도화시킨 보고서 예시

STEP 06 시사점 도출

앞에서 설명한 콘텐츠 구성 및 배치가 보고서의 비주얼적 측면에서 가장 중요한 것이라면 보고서의 품질 측면에서 가장 중요한 점은 바로 시사점 도출입니다. 도출한 시사점이 얼마나 정확하고 의미 있는지에 따라서 프로젝트의 목적에 맞는 대안을 탐색하고 최종적으로는 효과적인 추진 과제를 도출할 수 있습니다.

보고서에서 이 시사점이 들어가는 지점을 확인해 보겠습니다.

첫 번째로 본문 슬라이드를 보면 헤드라인 메시지를 적는 공간이 있습니다. 바로 여기에 본문에 나오는 데이터나 자료에 대한 분석을 통해서 도출한 시사점을 넣습니다. 물론 이렇게 2~3줄로 함축적인 시사점을 도출하려면 많은 연습이 필요합니다.

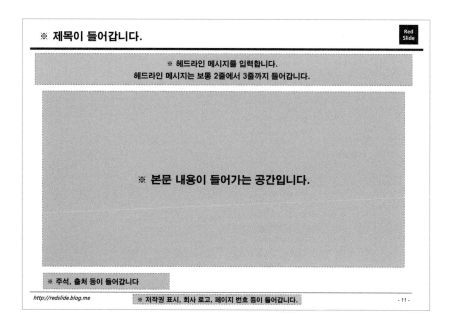

두 번째로 각각의 분석이 끝나는 지점에서 해당 분석을 종합 요약하는 종합 시사점을 넣습니다. 다음 예시 목차를 보면 '외부환경 분석', '경쟁 및 고객 환경 분석', '내부역량 분석' 등 각종 분석이 끝나는 마지막에 '종합 시사점' 슬라이드가 들어갑

니다. 이것은 개별 슬라이드의 시사점을 종합적으로 검토하고 분석한 해당 대목
차의 시사점입니다.

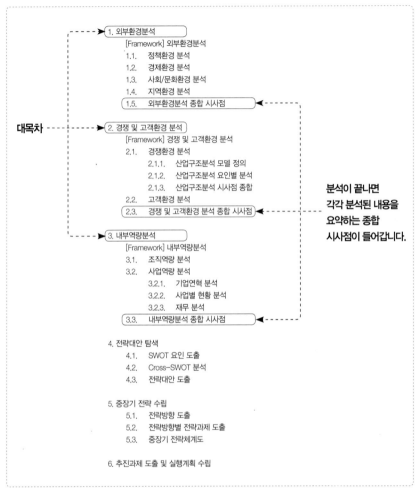

종합 시사점의 위치

3.3.내부역량분석 종합 시사점

Red Slide

지원활동
Support Activities

전략기획

인사, 노무, 교육

재무/회계

SCM

MARGIN

설계　구매　수주/영업　제조　품질관리

본원적활동
Primary Activities

MARGIN

- 중국 업체를 중심으로 경쟁이 갈수록 치열해지고 있으나, 이에 따른 비즈니스 모델 검토 등 전략적 대응(경쟁전략 수립 등)은 미흡함
- 재무적으로는 매출이 지속적으로 상승하고 있으나, 2012년 이후 성장이 둔화되고 있음
- 매출이익률 및 영업이익률이 지속 감소하고 있음. 원가우위 경쟁이 치열해지고 있어 손익개선이 쉽지 않음
- 시스템 구축 초기로 안정화를 위해서는 시간이 필요함
- 다양한 제품 라인업과 많은 부품 등으로 인하여 전략적 SCM 구축/운영 자체가 쉽지 않은 특성이 있음
- OO사업을 통한 OO제작 기술력 축적, OO사를 중심으로 OO개발 등 제조기술은 보유한 것으로 평가됨. OO기술은 세계 최고수준임
- 제품 다변화에 따른 OO증가 및 원가우위 전략으로 인하여 품질경쟁력이 떨어지고 있음. 또한, 신규설비에 대한 적기 투자 미흡으로 인하여 품질경쟁력이 미흡함

- OO능력을 보유하고 있으나, 자체 OO역량 미흡
- 대외적으로 전문화(차별화된) 제품군 보유 미흡
- 구매 교섭권이 약함(OO사가 결정)

- OO에 매출이 편중(OO%)되어 있으며, 타 업체에 대한 전략적 사업수주역량 미흡 (단순 입찰경쟁/하청위주 수주)
- 수주/영업을 위한 글로벌 네트워크 미흡

http://redslide.blog.me

- 1 -

종합 시사점 예시

전략 대안 및 방향 탐색

진단과 분석을 통해 도출된 시사점을 면밀히 검토하여 최적의 대안을 찾는 것은 프로젝트의 중요한 목표 중 하나입니다. 이는 경영진과 프로젝트 팀의 전략적, 경험적, 분석적 직관 등이 종합적으로 발휘되어야 하는 영역입니다. 산업에서 No.1인 선도 기업을 벤치마킹하여 격차를 줄여 나간다든가, 또는 시장에서 전혀 찾아볼 수 없는 새로운 가치를 찾는다든가 등등 프로젝트의 목적 및 범위에 따라 다양한 대안이 나올 수 있습니다.

다음 예시들은 전략 대안 탐색 결과를 보여주는 슬라이드입니다. 한 페이지로 결과를 요약했지만 이를 위해 투입된 시간, 인력, 데이터 등의 자원은 이루 말할 수 없을 정도로 많습니다. 이런 슬라이드는 함축적으로 수많은 메시지를 담고 있기에 도형을 활용하는 경우가 많습니다. 예시 같은 슬라이드를 텍스트로 표현한다면 얼마나 많은 페이지가 필요할지 한번 생각해 보기 바랍니다.

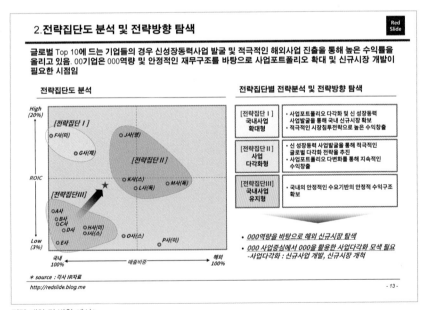

전략 대안 및 방향 예시1

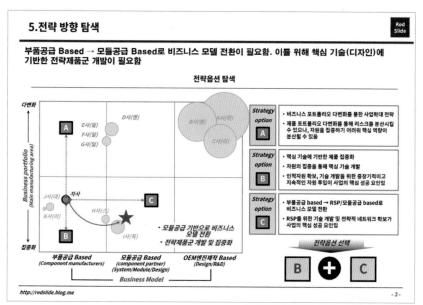

전략 대안 및 방향 예시2

전략 과제 도출 및 실행 계획 수립

전략 대안과 방향이 결정되면 기업이 해야 할 구체적인 전략 과제를 도출해야 합니다. 과제 도출은 보통 워크숍을 통해서 이루어집니다. 워크숍에서는 부서별 주요 책임자가 참석하여 프로젝트 팀의 진단 및 분석 결과를 공유하고 함께 전략 방향에 따른 과제를 도출하고 구체화하는 작업을 수행합니다. 워크숍을 통해서 나온 의견을 종합하고 최종적으로 경영진과 협의하여 다음 예시처럼 전략 과제와 실행 계획을 확정합니다.

여기까지 정리해서 보고서를 완성하면 컨설턴트가 맡은 하나의 프로젝트가 완료됩니다. 확정된 과제와 계획은 프로젝트를 발주한 고객사의 전체 사업 계획을 수립하는 가이드라인 역할을 합니다.

1.전략과제 및 성과지표

Red Slide

4대 전략방향 추진을 위한 13개 전략과제를 도출하고, 성과관리를 위한 성과지표를 아래와 같이 설정함

전략과제 도출 및 성과지표 설정

전략방향	전략과제	KPI	R&R(책임부서)
국내발전사업 선도	• 고효율 대용량 발전설비 적기 확충 • 안정적 설비운영 및 효율성 제고 • 연료수급 경쟁력 강화 (연료의 안정적/경제적 조달, 해외자원개발)	• 설비용량 • 비계획손실률 • 연료자주개발률	• OO실 • OO실 • OO센터
미래성장동력 확보 (신규 Business Domain 확대)	• 신규전원개발 사업확대 • 국내 노후발전설비 교체시장 선점 • 국내외 신재생에너지 시장 진출 • 해외 발전설비 O&M 사업 확대 및 수명연장 사업화 • 해외 발전소 건설, 운영관리	• 전원개발 계획 건 수 • 노후발전설비 교체용량 • 신재생에너지 발전비율 • 해외 발전사업 매출액 • 해외 발전소 수명연장 기간	• OO팀 • OO팀 • OO팀 • OO팀 • OO팀
Global 경영역량 확대	• 고효율 발전운영기술 지속 개발 • 신재생에너지 기반기술 확보 • 사업별 전문인력 확보	• 고장정지율 • 신재생에너지 R&D 비용 • 핵심인재 보유율	• OO팀 • OO팀 • OO팀
지속가능경영 확대	• 동반성장 추진 • 전략적 CSR 추진 • GWP 기업문화 구축	• 글로벌 강소기업 육성 • 지속가능경영보고서 발간 • 내부고객만족도	• OO센터 • OO실 • OO팀

http://redslide.blog.me

- 15 -

전략 과제 예시

| 전략방향 2 | 미래성장동력 확보 (신규 Business Domain 확대) |

전략과제	세부과제	Y				Y+1		Y+2	Y+3	Y+4	R&R
		1/4Q	2/4Q	3/4Q	4/4Q	상반기	하반기				
신규전원개발 사업확대	• OO연구개발 조직 구성										• OO팀
	• OO개발 프로젝트 진행										• OO팀
국내 노후발전설비 교체시장 선점	• OO설비 OO기술 전문화										• OO팀 • OO팀
	• OO시장 선점 사업화 TF 운영										• OO팀
국내외 신재생에너지 시장 진출	• OO에너지 OO별 사업전담조직 구성										• OO팀
	• OO과의 합작을 통한 국내외 OO공동사업 추진										• OO팀
해외 발전설비 O&M 사업 확대 및 수명연장 사업화	• 해외 O&M 및 OO사업 시장성 분석 및 전략화										• OO실 • OO처
	• 국내 O&M 사업 및 OO사업추진 확대										• OO실 • OO처
해외 발전소 건설, 운영관리	• OO발전소 지분투자										• OO실 • OO팀
	• OO발전소 건설, 운영										• OO실

과제별 실행 계획 예시

INDEX
찾아보기